歴史文化ライブラリー

574

武田一族の中世

西川広平

吉川弘文館

目次

室町幕府と武田氏

戦国大名甲斐武田家の興亡

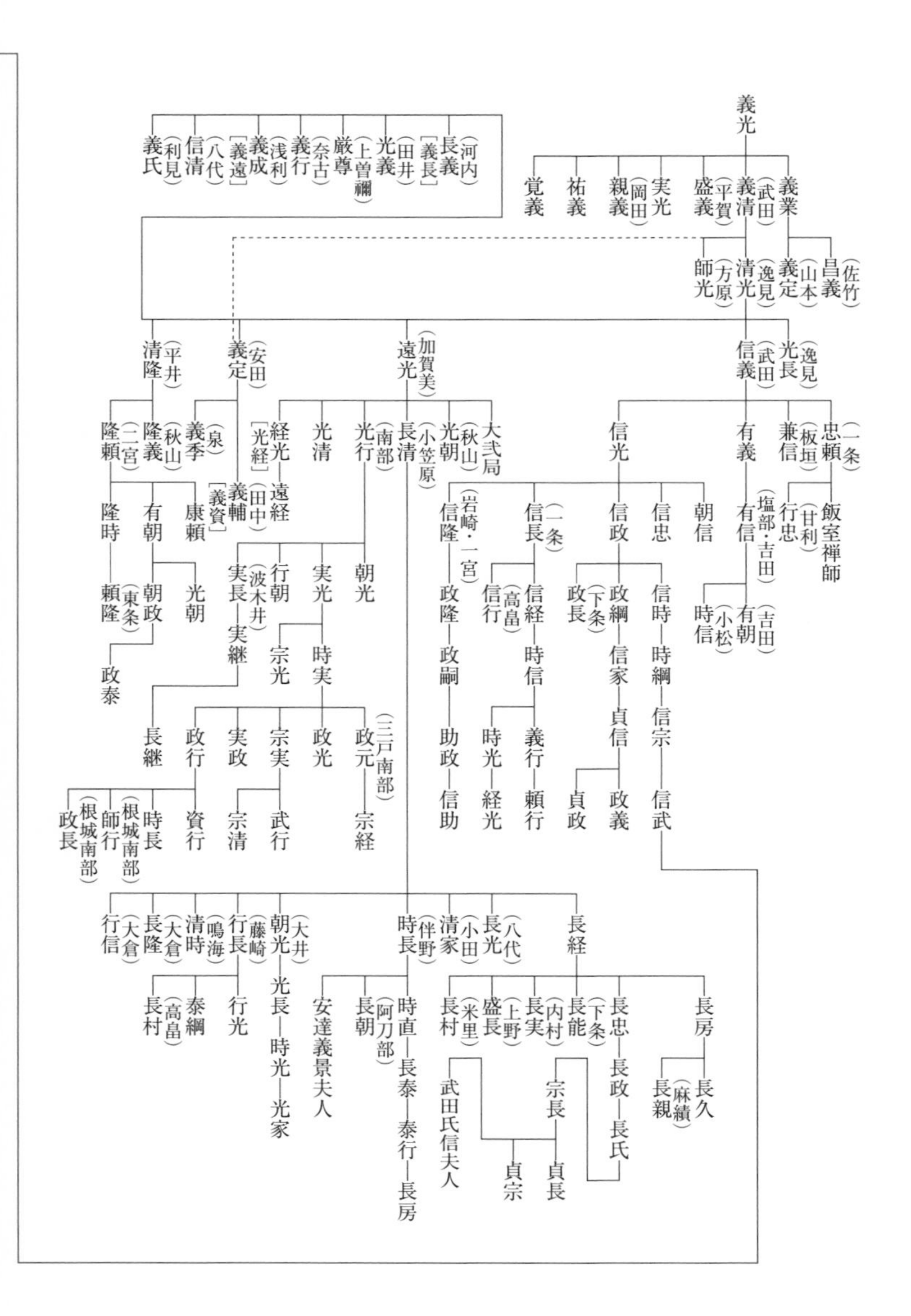

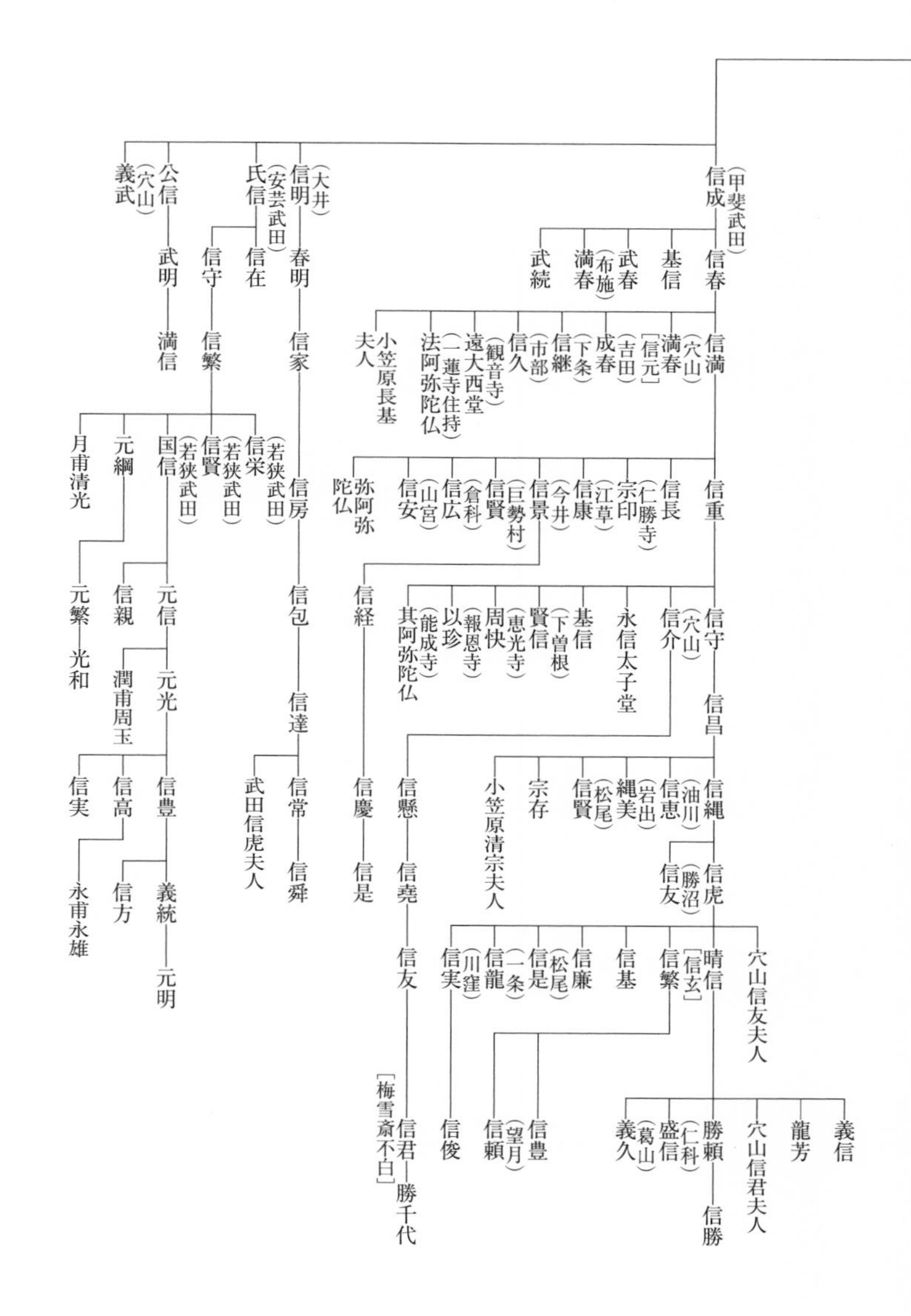

（甲斐武田）信成
信春
基信
武春
（布施）満春
武続
信満
（穴山）満春
［信元］
（吉田）成春
（下条）信継
（市部）信久
（観音寺）遠大西堂
（一蓮寺住持）法阿弥陀仏
小笠原長基夫人
信重
信長
（仁勝寺）宗印
（江草）信康
（今井）信景
（巨勢村）信賢
（倉科）信広
（山宮）信安
弥阿弥陀仏
信経
信慶
信是
信守
（穴山）信介
永信太子堂
基信
（下曽根）賢信
（恵光寺）周快
（報恩寺）以珍
（能成寺）其阿弥陀仏
信昌
信縄
（油川）信恵
（岩出）縄美
（松尾）信賢
宗存
小笠原清宗夫人
信懸
信堯
信友
信君
［梅雪斎不白］
勝千代
信虎
（勝沼）信友
晴信
［信玄］
穴山信友夫人
信繁
信基
信廉
（松尾）信是
（一条）信龍
（川窪）信実
信俊
信豊
（望月）信頼
勝頼
信勝
（仁科）盛信
（葛山）義久
穴山信君夫人
龍芳
義信
（大井）信明
春明
信家
信房
信包
信達
信常
信舜
武田信虎夫人
（安芸武田）氏信
信在
信守
信繁
（若狭武田）信栄
（若狭武田）信賢
（若狭武田）国信
元信
信親
元光
潤甫周玉
信豊
義統
元明
信方
信高
永甫永雄
信実
元綱
元繁
光和
月甫清光
公信
（穴山）義武
武明
満信

1　『甲陽軍鑑』が語る武田氏像

『甲陽軍鑑』が語る武田氏像――プロローグ

江戸時代、戦国大名武田信玄（たけだしんげん）を扱った数々の書籍の端緒となったのが、甲州（こうしゅう）流の軍学書として流布した『甲陽軍鑑（こうようぐんかん）』であった。本篇十九冊、末書四冊の合計二十三冊から成る本書には、信玄とその子勝頼（かつより）の二代にわたる事蹟や思想等が書き上げられているが、この中には、武田氏の由緒に関わる記述も見られる。例えば、本篇巻一「口書」には、次のように記されている。

『甲陽軍鑑』に見える由緒

信玄公の御代には、法度（はっと）なければども、諸侍をのづから此理（この）にてつ（徹）して、てきがた（敵方）の儀、つくり事をいはず。但、むかしも、源氏（げんじ）・平家（へいけ）のたゝかひ（戦）に、平家より源氏を、口ぎたなふそし（誹）りたがる。（中略）其のち、源氏又平家にか（勝）ちつるが、「清盛（きよもり）の」「小松（こまつ）殿・おほいどの（大臣殿）ゝ」と申て、源氏がた

（方）より、「清盛が」など丶いふ事、さのみなきは、義経公、てき（敵）の一もん（門）あつもり（敦盛）の御くびを見て、なみだをながし給ふさほう（作法）のゆへ、源氏の侍ことごとく平家をあつこう（悪口）せず。かやうのぜんあく（善悪）を分別なさるべき事。

ここでは、信玄の時代には、武田氏の家中の武士たちが道理に徹して、敵方について虚言をしなかったことについて、十二世紀末の治承・寿永の内乱に際して、源義経が一の谷合戦で討死した平敦盛の首級を見て涙を流し、それを見た源氏の武士たちが平氏の人々に悪口を吐かなかったという故事を引用して、善悪の分別が肝要であることを示唆している。

また、武田氏の家督に継承された品々について、品第三「信虎公をついしゅつ（追出）の事」には、勝千代（信玄）が、父信虎が秘蔵する「鬼かげ」と名付けた名馬を所望した際、信虎はそれを拒絶する代わりに、来年勝千代が十四歳となり元服する時に、「武田重代の義広の太刀、左文字の刀・わきざし（脇指）、廿七代までの御はた（旗）・たてなし（楯無）」を譲ることを述べたのに続いて、次のように記されている。

たてなし（楯無）はそのかみ、新羅三郎の御具足、御はた（旗）はなおもって、八幡太郎義家の御旌なり。太刀・かたな（刀）・脇差は御重代なれば、それは、御かとく

（家督）をも下さる、時分にこそ頂戴つかまつるべきに、来年元服候とても、かたはらに部屋住のていにては、いかで請取申すべく候や。

ここでは、名馬の譲渡を信虎に拒絶された勝千代は、「たてなし」が「新羅三郎の御具足」、また「御はた」が「八幡太郎義家の御旌」であり、「太刀・かたな・脇差」は武田氏伝来の所持物であるので、元服ではなく家督相続時に継承されるものと反論しているのである。すなわち、武田氏の祖とされた源義光（よしみつ）（新羅三郎）に由来する「楯無鎧（たてなしよろい）」、ならびに義光の兄で鎌倉幕府を開創した源頼朝（よりとも）や室町幕府の足利（あしかが）将軍家の祖とされた源義家（よしいえ）（八幡太郎）に由来する「御旗」が、戦国時代の武田氏において家督継承の象徴として伝来しており、それらは名馬のように当主本人に帰属する所有物とは区別され、個人の意向に左右されず武田氏という家に帰属するものとして認識されていたことを確認できる。

さらに品第四「信玄公発心（ほっしん）之事」には、天文二十年（一五五一）に信玄が出家した際の意趣として、次のようにある。

武田はしん（新）羅三郎公より信玄まで、廿七代にて、しかも、代々ゆミや（弓矢）をとつて、そのほまれ（誉）あるをもつての故か、公方（くぼう）様御代官として、御どうざ（動座）の折々、両度にいたりて、御陣所になを（直）しをき給ふにつき、武田殿居住の所は、いまにいたつて、「御所」と申てもくる（苦）しからず。

ここでは、武田氏の初代を義光に遡及して信玄まで二十七代を数えるとし、武田氏の歴代は武勇に優れていたため、「公方様御代官」すなわち義家の末裔である足利将軍家の「代官」を務め、将軍が戦乱時に御所から動座するに際して、両度にわたり「武田殿居住の所」を「御陣所」としたことを記している。

歴史上、室町幕府の将軍が、わざわざ京都から甲斐国まで足を運んだことを確認できず、一見眉唾のような話であるが、『甲陽軍鑑』には堂々と、武田氏の由緒を誇示するように、この逸話を書き上げている。

いずれにしても、『甲陽軍鑑』に記されたこれらの内容には、武田氏が清和源氏とりわけ鎌倉・室町将軍家を輩出した河内源氏の一門であるという認識や、個人の思惑を超えてことさら家への帰属を重視する意識、そして足利将軍家との関係を強調する姿勢が強く反映されていることを、私たちは読み取ることができるのである。

『甲陽軍鑑』の成立

『甲陽軍鑑』の著者として書中に名が記されている「高坂弾正」は、武田信玄・勝頼の家臣である香坂（春日）虎綱を指している。虎綱は、甲斐国の石和（山梨県笛吹市）に居住した大百姓春日大隅を父とする百姓身分の出身であったが、若くして信玄に抜擢されて武田氏に出仕し、川中島に臨む信濃国の海津城代として、敵対する上杉謙信（長尾景虎）の領国との最前線に配置された武将である。

信玄の側近として立身出世した虎綱が『甲陽軍鑑』を著した目的は、その巻一に詳しく記されている。ここで、虎綱は「あ（悪）しきことをばす（捨）てにあそばし、この理屈をとりて、当屋形勝頼公より、太郎信勝公まで、かみ（上）から下にいたり、諸侍以下のさほう（作法）になさるべき事」と述べ、悪政を糺すために道理を説き、当時の当主である武田勝頼から嫡子信勝の代にいたるまで、武田氏の家中（一族・家臣団）の武士たちの指針となることを期待して、「信玄公御一代のことわざ」、すなわち信玄の代の事績を書き記したことを表明している。

特に「長坂長閑・跡部大炊助殿、しつねん（失念）あるまじい」とあるように、勝頼の側近であった釣閑斎光堅（長坂虎房）および跡部勝資を名指しした上で、「そのしなじな（品々）にふしん（不審）たちて、人のがてん（合点）にをよ（及）ばずして、とりどり（取々）のさた（沙汰）なるを、御屋かた信玄公をはじめ奉り、その外、家老衆ひはんありて、おほかた（大形）理のすみたる事を、一色二色づゝか（書）きしるし申候事」とあるように、疑問が生じて合点がいかず、信玄や家老衆が議論の末、大方道理が立つようになった事柄を書き記したという。

『甲陽軍鑑』が編纂された時期については、書中に確認される最古の年記として天正三年（一五七五）六月が見えるが、書中に「この書物、かな（仮名）づかひ、よろづ、ぶせんさく（無穿鑿）にて、ものし（物知）りの御覧候はゞ、ひとつとしてよき事なくて、わら（笑）いごとになり申べく候」、また「ねんがう（年号）、よろづふだう（不同）にして、前後みだりに候とも、それをばゆる（赦）し給ひて」（巻一）と記されているように、仮名遣いや年代に誤表記や齟齬があるため、江戸時代以来、本書が戦国時代の著作に仮託された偽書であるとの指摘がなされ、歴史学の研究においても従来慎重に取り扱われてきた。

しかしながら、一九九〇年代になって、国語学者の酒井憲二氏により、言語的方面から判断すると、江戸時代初期に作成された『甲陽軍鑑』写本は、版本よりも一層原初的であり、室町時代の言語相を色濃く保有していることが指摘されて以降（酒井憲二『甲陽軍鑑大成』第一巻本文篇上）、『甲陽軍鑑』に対する戦国時代の史料としての評価が高まった。

酒井氏は『甲陽軍鑑』の成立過程について、虎綱が天正三年五月の長篠合戦の直後から、家臣の大蔵彦十郎ついで甥の春日惣次郎を書記者として、口述により本書をとりまとめ、同年六月吉日（二十六日）に最初期の諸巻が成立した後、天正六年（一五七八）三月の虎綱死去を受け、春日惣次郎が天正十三年（一五八五）三月三日に本篇最終巻（巻二十「勝頼記」下）を書き継ぎし、さらに天正十四年（一五八六）五月吉日に伝領者の小幡下野（おばたしもつけ）が二条を書き足した上、元和七年（一六二一）に小幡景憲（かげのり）が破損の甚だしい原本を整理して伝写本の作成に尽力して、分冊や「軍法の巻」（巻十六）の追加を行い甲州流軍学の確立・興隆に利用したことを指摘している（同）。

この指摘を踏まえると、『甲陽軍鑑』からうかがわれる、武田氏に伝わった河内源氏の一門であるという認識は、「楯無鎧」や「御旗」等の数々の伝承とともに、戦国時代に信玄・勝頼の周辺で共有されていたことは確実であったと言えよう。

武田氏研究の軌跡

『甲陽軍鑑』が流布した影響もあり、甲斐国の武田氏に寄せる人々の関心は、江戸時代以来高まっていたが、現代の歴史学においても、武田氏に関する歴史は、研究の対象として数多くの注目を集めている。その成果は、あげれば枚挙にいとまもないほど蓄積されているが、特に平安時代から鎌倉時代へと移行する変革期となった治承・寿永の内乱期における武田信義(のぶよし)や安田義定(やすだよしさだ)ら、いわゆる「甲斐源氏」の一族を対象としたもの、ならびに戦国大名として甲斐国とその周辺諸国にまたがる領国を統治した信虎・信玄・勝頼の三代を主要な対象としたものに、武田氏を対象とした研究は、大きく二分されている。

このうち前者では、地方史研究の進展や、『吾妻鏡(あづまかがみ)』の記載内容の見直しを踏まえて、甲斐源氏一族と朝廷および鎌倉幕府との政治的な関係や、義光流源氏を中心とした武士団相互のネットワークの成立等について研究が進められ、甲斐源氏による独自の「政権」の成立が指摘されるようになった（秋山敬『甲斐源氏の勃興と展開』、金澤正大『鎌倉幕府成立期の東国武士団』他）。また、美術史の分野では、甲斐源氏一族による造仏活動に注目が集まり、地域文化の評価につながった（『山梨県史』文化財編 他）。

そして後者では、武田信玄・勝頼による家中の統制や領国支配体制の解明が進む一方、甲斐国守護職としての公権性が、統治体制に及ぼした影響の評価をめぐって議論を呼び起こしてきた（柴辻俊六『戦国大名領の研究—甲斐武田氏領の展開—』、笹本正治『戦国大名武田氏の研究』、矢田俊文『日本中世戦国期権力構造の研究』他）。その後、地域社会の多様性や自律性に注目する研究を反映して、領国内における村落支配のあり方が見直されたほか、軍役、税制、外交等に関する研究が進展するとともに（平山優『戦国大名領国の基礎構造』、丸島和洋『戦国大名武田氏の権力構造』、鈴木将典『戦国大名武田氏の領国支配』他）、武田氏館跡や新府城（しんぷじょう）跡等の発掘調査の成果を反映して、築城や金山開発等の技術史にも注目が集まっている（萩原三雄『戦国期城郭と考古学』他）。

このように、武田氏を対象とした研究は、時代ごとにそれぞれ進展している一方、十二世紀末の治承・寿永の内乱期および十六世紀の戦国時代という、離れた時代を結び付ける論点が設定されておらず、この間の時代を扱った研究も散見されるものの（秋山敬『甲斐武田氏と国人—戦国大名成立過程の研究—』他）、基本的には両極に分断された状況となっているのが、課題としてあげられる。

そこで、本書では、先述した『甲陽軍鑑』に反映されている、信玄の周辺で受け伝えられた武田氏が河内源氏の一門であるという認識、また十三世紀末から十四世紀初頭にかけて編纂された鎌倉幕府の歴史書『吾妻鏡』の用語を借りると、武田信義の子板垣兼信(いたがきかねのぶ)が源頼朝に要望した「家人」に対する源氏の「門葉(もんよう)」という処遇（元暦元年三月十七日条）に注目する。そして、こうした認識や処遇がどのような歴史的経緯を持って成立してきたのかを考えることにより、治承・寿永の内乱期と戦国時代とを結び付けた武田氏の展開を明らかにしたい。

また、両時代ともに武田氏が深く関係した甲斐国を日本列島規模で捉え、歴史的な背景を持って形成されてきた地域の地理的特徴が、武田氏の展開にどのような影響を及ぼしたのかという視点を通して、日本列島の社会における武田氏の位置付けを探りたい。

すなわち、本書では、主に十一世紀後半の源義光による東国進出から、十六世紀末における武田勝頼の滅亡までを対象に、「源氏門葉」の由緒や家格、および甲斐国の地理的な特徴に注目し、約五百年間にわたる甲斐国を中心とした武田氏の展開と、中世という時代における彼らの位置付けについて論じていくこととする。また、彼らの由緒を伝える系図や家督相続の象徴であった楯無鎧の成立状況についても、武田氏の歴史を反映した遺物として書中で触れていく。

なお、本書では、武田氏のほか、加賀美氏、安田氏、小笠原氏、南部氏等といった甲斐国に名字の地を持った義光流源氏の一族を「甲斐源氏」もしくは「武田一族」に含めて表記するとともに、武田氏のうち南北朝時代以降に甲斐国を本拠に同国の守護職を世襲した家を「甲斐武田家」、また安芸国・若狭国を本拠として、安芸国分郡守護職および若狭国守護職を世襲した家を、時代に応じて「安芸武田家」ないし「若狭武田家」と呼称し、原則としてこれらを使い分けて叙述することとしたい。

武田氏の成立と鎌倉幕府

義光流源氏と東国

源義光の足跡

武田一族の祖とされる源義光（一〇四五～一一二七）は、清和源氏の一族で、相模守・陸奥守・陸奥鎮守府将軍を歴任した源頼義を父とし、また関東を地盤とする桓武平氏の一族で、在京して右衛門尉・検非違使・上総介・常陸介に任官した平直方（貞盛流平氏）の娘を母として、寛徳二年（一〇四五）に生まれた。祖父の頼信が、河内国石川郡の壺井荘（大阪府羽曳野市）を本拠としていたことから、頼信の子孫たちは河内源氏とも呼ばれている。

義光は、近江国（滋賀県）園城寺（三井寺）の新羅明神の社前で元服したため、仮名を「新羅三郎」と称したが、母を同じくする長兄の義家が山城国（京都府）石清水八幡宮の社前で元服して「八幡太郎」、また次兄の義綱が同国賀茂神社の社前で元服して「賀茂次郎」とそれぞれ称している。これらの神社はいずれも平安京の東（新羅明神）、西（石清水八幡宮）、北（賀茂神社）に当たり、まさに都城の四方を守護する武士の役割を象徴する仮名であった。この一方、義光は豊原時忠から笙の秘曲を授けられ、「交丸」と呼ばれる笙の名器を得たという文芸に秀でた一面も伝わっている（『今鏡』）。

義光の名を一躍高めたのが、後三年合戦（一〇八三～八七）である。永保三年（一〇八三）に勃発したこの合戦は、義光の兄で陸奥守に任官した義家が、勢力の伸張を図って陸奥・出羽両国の豪族清原氏の内紛に介入し始まったが、寛治元年（一〇八七）八月、義光は義家の支援を名目に、朝廷の許可を受けず陸奥・出羽両国（東北地方）に赴き、左兵衛尉の官職を解任された（『奥州後三年記』、『為房卿記』）。そして、同年に義家とともに清原家衡・武衡が籠城する金沢柵（秋田県横手市）を攻略したが、義光が参陣した目的は、自身の勢力を奥羽に広げる意図があった

図１　『後三年合戦絵巻』に描かれた源義光
（東京国立博物館蔵，ColBase より）

と考えられている（庄司浩「新羅三郎源義光―事跡と実像―」）。

南北朝時代の貞和三年（一三四七）に作成された、後三年合戦を対象とする現存最古の絵巻である重要文化財「後三年合戦絵巻」（東京国立博物館蔵）には、参陣した義光の姿が随所に描かれており、大将の義家を支えつつも、敵将の清原武衡の処刑を思いとどまらせようとしたように、義家とは異なった見解を示す場面も登場する。

その後、義光とその一族は、陸奥国菊田荘（菊多荘、福島県いわき市）から常陸国（茨城県）にかけて所領を獲得するとともに、信濃（長野県）・近江（滋賀県）といった東山道諸国にも進出して、平賀、山本、柏木といった各氏を輩出した。義光自身も京都と近江、そして東国の所領を往来して活動していたことがうかがわれる。『古事談』や『十訓抄』によると、義光は白河院の近臣である六条顕季と所領をめぐって争ったが、白河院の取り成しで義光が所領を獲得する一方、義光は顕季に名簿を提出し、主従の関係を結んだという。この所領こそが、常陸国の境界に接する菊田荘であり、義光が寛治六年（一〇九二）に同荘を獲得したとされている（高橋修「『坂東乱逆』と佐竹氏の成立―義光流源氏の常陸留住・定着を考える―」）。

これらの所領を獲得する過程において、義光の一族は常陸平氏（繁盛流平氏）ならびに奥州藤原氏との連携を深めていった（秋山敬「新羅三郎義光—甲斐源氏始祖伝説成立の検討を軸に—」、野口実「源平内乱期における『甲斐源氏』の再評価」）。

「常陸国合戦」と武田氏の成立

特に、嘉承元年（一一〇六）、義光は常陸平氏の平繁幹（重幹）と連携し、下野国（栃木県）足利荘に拠った甥の源義国（義家の子）と対立し「常陸国合戦」が生じていたが（『永昌記』嘉承元年六月十日条）、この事件は、義光と結んだ常陸平氏と、義国と結んだ下野国の秀郷流藤原氏との間で康和五年（一一〇三）頃から五年間に渡り続いた、「坂東乱逆」と呼ばれる大規模な騒乱の一環であったという。この間、無断出京や私合戦の罪を問われた義光は、刑部丞の官職を再び解任されたが、この過程で、義光一族が常陸平氏の吉田氏に引き入れられたことが指摘されている（高橋前掲論文）。

また、天仁二年（一一〇九）に起きた義家の後継者源義忠（義光の甥）の暗殺事件について、義光が郎従の「鹿嶋冠者（鹿嶋三郎）」を使って暗殺に関与したとする内容が伝わっている（『尊卑分脈』）。結果的には、義光の兄義綱に義忠暗殺の嫌疑がかけられ、義綱は捕縛、殺害されたが（同）、義光の郎従「鹿嶋三郎」は義光と連携した平繁幹の孫成幹とされ、この事件は、義光と常陸平氏が連携して義家一族と対立するという、「坂東乱

図2　源義光関係系図

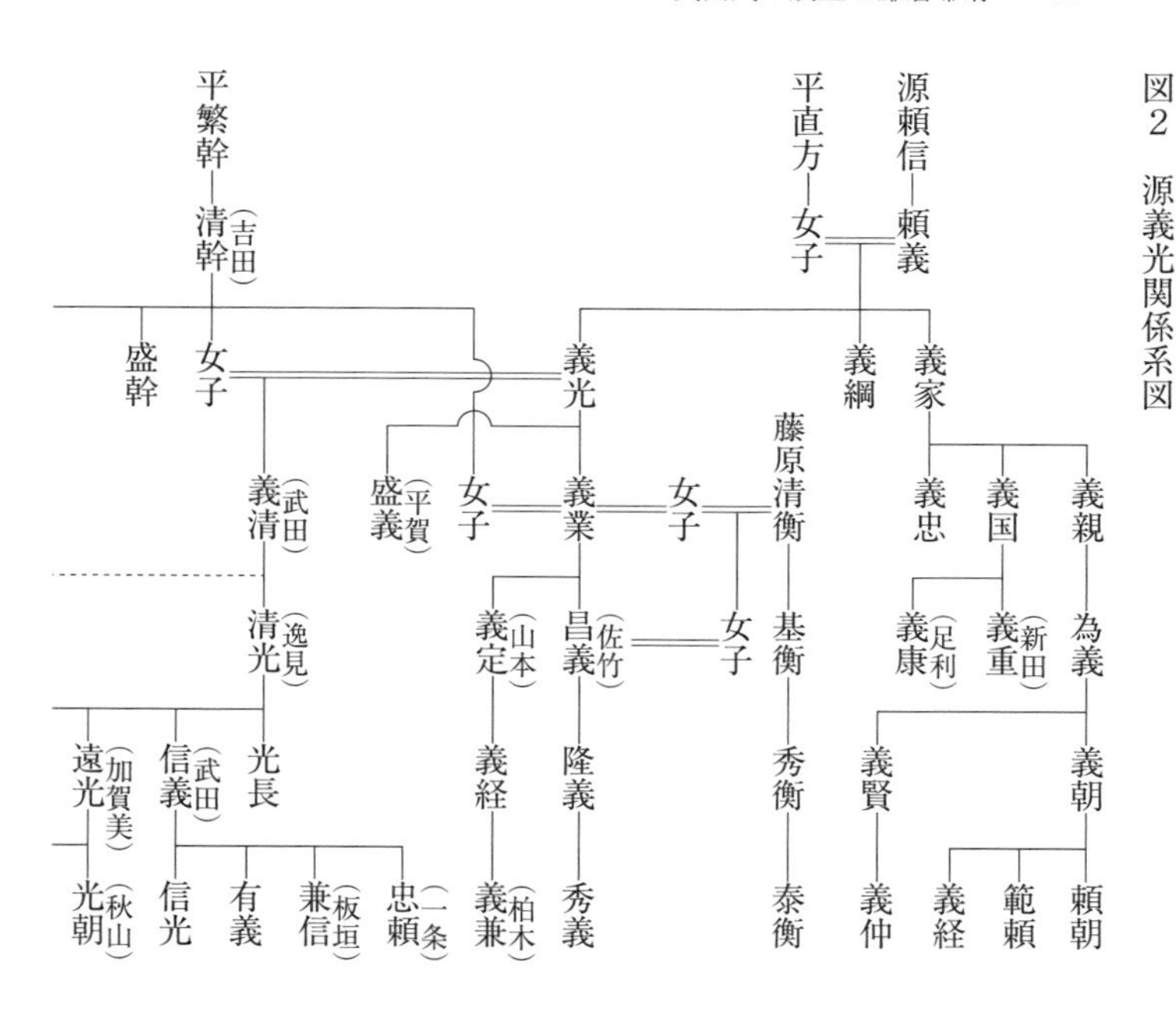

逆」と同様の構図であった（高橋前掲論文）。

しかしながら、『尊卑分脈』には義忠暗殺後の対応について、「かの鹿嶋三郎本意を遂げ、その夜三井寺に馳せ向かい、その子細を告ぐるの処、義光書状をあい副え、鹿嶋三郎をもってたちまち舎弟僧の宿坊に遣わす。しかして、かの僧兼ねて深き土穴を掘設し、すなわちかの鹿嶋丸を捕らえ穴に堕とし、これを埋め殺しおわんぬ。」と記されている。すなわち、義光が、義忠暗殺の子細を報告するために三井寺（園城寺）を訪れた成幹を、自らの弟である僧侶（快誉）のもとに派遣し殺害するこ

（鹿嶋）成幹
（安田）義定
義資
（南部）光行
（小笠原）長清

とで、事件の真相の発覚を未然に防いだというのである。このことから、義光と常陸平氏との連携は、相互の利害が一致した点において機能するのであり、常に緊張関係をはらんでいたことがうかがわれる。

　こうした義光と常陸平氏との連携を踏まえて、義光が常陸国内に築いた拠点の一つが、吉田郡の武田郷（ひたちなか市）であり、義光と吉田清幹（繁幹の子）の娘との間に生まれた義清（?～一一四五）が、この地に拠って「武田冠者」を称したとされる（志田諄一「源義清と武田郷」、同「武田義清・清光をめぐって」）。

　武田郷の比定地には、武田石高遺跡・武田西塙遺跡が所在する。同遺跡から出土した土師器や須恵器には、墨書や刻書で「武田」「武東」「武」などの文字が記された破片が確認され、同遺跡が十世紀前半に編纂された「和名類聚鈔」に見える古代武田郷の一部であったことが考えられている。また、付近の武田原前遺跡からは、八世紀初頭のものと考察されている掘立柱住居の跡が出土している。これらの遺跡群は、茨城県中部を東西に流れる那珂川北岸の河岸段丘上に位置し、付近の舌状台地上に武田冠者を称した源義清の居館が設けられていたと伝わっている。残念ながら、台地は常磐線の鉄道敷設工事に際して

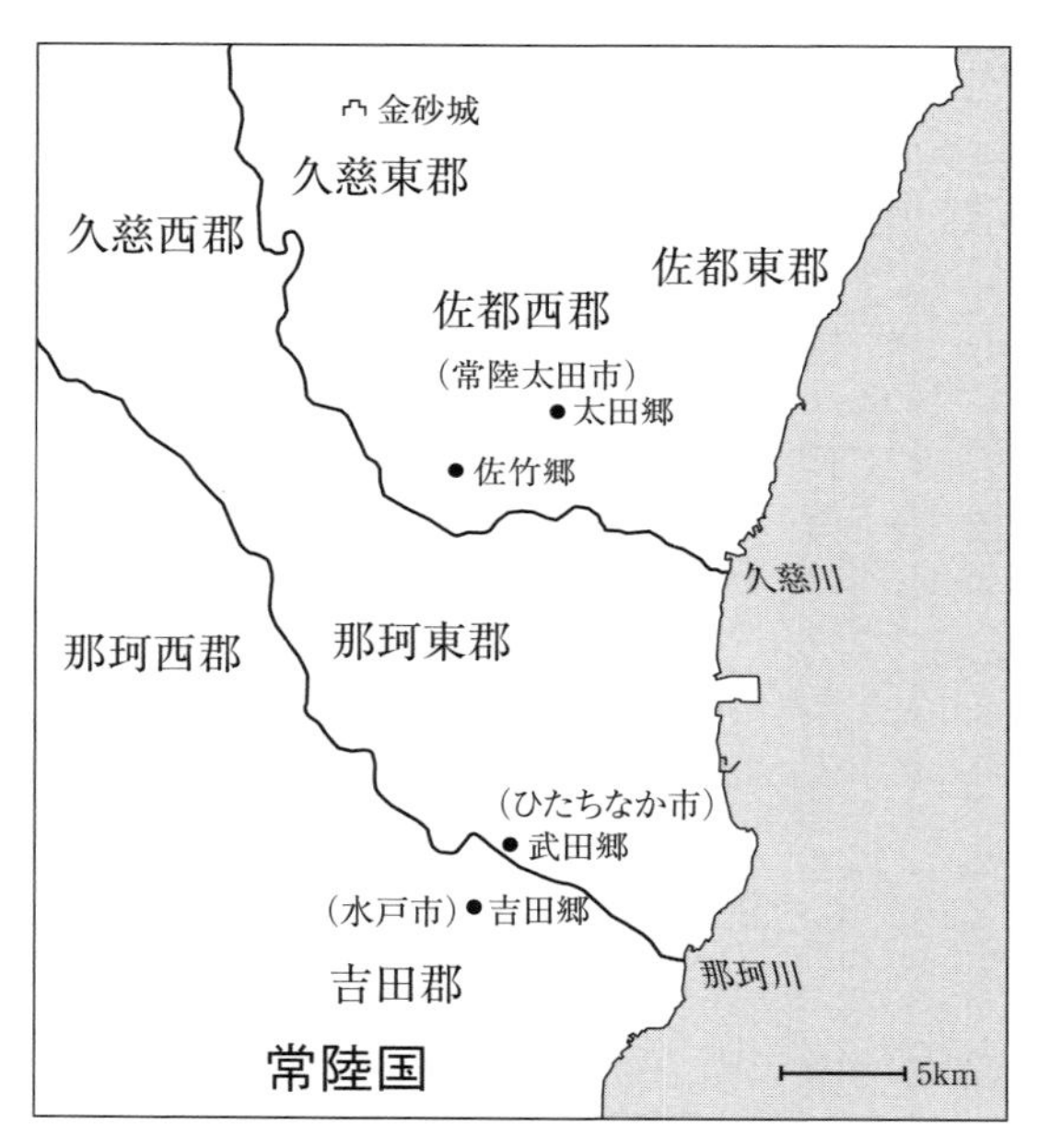

図3　武田郷と佐竹郷の位置（地図）

掘削され、居館の伝承地は現存していない。

同遺跡からの出土品は、十世紀を下限としていることから、これらの遺跡群を構成した武田郷は十世紀に消滅し、その後、十一世紀に再開発される過程で、源義光・義清父子が武田郷に入ったと考えられる。武田郷は、常陸国の中部を東西に横断する那珂川の左岸にあり、義光らはこの地を掌握することによって、河川交通への関与を図ったことがうかがわれる。

義清の子孫である武田一族は、常陸国を離れた後にも同国に出自を持った由緒を継承し続けた。弘安十年（一二八七）十月二十九日、寂円（じゃくえん）という人物が所有する熊野（くまの）参詣の旦那場に関する譲状（ゆずりじょう）には、次のように記されている（熊野那智大社（なちたいしゃ）所蔵米良（めら）文書）。

（端書）「道賢かおほち（祖父）のゆつ（譲）り状なり」
なか（長）くゆつ（譲）りわた（渡）すたんな（旦那）の事
　在所とうたうみのくに（遠江国）ゝし（西）山寺伊勢阿闍梨門弟引たんな
　　むさしのくに（武蔵国）ちゝふ（秩父）のせんたち（先達）近江阿闍梨門弟引たんな
　　てわのくに（出羽国）太まち（町）のたとう太郎・とうへい太郎ひきたんな
くだん（件）のたんなは、寂円がわたくし（私）の物也、しかるを、せうたうはうにゆつるところ実也、たゝしごけ（後家）一ご（期）はしんたい（進退）すへし、こほうし（子法師）候へば、たかまつ（高松）よりのゆつりのたんな、ひたち（常陸）のさたけ（佐竹）の一門、かい（甲斐）のたけた（武田）の一門をゆつりわたす、そのほかをさあい（幼）物ともをは、せうたうはうのはからひ（計）にはく〻（育）むへきなり、よって状くだんの如し、

弘安十年十月廿九日　　寂円（花押）

この譲状によると、寂円は「せうたうはう」に「遠江国西山寺伊勢阿闍梨門弟引旦那」「武蔵国秩父の先達近江阿闍梨門弟引旦那」「出羽国太町のたとう太郎・とうへい太郎ひき丹那」を譲渡する一方、「こほうし」（子法師か）に対して、「高松よりの譲りの旦那」「常陸の佐竹の一門」「甲斐の武田の一門」という三か所の旦那場を譲っている。ここでは、常陸国の佐竹一門と甲斐国の武田一門という二つの旦那場が一括で譲渡の対象となっており、ともに常陸国に本拠を設けた義光流源氏が、約百八十年後になっても、一族として認識されていたことがうかがわれる。

甲斐国に移った武田氏が、常陸国に由来する「武田」を名字として称しているのは、自らが義光流源氏に属するという由緒を示し、「貴種」として認知され続けることを図ったためであろう。治承・寿永の内乱期に「甲斐武田」から使者が派遣され連携を求められた、近江国の「甲賀入道」こと柏木義兼についても、「刑部丞義光の末葉と云々」と伝わって

いるように（『玉葉』治承四年十一月三十日条）、義光流源氏の由緒は、子孫たちに広く受け継がれていたのである。

甲斐国移郷

義光らによる武田郷の支配は、常陸平氏との連携を踏まえて展開したが、先述したように、この連携は緊張関係をはらんだものであり、両者の協調は永続しなかった。

義光が大治二年（一一二七）に没した三年後の大治五年（一一三〇）、常陸国司が、義清の子清光（?～一一六八）の乱行を朝廷に報告した（『長秋記』大治五年十一月三十日条）。この背景には、義光の孫昌義（佐竹氏の祖）が、久慈郡の佐竹郷（常陸太田市）を拠点に自立し、秀郷流藤原氏とも関係を深めて、常陸国奥七郡における在地領主間の調停を行う公的な権力を確立する過程で、在庁官人として国衙を掌握する常陸平氏と義光流源氏との間で軋轢が生じたことが指摘されている（高橋前掲論文）。

この結果、ほどなく義清・清光父子は常陸国を離れ、甲斐国市河荘（昭和町・中央市・市川三郷町）に移されたが、それは流刑ではなく、対立勢力を遠隔地に引き離す移郷の措置であり、義光が出仕した白河院近臣の藤原（六条）顕季の子長実が、甲斐国の知行国主であったことが影響したという（五味文彦「甲斐国と武田氏」）。

甲斐国は、義光の祖父である源頼信が、十一世紀前半に国司を務めた国であった。『今

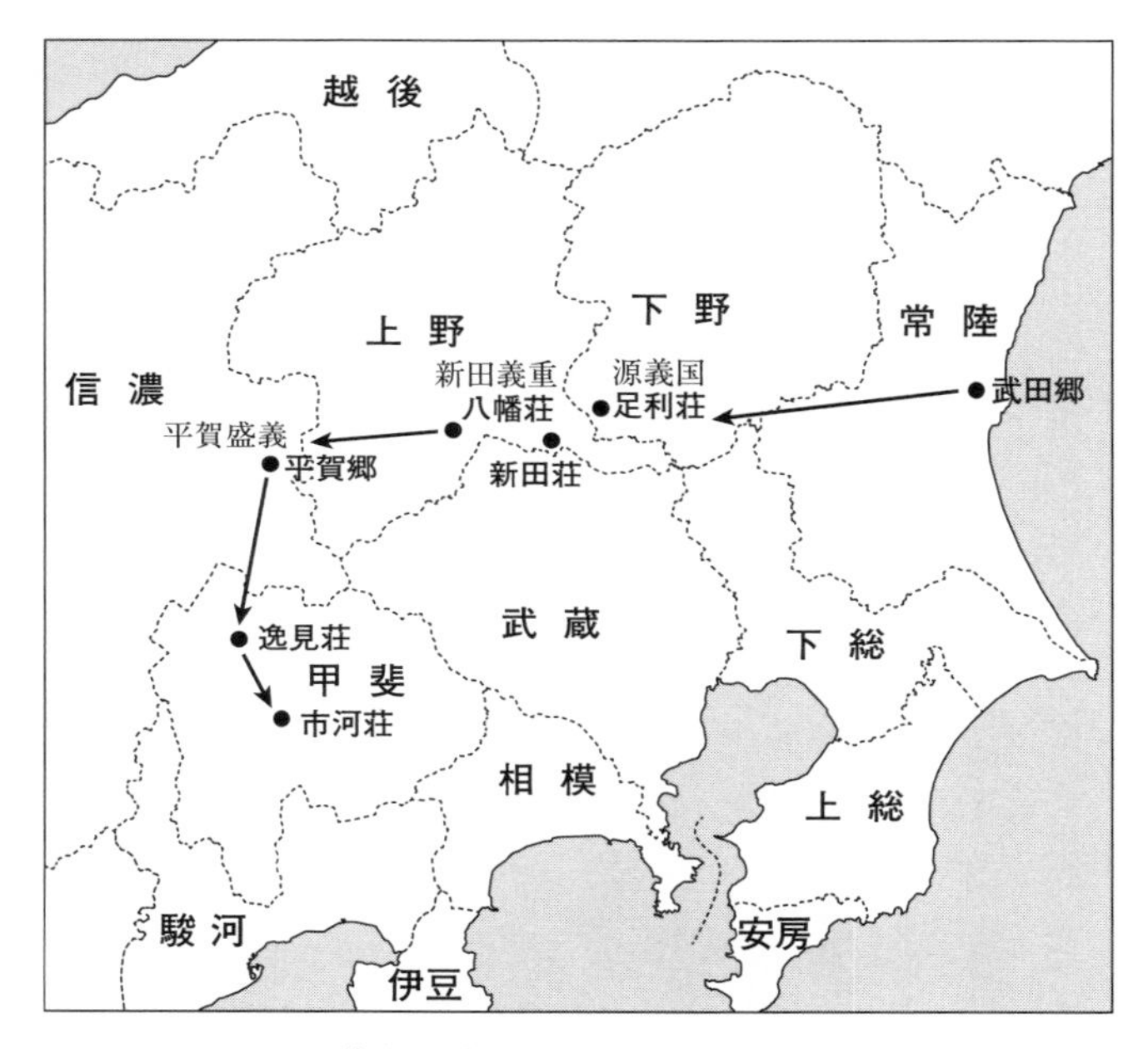

図４　源義光・清光の甲斐国移郷ルート（地図）

昔物語集』巻二十五には、「源頼信朝臣平忠恒を責める語り」として、頼信が「常陸守」となって常陸国（茨城県北部）に下向した際、下総国（茨城県南部、千葉県北部）に居住する「平忠恒」（忠常）が、上総（千葉県中部）・下総両国に勢力を伸ばし、頼信の指示を受けなかったため、頼信が常陸国の豪族平惟基を従えて、海中の浅瀬を渡り、忠恒を攻めたところ、忠恒は名符を頼信に提出して降伏したという説話が遺されている。

頼信が常陸介となったのは、長和元年（一〇一二）のことであり、この時、頼信は常陸平氏の平惟基、ならびに常陸平氏と対立する両総平氏（良文流平氏）の平忠常と主従関係を結んだと考えられる。その後、頼信は長元二年（一〇二九）に甲斐守に任じられるが、その前年に平忠常の乱が起こり、義光の外祖父である平直方が追討使として東国に派遣されたが収束せず、長元三年に直方に代わり、頼信が甲斐守と兼任で追討使に補任された。この結果、翌長元四年に忠常は頼信に降伏したという。このように、河内源氏にとって甲斐国は、東国進出の契機となった所縁のある地域であった。このことが、その後、義清・清光の子孫たちが「貴種」性を保ち、急速に甲斐国内に拠点を構えて浸透した背景にあったのかもしれない。

義清・清光父子の甲斐国移郷のルートについては、「逸見冠者」と称した清光が、甲斐国北部の逸見地域を地盤としており、義清・清光は義光の子平賀盛義が拠点とした信濃国佐久郡を経て、甲斐国に入ったことが推測されている（五味前掲論文）。また、義清・盛義兄弟や義清の孫である加賀美遠光が、上野国（群馬県）新田荘を拠点とした新田義重と関係を深めていたことを踏まえて、常陸国から甲斐国への移動ルート上に上野国も位置付けられている（木村茂光「頼朝政権と甲斐源氏」）。いずれにしろ、義清・清光は甲府盆地中央の市河荘から逸見地域へと進出したのではなく、新田氏や平賀氏といった河内源氏一族のネットワークを踏まえて、信濃国との境界付近にある逸見地域から市河荘へと進出したことがうかがわれる。

十世紀後半には法勝院領であった市河荘は、甲府盆地の中央部から南部にかけて所在した荘園であり、安和二年（九六九）七月八日付の「法勝院領目録」（仁和寺文書）によると、山梨・八代・巨摩の三郡に渡って条里地割に従い区画された荘田が散在していた。

十九世紀前半に編纂された『甲斐国志』には、義清の「御屋敷跡」が平塩岡（市川三郷町）にあり、その後、西条（昭和町）に隠棲したことが記されているが、義清の隠居所と伝えられた居館伝承地である義清神社（昭和町）の周辺には、若宮八幡神社や義清塚が所在している。義清神社境内からは、十二世紀代の土師器とともに、土塁状の遺構や堀跡と推定されている帯状の窪地が確認されており（『山梨県史』資料編7）、同荘内における領主の拠点であったことがうかがわれる。

また、『甲斐国志』に清光の居所として記載されている谷戸城跡（北杜市）についても、発掘調査の結果、南麓の城下遺跡から掘立柱建物群の遺構とともに、十三世紀代の青磁・白磁類や常滑が出土しており（『山梨県史』資料編7）、鎌倉時代における屋敷地であった可能性が指摘されている。

武田一族の拡大

その後、約半世紀の間に、義清・清光の子孫たちは、甲府盆地一帯に拠点を構えて、その勢力を伸張した。清光の子である武田信義（一一二八～一一八六または一一四二～一二〇〇）の一族は、盆地北部の武田郷・甘利荘から、中央部の一条郷・板垣郷・塩部荘・小松荘・石禾御厨、さらに東部の岩崎郷を名字の地とし、また加賀美遠光（一一四三?～一二三〇?）の一族は、盆地西部の加賀美荘・秋山郷・原小笠原荘から、富士川流域に位置する飯野牧の南部郷・波木井郷、さらに盆地中央部の八代荘を名字の地とし、信濃国の伴野荘・大井荘（佐久市）等にも進出した。そして『尊卑分脈』では清光の子、『吾妻鏡』では義清の子とされる安田義定（一一三四～一一九四）は、盆地東部の安田郷や牧荘を拠点とした。

このように、信義・遠光・義定の世代は、国衙が置かれ、在庁官人の三枝氏一族が拠点としていた甲府盆地中央部（笛吹市周辺）から離れた盆地の周縁部を当初の地盤としていたが、その後、信義の子信光ほか次世代になると、信光が拠り、笛吹川・日川の両河川に

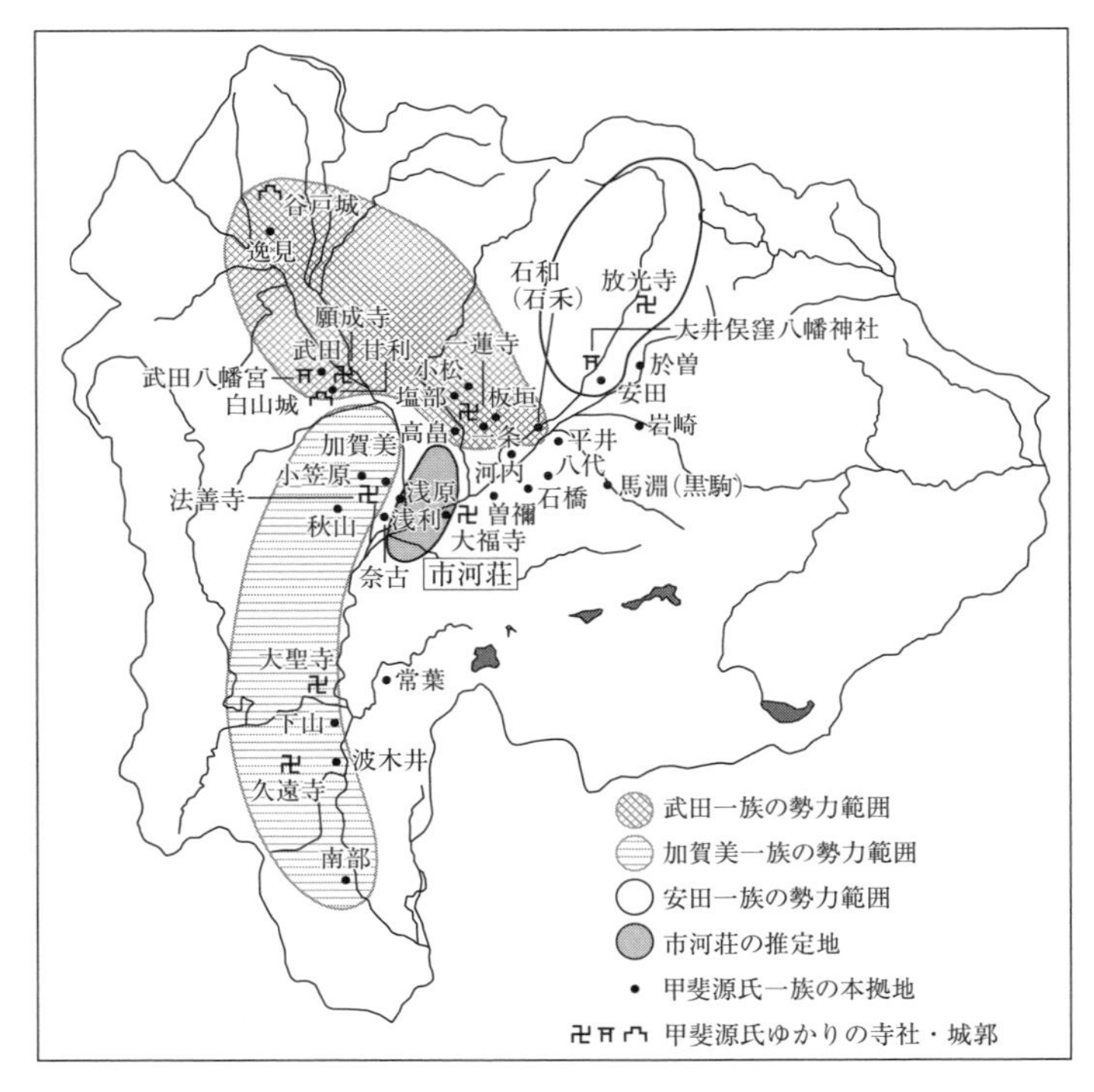

図5　甲斐国における義光流源氏の拠点（地図）

面する交易の場として栄えた石禾御厨をはじめとする、国衙周辺の荘園・公領へと進出した。また、信義一族の拠点は信濃国諏訪郡・佐久郡と甲斐・駿河両国、遠光一族の拠点は甲斐国と駿河国安倍郡、義定の拠点は甲斐国と武蔵国秩父郡とをそれぞれ結ぶ街道沿いに展開しており、彼らは甲斐国と周辺諸国とを往来する主要な交通路上に拠点を置いていた。

さらに、その周辺には、穂坂牧・小笠原牧・八田牧・飯野牧・牧荘といった、牧および牧を前身とした荘園が所在していた。古代の甲斐国は、武蔵・上野・信濃の各国と並んで内厩寮、後に左馬寮・右馬寮に馬を納める御牧（勅旨牧）が設置された国の一つであり、十世紀頃まで京都に馬を運び、天皇の謁見を受ける駒牽が実施されていた。こうした背景を持った牧の存在は、武田一族による馬の贈答や弓馬の故実の相伝に影響を及ぼしたことが推測されている（磯貝正義「甲斐源氏勃興の歴史的背景」、網野善彦「甲斐国の荘園・公領と地頭・御家人」他）。

また、その土着にあたっては、義清が甲斐国衙の厩別当であった可能性のある市川（市河）氏の娘婿となって、義定が誕生したと推測される等、在地の武士との間で結ばれた縁戚関係が寄与していたという（五味前掲論文）。

武田東畑遺跡

武田一族が甲斐国に設置した居館に関連する遺跡として、山梨県韮崎市の武田東畑遺跡があげられる。同遺跡は、釜無川右岸の河岸段丘上に

図６　武田東畑遺跡（韮崎市教育委員会提供）

形成された小扇状地の崖際に位置し、十二～十三世紀に製作されたと推定されている土師器や青磁・白磁の陶磁器片、及び水晶の原石等が出土している。また、八～九世紀の竪穴住居跡に加えて、十二～十三世紀の雛段状の造成面や、床面に石が敷かれた竪穴遺構等が確認されている（『平成二十八年度韮崎市内発掘調査報告書』）。

武田東畑遺跡が注目されるのは、『甲斐国志』に紹介されている伝武田信義居館跡といわれる場所の一角に位置することである。『甲斐国志』には、この地には、御屋敷、御庭、御旗部屋、御酒部屋、的場、御湟、具足沢、金精水等の地名が伝わり、八幡山の南にある城山は居館の要害城と考えられていたことが記されている。

遺跡の周辺には、信義の菩提寺とされている願成寺や、武田八幡宮、白山城跡などがある。このうち曹洞宗の願成寺は、かつて天台宗の寺院であったとされ、信義の供養塔と考えられる鎌倉時代の五輪塔が伝来するほか、信義の依頼で造立されたと伝わる重要文化財の「木造阿弥陀如来并両脇侍像」が祀られている。阿弥陀如来、観音菩薩、勢至

図7　木造阿弥陀如来并両脇侍像（願成寺蔵，山梨県立博物館提供）

菩薩から成るこの三尊像は、いずれも仏師定朝の系統に属する作風であり、十二世紀末、平安時代末期より鎌倉時代初頭にかけて制作されたと考えられている（『山梨県史』文化財編、近藤暁子「造仏活動と信仰に見る甲斐源氏のネットワーク」）。また、阿弥陀如来像の台座部材の年輪年代調査の結果、原木は一一四七年前後の十二世紀中頃に伐採されたことが判明し、本像が十二世紀後半の制作とされてきたことと整合すると評価されている（『平成二十八年度韮崎市内発掘調査報告書』）。

このような状況から、同遺跡には、信義またはその次世代の武田一族に関係する何らかの施設が存在していたと考えられ、今後の調査の進展が期待される。そして、同遺跡および願成寺等の関連する史跡群が、釜無川の流域に属するとともに、信濃国と甲府盆地中央部、また盆地西部を経て駿河国と結ぶ街道の周辺に立地することから判断すると、武田一族は大規模な私領開発を行い、それを中核として立荘化を図るよりも、当初は水陸の交通の要衝を押さえて、人々の往来や年貢等の物資の運送を掌握することにより、短期間のうちに甲府盆地一帯に拠点を広げることに成功したと推測される。

武田一族の在京活動

保元の乱（一一五六）および平治の乱（一一五九）で源為義・義朝が討たれ、義家の直系が没落する間、義清・清光の子孫は甲斐国に勢力を維持した。そして、彼らの一部は、在国して所領の経営に従事している一族と連携しつつ京都に上洛し、天皇家や平氏一族と関係を結ぶことで、所領支配に関する諸権利の安堵や獲得を図った。

すなわち、加賀美遠光は、承安元年（一一七一）、宮中において鳴弦の術を行い、怨霊を鎮めた恩賞として、高倉天皇から清涼殿に祀られていた木造不動明王像を拝領し、自らの勢力圏内に所在する大聖寺（山梨県身延町）に祀ったと伝わる。

また、武田信義の子で兵衛尉に任官していた有義が高倉天皇の中宮平徳子（建礼門院）や平重盛に、さらに加賀美遠光の子秋山光朝・小笠原長清兄弟が平知盛にというように、義清の孫の世代は平清盛の子たちにそれぞれ出仕し、在京活動を行っていたという

（五味前掲論文）。

しかしながら、この関係は、治承四年（一一八〇）十月に甲斐帰国の要望を知盛に認められなかった在京中の長清に対して、それを哀れんだ高橋盛綱が、「源氏の人々においては、家礼なお怖畏せらるべし。いわんやまた下国を抑留する如き事、頗る家人の服仕するに似る。」と述べたことに象徴されているように（『吾妻鏡』治承四年十月十九日条）、主人と家人との主従関係とは異なり、「家礼」としてより緩やかな上下関係にあった。

また、「甲斐国逆賊武田妻ならびに最愛の子童の頸、夜中これを切る、差串武田門前に立てる」（『山槐記』治承四年十二月二十四日条）とあるように、治承四年十二月、「武田」の妻子が殺害され、その首級が「武田門前」にさらされたが、この「武田」は有義を指しており、彼は京都に邸宅と家族を持ち、継続的に在京して活動していたことがわかる。

こうした状況の末に、治承・寿永の内乱が勃発し、武田一族はその渦中に巻き込まれていったのである。

治承・寿永の内乱と武田信義

内乱における武田一族の評価

これまでの古代・中世史研究の中で、武田一族（甲斐源氏）が歴史的に注目されてきた最大の事象は、いわゆる治承・寿永の内乱における彼らの活動であったといっても過言ではない。

治承四年（一一八〇）四月に始まった治承・寿永の内乱における武田一族の政治的・軍事的な位置付けについては、彦由一太氏が以下の点を指摘している（彦由一太「甲斐源氏と治承寿永争乱」）。

①治承四年十月中旬の富士川合戦前後において、甲斐源氏は、源頼朝に対比して対等ないしは優位な立場にあった。富士川合戦は、甲斐源氏の軍事的主導の下に行われ、彼らは主体的に甲斐・駿河・遠江各国に軍事支配権を確立した。

②甲斐源氏は、頼朝以上に信濃国諸源氏との軍事的連帯が強固であった。寿永二年（一一八三）七月における源義仲ほかの軍勢の入洛では、甲斐源氏が東海道手入洛軍の中核であった。

③元暦元年（一一八四）正月の義仲滅亡に際して、甲斐源氏の一条忠頼・安田義定が果たした軍事的役割は、源範頼・義経と同等ないしそれ以上に大きかった。また、義仲滅亡後、頼朝勢力による朝廷との接触は、甲斐源氏の勢力を減退させたが、同年の一の谷合戦では、義定は自軍を独自に指揮し、範頼・義経とは対等な立場、連合軍的な性格を持っていた。

④頼朝は、元暦元年六月の一条忠頼殺害および同年五月の受領挙申によって、自らに対する有力な対抗勢力として台頭する気配が濃厚であった武田信義の一族に打撃を与え、東海道の駿河国以西における甲斐源氏の勢力基盤の大部分を奪取した。

すなわち、彦由氏は、治承・寿永の内乱初期に、甲斐源氏が源義仲をはじめとする信濃国の源氏勢力と連携して、源頼朝の勢力から自立し、対等ないしは優位な地位を占めていたことを明らかにした。

　こうした彦由氏の見解に対して、松井茂氏は、治承四年九月に朝廷から追討の対象とされたのは頼朝のみであり、石橋山合戦頃の頼朝の政治的地位は甲斐源氏に勝っていたこと、また富士川合戦では、甲斐源氏が頼朝の指揮下に属して緩やかな服属関係にあり、頼朝の支配圏を確定する過程で、諸国守護の戦略的な配置に基づいて、甲斐源氏が駿河・遠江両国に展開したことなどを指摘した（松井茂「源頼朝と甲斐源氏」）。

また、金沢正大氏は、『吾妻鏡』に記載された年記を考証し、元暦元年（一一八四）四月から五月にかけて、頼朝による一条忠頼謀殺、対甲斐源氏軍事行動、武田信義屈服が起き、鎌倉政権による支配が図られたことを指摘した（金沢正大「治承五年閏二月源頼朝追討後白河院庁下文と『甲斐殿』源信義―『吾妻鏡』養和元年三月七日条の検討―」（Ⅰ）（Ⅱ）、同「甲斐源氏棟梁一条忠頼鎌倉営中謀殺の史的意義―『吾妻鏡』元暦元年六月十六日条の検討―」（Ⅰ）（Ⅱ））。

本節では、治承・寿永の内乱期において武田一族が形成した諸勢力との連携・対立を見直すことにより、改めて、彼らの政治的な位置付けについて再検討する。

武田信義・安田義定の挙兵

前節でも触れたように、保元の乱（一一五六）および平治の乱（一一五九）で源為義・義朝が討たれ、義家直系が没落する一方、義清・清光の子孫は甲斐国に勢力を維持するとともに、武田信義の子で兵衛尉に任官していた有義が高倉天皇の中宮平徳子（建礼門院）や平重盛に、また加賀美遠光の子秋山光朝・小笠原長清兄弟が平知盛にそれぞれ出仕し、在京活動を行っていた（五味文彦

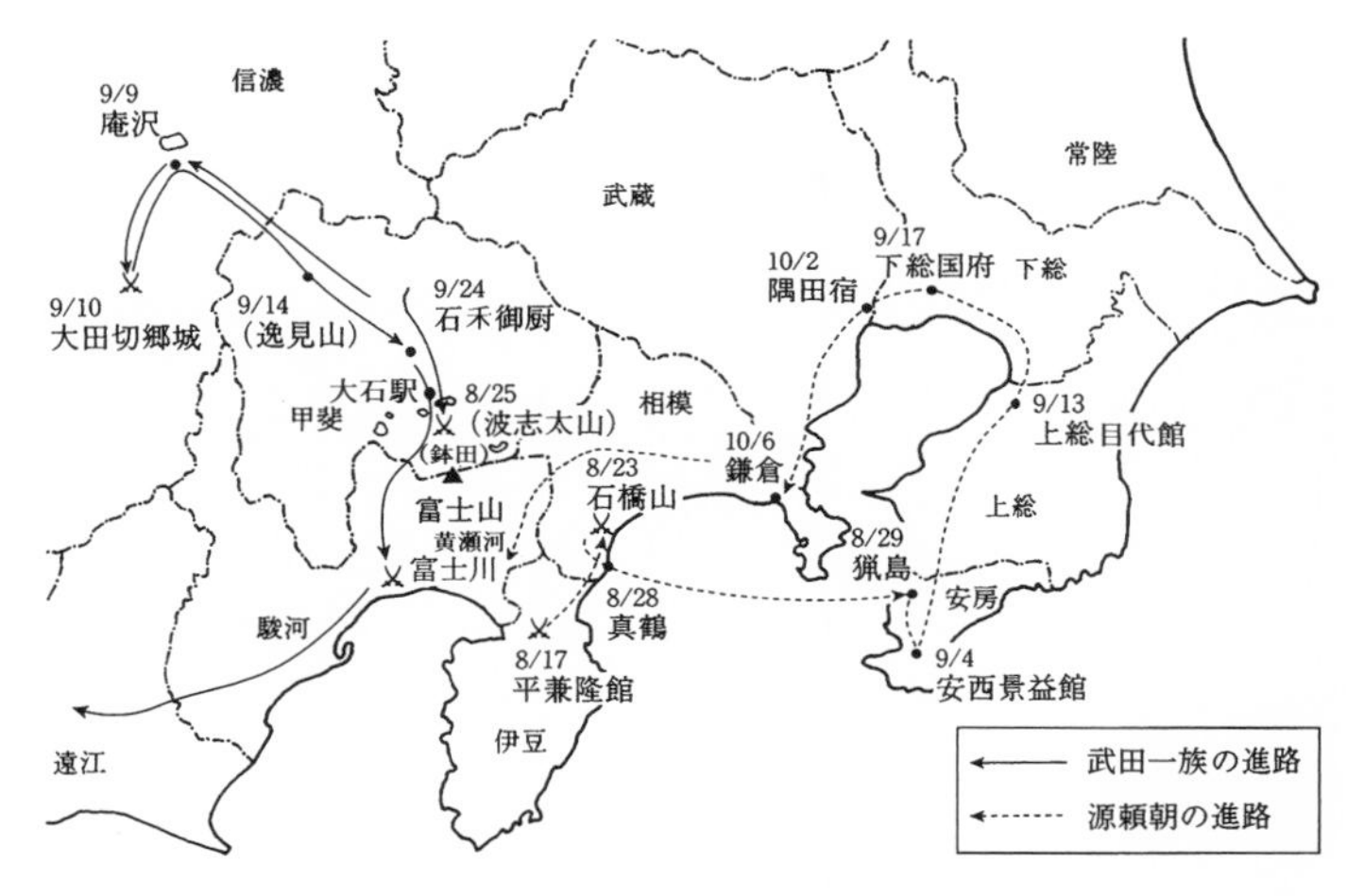

図８　治承・寿永の内乱における武田一族の行動（地図）

「甲斐国と武田氏」)。

ところが、治承四年四月、後白河院の子以仁王が平氏一族を追討するよう諸国の源氏に呼びかけ、それに対抗して平氏が東国に軍勢の派遣を決定したという知らせが東国に届くと、八月に伊豆国（静岡県）で義朝の子源頼朝が挙兵し、石橋山（神奈川県）で平氏に従う大庭景親・伊東祐親と交戦したのと時を同じくして、安田義定が工藤景光・行光父子や市川行房とともに頼朝と連携して挙兵し、波志太山（山梨県）で景親の弟である俣野景久、および駿河国目代の橘遠茂と交戦した（『吾妻鏡』治承四年八月二十五日条）。また武田信義・一条忠頼父子は、信濃国伊那郡大田切郷（駒ヶ根市）に出陣して平氏家人の菅冠者を滅ぼした後、同国一宮の諏訪大社上下宮

図9　治承・寿永の内乱期の武田氏

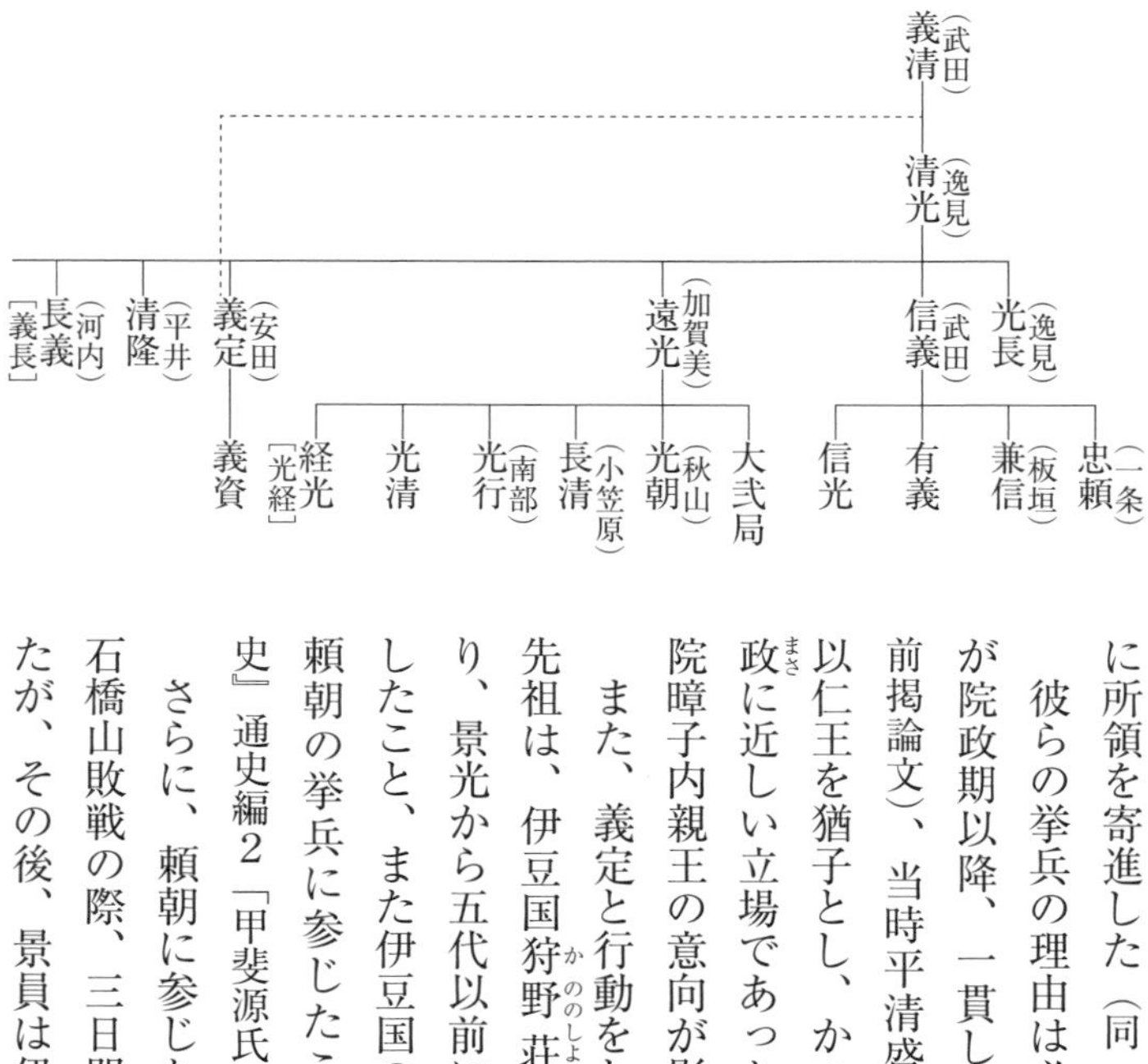

に所領を寄進した（同　九月十日条）。

彼らの挙兵の理由は必ずしも定かではないが、甲斐国が院政期以降、一貫して院近臣の知行国であり（五味前掲論文）、当時平清盛と対立関係にあった後白河院や、以仁王を猶子とし、かつ以仁王を擁立して挙兵した源頼政に近しい立場であった、後白河院の異母妹である八条院暲子内親王の意向が影響したのではなかろうか。

また、義定と行動をともにした工藤景光・行光父子の先祖は、伊豆国狩野荘を本拠とする工藤氏の一族であり、景光から五代以前にあたる景任の代に甲斐国に居住したこと、また伊豆国の工藤氏では、茂光・親光父子が頼朝の挙兵に参じたことが指摘されている（『山梨県史』通史編2「甲斐源氏の挙兵」秋山敬執筆）。

さらに、頼朝に参じた加藤景員とその子光員・景廉は、石橋山敗戦の際、三日間にわたり相模国箱根山に潜伏したが、その後、景員は伊豆国走湯山に隠れ出家した。光

（田井）光義
（上曽禰）巌尊
（奈古）義竹
（浅利）義成［義遠］
（八代）信清
（利見）義氏

員・景廉兄弟は景員を走湯山に送った後、甲斐国を目指して伊豆国府から駿河国大岡牧を経て、富士山麓に潜伏したという（『吾妻鏡』治承四年八月二十七日、同二十八日条）。走湯山を拠点とする修験は、駿河・甲斐両国にまたがる富士山麓に展開しており（西岡芳文「中世の富士山」）、加藤兄弟の潜伏は、伊豆・駿河・甲斐を結ぶ修験のネットワークに依拠したものであろう。

一方、中山忠親の日記『山槐記』治承四年九月七日条には、八月二十三日の相模国小早河（神奈川県小田原市）における合戦（石橋山合戦）で、信義の弟平井清隆等が平氏方に与して討死した旨も記されており、内乱の勃発に臨み、武田一族内では、挙兵に反対する者も存在した状況がうかがわれる。

したがって、波志太山で俣野景久・橘遠茂と交戦した甲斐国の武士は、武田一族の同族集団という構成ではなく、甲斐・伊豆両国を結ぶ武士団のネットワークを背景に頼朝と連携した行動をとった勢力であった。

富士川合戦の実像

治承四年九月十五日、信濃国から戻った信義・忠頼ほかは、頼朝の使者北条時政と甲斐国の逸見山で対面し、同二十四日には、時政をともなって逸見山から甲斐国衙付近の石禾御厨に進み、ここで二度目の頼朝の使者土屋宗遠を迎えて駿河国への侵を協議した（『吾妻鏡』治承四年九月十五日、同二十四日条）。そして、十月十三日には、河口湖北岸の大石駅にて駿河国目代襲来の情報を得て、富士山麓における交戦を協議したが、この時には、武田信義・一条忠頼・板垣兼頼（兼信）・武田有義・安田義定・逸見光長・河内義長（長義）・伊沢信光が参陣し、さらに富士山麓の若彦路において加藤光員・景廉が軍勢に加わった（『吾妻鏡』治承四年十月十三日条）。「武田・安田人々」と呼ばれた軍勢は、翌十四日に鉢田で甲斐国に侵攻してきた駿河国目代橘遠茂の軍勢に勝利したが、この時には信光のもとで景廉が戦ったという（同 治承四年十月十四日条）。

　鎌倉時代後期に編纂された歴史書『吾妻鏡』によると、十月十八日に信義・義定ほかは駿河国黄瀬河で頼朝に合流した（『吾妻鏡』治承四年十月二十日条）。そして、同月二十日には、頼朝が駿河国賀嶋に到着し、富士川西岸に在陣した平維盛・忠度・知度率いる追討使軍と対陣したが、信義が追討使軍の背後を襲うため行動したところ、富士沼の水鳥等が飛び立ち、羽音に驚いた平氏の軍勢は藤原（伊藤）忠清の助言により撤退したという（『吾妻鏡』治承四年十月二十日条）。

　一方、内乱の最中に記述された公家の日記には、『吾妻鏡』に記された内容とは異なる状況が見られる。すなわち、九条兼実の日記『玉葉』によると、頼朝追討のために東国に派遣された平維盛率いる追討使軍の藤原忠清が、十一月十七日に駿河国高橋宿で「武田方」の使者を殺害、そして翌十八日に追討使軍が富士川付近に陣を置いたところ、「武田方」に寝返る者が現れて撤退したという（『玉葉』治承四年十一月五日条）。また、吉田経房の日記『吉記』には、追討使軍が、頼朝もしくは「武田」の使者を殺害したが、頼朝襲来の風聞を聞き手越宿に撤退したところ、その地で火災が発生し、混乱状態のまま京都に帰還したという（『吉記』治承四年十一月二日条）。

　このように、当時の公家の日記を見ると、彦由氏が指摘するように、富士川合戦では、「武田（方）」の軍勢が追討使軍に対峙したことを確認できる（彦由一太「甲斐源氏と治承寿永争乱」、秋山敬「治承四年の甲斐源氏―源頼朝との関係を中心に―」）。しかしながら、頼朝の使者北条時政・土屋宗遠の甲斐国派

図10　『平家物語絵巻』に描かれた富士川合戦（明星大学図書館蔵）

遣により、これまで個別の行動をとっていた信義と義定の連携が図られたこと、また頼朝に属する加藤光員・景廉兄弟が武田一族のもとに参陣していることなどから判断すると、こうした状況は、武田一族の単独行動ではなく、頼朝勢力との連携によって行われたと推測される。

以上の通り、富士川合戦では、武田信義・安田義定の軍勢が、頼朝勢力との連携を踏まえつつ、主体的に追討使軍に対峙していた。それでは、治承四年九月に朝廷から追討の対象とされたのは頼朝のみであり、石橋山合戦頃の頼朝の政治的地位は甲斐源氏に勝っていたとする松井氏の指摘は成り立つのであろうか。

『山槐記』治承四年九月七日条には、「義重入道、故義国子、書状をもって大相国に申して云わく、義朝子伊豆国を領し、武田太郎甲斐国を領す」とあり、上野国の新田義重（にったよししげ）が太政大臣藤原忠雅（ふじわらのただまさ）に送った書状の内容が引用されている。これによると、「義朝子」（頼朝）が伊豆国を、「武田太郎」（信義）が甲斐国をそれぞれ占領したとの情報が、九月初頭までに京都に伝わっていたことがわかる。

また、九条兼実の日記『玉葉』治承四年十月八日条には、「高倉宮必定現存す、去七月伊豆国に下着すと云々、当時甲斐国に御座す、仲綱已下相具し祇候すと云々、但し信ずるに取るにあたわず」とあり、同年四月に宇治で殺害された以仁王や源仲綱（なかつな）（頼政の子）が甲斐国に潜伏しているとの風聞が、京都で伝えられたことがわかる。

その後、『吉記』治承四年十一月八日条には、「治承四年十一月七日　宣旨　伊豆国流人源頼朝、早くに野心を挟み、朝威を軽忽し、人民を劫略し、州県を抄掠す、縡希夷に入るの間、誅伐を加えんと欲するの処、甲斐国住人源信義猥りに雷同を成す」とあり、同年十月の富士川合戦において、武田信義が平維盛率いる追討使軍と敵対した結果、十一月七日に頼朝とともに信義が、追討の対象とされた。なお、『玉葉』寿永二年四月二十五日条には、「源頼朝・同信義等東国・北陸を虜掠す、前内大臣に仰せ、追討せしむべし」とあり、頼朝とともに信義を追討の対象とする対応は、寿永二年まで継続している。

このように、治承四年九月の段階で、信義が頼朝とともに東国で挙兵した勢力の中心として京都で認識されていたことは確実である。しかし、同時期に追討の対象となったのは、頼朝一人であった。このことは、頼朝が挙兵し、目代の平兼隆を討った伊豆国が、平氏政権の一翼を担った平時忠の知行国であったのに対して（川合康「中世武士の移動の諸相―院政期武士社会のネットワークをめぐって―」）、甲斐国は院近臣の知行国であり（五味前掲論文）、信義も甲斐国衙を襲撃するという行動に及んでいなかったことに起因すると推測される。

すなわち、頼朝と信義との間の追討対象となった時期の差は、平氏政権から見た敵対勢

図11　治承・寿永の内乱における諸勢力（地図）

力の認識の相違であり、京都の公家社会の間では、信義と頼朝の挙兵に優劣をつける認識は生じていなかったのではなかろうか。

駿河・遠江両国への進出と上洛

その後、「甲斐武田」が、義光流源氏の一族である近江国の甲賀入道（柏木義兼）に使者を送って連携を促したほか（『玉葉』治承四年十一月三十日条）、遠江国に進出した「武田の党」が三河国（愛知県）を占領したところ、美濃国（岐阜県）、尾張国（愛知県）の軍勢もそれに味方しており（同十二月十二日条）、信義・義定の勢力が、東海道に沿って西方へと進出したことを確認できる。『尊卑分脈』では信義・義定の祖父にあたる源義清の活動範囲が、甲斐・駿河・遠江・三河の諸国に及んでいたことが指摘されているが（五味前掲論文）、信義・義定の東海道諸国への進出には、義光の末裔を称する一族間のネットワークが基盤になっていたと考えられる。

一方、平氏政権は、同年十二月に京都に残された有義の妻子を殺害して「武田門前」に首を掛ける一方（『山槐記』治承四年十二月二十四日条）、陸奥・出羽両国を支配する藤原秀衡および越後国（新潟県）の城助永と連携し、頼朝・信義等の挟撃を図った。翌養和元年（一一八一）六月中旬、助永の弟助職が信濃国に侵攻したが、横田河原合戦において「キソ党一手、サコ党一手、甲斐国武田之党一手」からなる軍勢により撃退された（『玉葉』養和元年七月一日条）。この合戦については、源義仲や岡田氏を中心とする「キソ（木曽）党」と、平賀氏・井上氏を中心とする「サコ（佐久）党」、および信義・義定もしくは彼らに従属した諏訪上下社の武士団からなる「甲斐国武田之党」の三者による連帯・連合が成立していたことが指摘されている（彦由一太「治承寿永争乱推進勢力の一主流―信濃佐久源氏の政治史的考察―」、金沢正大「治承寿永争乱に於ける信濃国武士団と源家棟梁―特に『横田河原合戦』を中心として―」）。そして、寿永二年七月、義定は義仲と連携して東海道から平氏を追って上洛し（『吾妻鏡』元暦元年三月一日条）、「一条より北、東洞院より東、会坂に至る」京都の市街の警備にあたった（『吉記』寿永二年七月三十日条）。

このように、信義・義定等は、富士川合戦後、主体的に駿河・遠江両国に進出して、鎌倉を拠点とし関東地方を制圧した頼朝と、木曽（長野県）から北陸地方に進出した義仲の両勢力の間に立ち、独自の勢力を形成したと考えられている（彦由一太「甲斐源氏と治承寿永争乱」、秋山敬「治承四年の甲斐源氏―源頼朝との関係を中心に―」）。

同年十月、朝廷が頼朝に東海道・東山道の諸国からの年貢徴収を任す宣旨を下すと、信義・義定の勢力圏もその範疇に組み込まれたが（清雲俊元「寿永二年十月宣旨前後の甲斐源氏の位置」）、翌寿永三年（一一八四）正月、義定と一条忠頼の軍勢は、頼朝の代官である源範頼・義経とともに粟津（あわづ）合戦（滋賀県大津市）で義仲を滅ぼした（同　元暦元年正月二十

図12　源平合戦図屏風（一の谷合戦）（山梨県立博物館蔵）

日条、同二十七日条）。この際、義仲に属した樋口兼光(ひぐちかねみつ)の甥で、信濃国諏訪上宮に居住した千野(ちの)大夫光家(みついえ)の嫡子太郎光弘(みつひろ)は、男子二人に自らの最期の様子を伝えるため、弟千野七郎が属する忠頼の軍勢を詮索し自害したという（『延慶本平家物語』第五本「樋口次郎成降人事」）。対立する双方の軍勢に属する武士の間には、一族間のネットワークが営まれ続けていたことがうかがわれる。

また、元暦に改元した同年二月に、源氏の軍勢が後白河院の指示により福原（兵庫県神戸市）に設けられた平氏の陣営を急襲した一の谷合戦では、範頼・義経と並んで義定が一手の大将として軍勢を率いて参陣しており、甲斐源氏の一族は中心的な役割を果たしたと考えられている（彦由一太

「甲斐源氏と治承寿永争乱」)。

その後も、彼らは西国の戦場に動員され、同年八月には、豊後国（大分県）に渡る範頼の軍勢に属して有義が鎌倉を出陣し（同　元暦元年八月八日条）、翌文治元年（一一八五）二月には、信義の子伊沢信光が長門国（山口県）に侵攻したものの、兵糧不足により安芸国（広島県）に戻り、改めて四国への出陣を頼朝に命じられている（同　文治元年二月十三日条）。また、同年三月の壇の浦合戦では、浅利義成による遠矢の故事が伝わるとともに（『平家物語』巻十一「遠矢」）、合戦後の五月には、平氏に追われ高麗に亡命していた対馬守藤原親光の帰国を促すため、頼朝の指示を受けた範頼の下で河内義長が対馬国「守護人」として使者を高麗に派遣している（『吾妻鏡』文治元年五月二十三日、同六月十四日条）。

なお、治承四年十二月、平重衡の奈良侵攻により焼失した東大寺再建にあたって、内乱収束後の建久五年（一一九四）六月、頼朝の指示で二菩薩・四天王像等の造立が、宇都宮朝綱・畠山重忠等の有力御家人に割り振られたが、このうち持国天像を武田信義、多聞天像を小笠原長清がそれぞれ担当している（同　建久五年六月二十八日条）。治承・寿永の内乱の端緒から収束に至るまで、武田一族はその主要な役割を担い続けたのである。

信義・義定の「政権」

ここで、信義・義定一族による駿河・遠江両国の支配を見てみよう。義定は、寿永二年八月十日に従五位下遠江守に叙任されているが（『吾妻鏡』建久五年八月十九日条）、「義仲は山道の手として、義定は海道の手として入洛の時、当国義定をもって任じ給い候いおわんぬ、然れば、頼朝給うにあらざるの間、何事も別けて勤仕せしむべく候也」（同　建久元年六月二十九日条）とあるように、この叙任は頼朝を介さず、直接朝廷から与えられたものであった。それ以降、文治六年（一一九〇）正月に下総守に遷任されるも、建久二年（一一九一）三月には還任し、一貫して遠江守に在任した（同　建久元年六月二十九日条、同五年八月十九日条）。そして、遠江国の受領および頼朝から支配権を認められた「守護」として、在庁官人や守護沙汰人を掌握し国務や検断を実施したほか、後に頼朝の右筆となる伏見冠者藤原広綱や前滝口榎下重兼といった京都に出自を持つ文士・武士を配下に加え、さらには朝廷への家人の任官推挙、また京都常駐の郎従による朝廷の警備に携わっていた。

この一方、義定は頼朝の御家人である和田義盛・岡部忠綱・結城親光らに加えて、遠江国の横地長重・勝間田成長らを率いて、同国浜松庄橋本付近を防衛し、平氏の軍勢の襲来に備えた（『吾妻鏡』治承五年閏二月十七日条）。また、橋本における要害普請への人夫徴集に応じず、義定に無礼な行為を行ったという遠江国の浅羽庄司宗信・相良三郎ほかの処罰を頼朝に要請した（同　三月十三日条）。

このように、義定は頼朝政権と連携しつつ、朝廷とも接触して遠江国を支配した、いわば「政権」を樹立したと考えられている（拙稿「甲斐源氏―東国に成立したもう一つの『政権』」）。

また、駿河国に進出した信義の一族について見ると、後述するように、元暦元年（一一八四）六月、頼朝が信義の子忠頼を謀殺した直後、「歌舞曲に堪うるの者」であった、忠頼の家人甲斐小四郎秋家を自らに出仕させた（『吾妻鏡』元暦元年六月十八日条）。秋家は、頼朝が鎌倉の由比浦で小笠懸を催した後、岡崎義実邸で酒宴を行った際に、舞曲を披露している（同　文治三年七月二十三日条）。ところが、秋家は歌舞音曲のみならず、幕府内で別の才能を発揮する。すなわち、同年八月に頼朝の公文所が設置されると、別当となった安芸介中原（大江）広元に続いて、斎院次官中原親能・主計允藤原（二階堂）行政・足立右馬允藤内遠元・甲斐四郎大中臣秋家・藤判官代邦通が寄人として名を連ね、吉書始を行っている（同　元暦元年八月六日条）。

このように、甲斐秋家は、大江広元・中原親能・二階堂行政と同様に文士としての一面を有していた。秋家は大中臣姓を称しており、神祇官大中臣氏を出自としていたのであろう。忠頼は、「侍」と称された武士身分の家人に加えて、秋家のような文士をも家人として、父信義とともに駿河国の支配を行っていたことが推測される。

さらに、元暦元年（一一八四）七月、信濃国の武士井上光盛が忠頼との同心を理由に駿河国蒲原駅で討ち取られた（『吾妻鏡』元暦元年七月十日条）。光盛は、横田河原合戦において「甲斐国武田之党」他と連携して城助職の軍勢に勝利した中心人物であるが（金沢正大「治承寿永争乱に於ける信濃国武士団と源家棟梁―特に『横田河原合戦』を中心として―」）、光盛は「日来在京」していたとあり、忠頼・光盛間のネットワークは京都で形成されたのではなかろうか。

なお、加賀美一族についても、治承四年十二月、小笠原長清が「家礼」として出仕した平知盛の家人右馬允橘公長とその子公忠・公成兄弟が、長清の「一所傍輩の好」によって、遠江国を経て鎌倉の頼朝の下に帰参した（『吾妻鏡』治承四年十二月十九日条）。

このように、一条忠頼や小笠原長清も、在京時に諸国の武士との間にネットワークを形成し、それが彼らの活動を支える役割を担っていたことがうかがわれる。

従来の研究では、頼朝と信義・義定との政治的手腕の相違について、頼朝には、大江広元をはじめとする文人官僚が属し、武家棟梁の「政権づくり」を支援したのに対して、信義・義定には、かかる人材が乏しかったとの指摘がある（彦由一太「甲斐源氏と治承寿永争乱」）。

図13　木造源頼朝像（甲斐善光寺蔵）

しかしながら、実際には信義や義定のもとに京都にゆかりのある人材が集っており、頼朝は彼らを自らの政権に吸収することによって、政権の機構を整えていったことが、史料を通して明らかとなってきたのである。

頼朝による排斥

前述した通り、治承・寿永内乱期に武田信義・安田義定の一族は、源頼朝と連携しつつ主体的に活動してきた。ところが治承五年（一一八一）三月、信義に頼朝追討を命じる院庁下文が発給されるとの風聞が立ち、信義が頼朝に釈明を求められた（『吾妻鏡』治承五年三月七日条）。また、元暦元年（一一八四）三月、平氏追討のため西海に出陣した信義の子板垣兼信が、「御門葉」の地位を主張し、軍勢を率いる土肥実平（どひさねひら）より上位の立場を望み、頼朝に連なる河内源氏の一門として、他の御家人とは異なる処遇を頼朝に要求した（同 元暦元年三月十七日条）。この時の頼朝の発言が、信義・義定の一族に対する頼朝の方針を象徴している。すなわち「この事かつて許容無し、門葉によるべからず、家人によるべからず」（同）とあるように、頼朝は兼信の要求を却下し、河内源氏の門葉と鎌倉殿の御家人との間に一切の区別が無いことを宣言したのである。

こうした頼朝の方針に反する信義・義定一族の存在は、頼朝にとって警戒すべき対象となった。この結果、彼らは頼朝によって、次のとおり相次いで失脚や滅亡に追い込まれたのである（清雲俊元『甲斐源氏 安田義定』、秋山敬『甲斐源氏の勃興と展開』、金澤正大『鎌倉幕府成立期の東国武士団』、五味前掲論文）。

①元暦元年六月、「威勢を振るうの余り、濫世の志を挿むの由その聞こえ有り」（『吾妻鏡』元暦元年六月十六日条）とある通り、「濫世」の志を抱いたとの風聞を理由とした、鎌倉の大倉御所における一条忠頼の謀殺と対甲斐源氏軍事行動の実施。

②建久元年（一一九〇）七月、遠江国質侶荘（しとろのしょう）（島田市・吉田町）の年貢対捍（たいかん）を理由とした板垣兼信の隠岐（おき）国（島根県）配流。

③建久四年（一一九三）十一月、御堂（みどう）（永福寺（えいふくじ））供養の際に女房聴聞所に艶書（えんしょ）を送ったことを理由とした安田義資（よしすけ）の殺害。ならびに同年十二月、安田義定の所領である遠江国浅羽荘（袋井市）地頭職の没収。

④同五年（一一九四）八月、反逆の罪による安田義定の殺害。

⑤正治二年（一二〇〇）正月、梶原景時との謀叛の密約を伊沢信光によって幕府に密告さ

れた武田有義の逃亡。ならびに同年三月と推測されている武田信義の死去。

なお、五味文彦氏は、忠頼謀殺から二年間を経た『吾妻鏡』文治二年三月九日条に記された「武田太郎信義卒去（年五十九）」という信義死去の記事は、その後も信義の名が同建久元年十一月八日条等に見えるため、『吾妻鏡』編纂時の誤謬とし、有義が逐電した正治二年に信義が死去したとする説を提唱した。一方、金澤正大氏は、信義が正治二年に五十九歳で死去した場合、子の忠頼・有義の年齢推定と合致せず、信義は文治二年に死去したとする説を主張した（金澤正大「武田信義没年に関する五味文彦氏説に反駁」）。

しかしながら、『吾妻鏡』の編者が、信義死去の記事を文治二年に収録した後、生年との関係で五十九歳と付記した可能性を考慮すると、信義が父清光の常陸在国時である大治三年に生まれ、正治二年に七十三歳で死去したと考えられるのではないだろうか。

彼らが勢力を維持できなかった原因は、信義・義定が内乱当初より個別に武士団を組織していたことや、頼朝との連携により勢力圏が保たれていたことが考えられる。

こうして、武田信義・安田義定の一族の多くが頼朝によって排斥された一方、加賀美遠光の一族は、武田・安田両氏とは異なる待遇を得た。すなわち、治承五年二月、頼朝の斡旋によって、足利義兼（あしかがよしかね）が北条時政の息女と婚姻した際、遠光の子小笠原長清は上総権介広（ひろ）

常の婿となった（同　治承五年二月一日条）。また、文治元年（一一八五）八月、平氏滅亡の「勲功之賞」として、頼朝の推挙により関東御分国の受領が定められたが、山名義範の伊豆守、大内惟義の相模守、足利義兼の上総介、安田義資の越後守と並んで、遠光が信濃守に任じられた（同　文治元年八月二十九日条）。さらに、文治四年（一一八八）七月、遠光の息女が頼朝の子息万寿（頼家）の「御介惜」として頼朝邸に入り、同年九月には頼朝から大弐局の称号を与えられたとともに（同　文治四年七月四日条、九月一日条）、長清の子長経は、頼家の側近として活動した（同　正治元年四月二十日条、七月二十日条、七月二十六日

図14　安田義定を模したと伝わる木造毘沙門天像（放光寺蔵，山梨県立博物館提供）

条、八月十九日条)。このように、信義・義定と異なり、遠光の一族は、頼朝への接近と従属により、勢力の維持・拡大を図ったことがうかがわれる。頼朝との関係が、甲斐国の源氏一族の運命を分けたのである。

鎌倉御家人における武田氏の地位

武田信光と小笠原長清

前節で取り上げた通り、河内源氏嫡流という立場を確立し、唯一の武家の棟梁の地位をめざした源頼朝にとって、武田信義ならびに安田義定の一族は、治承・寿永の内乱の過程では有力な連携相手であった一方、「源氏門葉」として警戒の対象ともなった。この結果、彼らの一族の多くが相次いで殺害、排斥された。

こうした状況の中、頼朝の信頼を得て、一族再編の中心的な地位を占めたのが、伊沢信光（一一六二〜一二四八）と小笠原長清（一一六二〜一二四二）であった。文治元年（一一八五）正月、頼朝は西国に遠征中の源範頼に次のような書状を送っている（『吾妻鏡』文治元年正月六日条）。

図15　鎌倉時代の武田氏系図

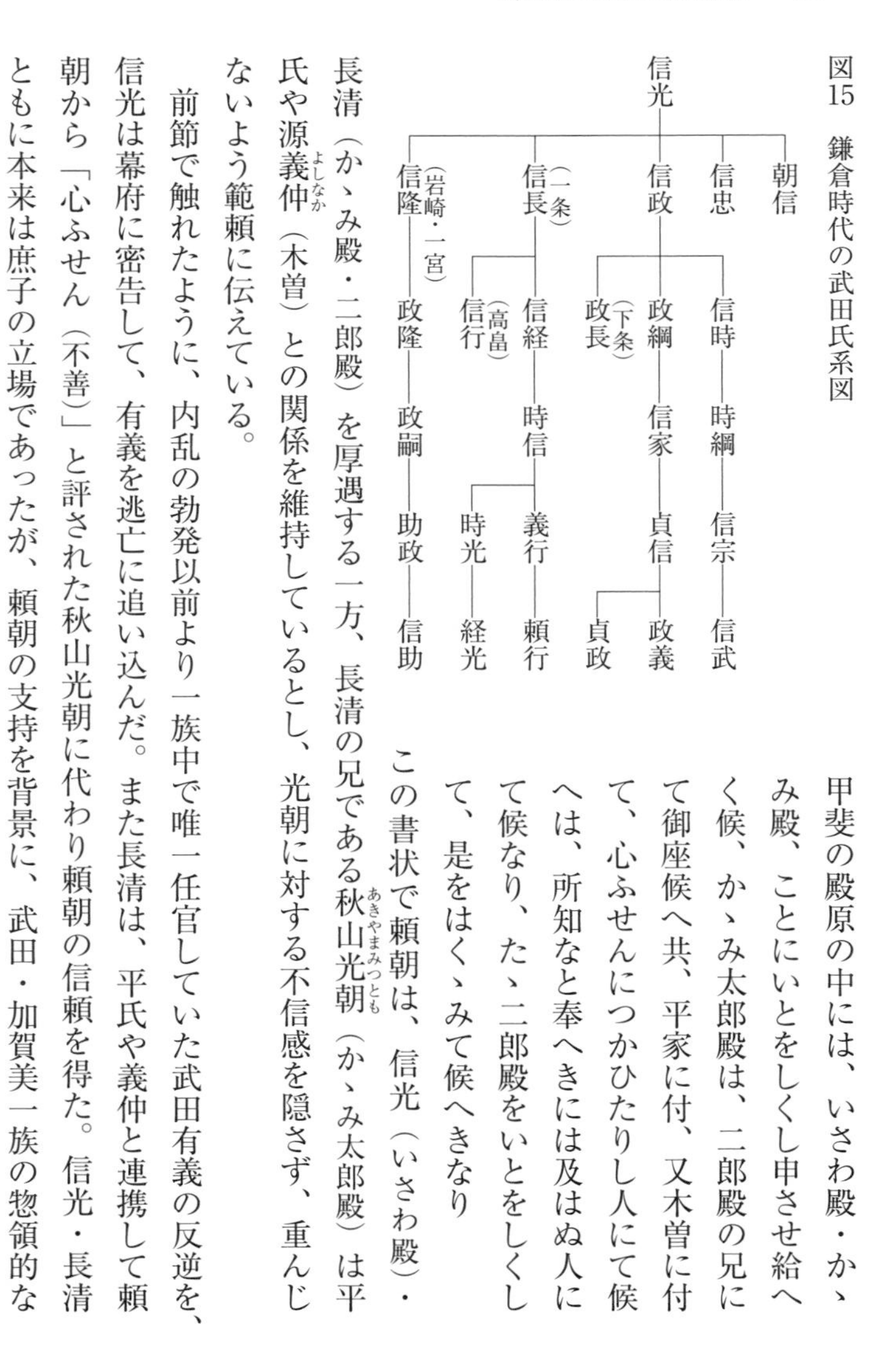

甲斐の殿原の中には、いさわ殿・かゝみ殿、ことにいとをしくし申させ給へく候、かゝみ太郎殿は、二郎殿の兄にて御座候へ共、平家に付、又木曽に付て、心ふせんにつかひたりし人にて候へは、所知なと奉へきには及はぬ人にて候なり、たゝ二郎殿をいとをしくして、是をはくゝみて候へきなり

この書状で頼朝は、信光（いさわ殿）・長清（かゝみ殿・二郎殿）を厚遇する一方、長清の兄である秋山光朝（かゝみ太郎殿）は平氏や源義仲（木曽）との関係を維持しているとし、光朝に対する不信感を隠さず、重んじないよう範頼に伝えている。

前節で触れたように、内乱の勃発以前より一族中で唯一任官していた武田有義の反逆を、信光は幕府に密告して、有義を逃亡に追い込んだ。また長清は、平氏や義仲と連携して頼朝から「心ふせん（不善）」と評された秋山光朝に代わり頼朝の信頼を得た。信光・長清ともに本来は庶子の立場であったが、頼朝の支持を背景に、武田・加賀美一族の惣領的な地位を獲得した。

文治五年（一一八九）七月に始まる奥州合戦に際しては、同年十月二十八日、信光の催促により安芸国を出陣した葉山介宗頼が、駿河国の藁科川周辺で頼朝の鎌倉出陣を知って帰国したことを、梶原景時の申告によって頼朝に咎められ、所領を没収された事件が起こるが（同　文治五年十月二十八日条）、この時期の信光が安芸国の御家人を軍事動員する同国の惣追捕使（守護）の役割を担っていたことが指摘されている（佐藤進一『増訂　鎌倉幕府守護制度の研究―諸国守護沿革考証編―』）。

その後、承久三年（一二二一）五月に勃発した承久の乱では、信光・長清が小山朝長・結城朝光とともに、鎌倉方の東山道大将軍として五万余騎の軍勢を率い出陣し（『吾妻鏡』承久三年五月二十五日条）、乱後に後鳥羽院近臣の藤原光親・源有雅を預かった（同　六月二十四日条）。また、信光は安芸国、長清は阿波国（徳島県）の守護職に補任された（『尊卑分脈』）。乱の勃発にあたり、北条政子（二位殿）が幕府に集められた御家人に結束を呼びかけた際、信光は政子の言葉に応じて、「昔ヨリ四十八人ノ大名・高家ハ、源氏七代マデ守ラント契申テ候ケレバ、今更、誰カハ変改申候ベキ、四十八人ノ大名・高家ヲバ、二位殿ノ御方人ト思食セ」と述べたと伝わっており（『承久記』慈光寺本）、信光はまさしく御家人の代表格の一人として、鎌倉時代の社会において認識されていたことがうかがわれる。

「甲斐源氏」の成立

こうした武田・小笠原一族の立場について、十三世紀後半頃までを見通すと、建長五年（一二五三）十二月に法勝寺阿弥陀堂供養のため御家人が動員された際、二階堂行氏（隠岐三郎左衛門尉）が「武田・小笠原之外」の「甲斐国大番衆」を率いて南大門を守護した一方、西北門の守護に「武田一門人々」および北門西脇の守護に「小笠原一門人々」がそれぞれ参加した（『経俊卿記』建長五年十二月二十二日条）。なお、行氏が「甲斐国大番衆」を率いていることから、当時の甲斐国守護職は、幕府の評定衆や政所執事を務め、甲斐国内では逸見荘・牧荘を領していた二階堂氏の一族が補任されたことが指摘されている（網野善彦「鎌倉時代の甲斐守護をめぐって」）。このことについて、二階堂行氏らは鎌倉から派遣された使者であったとする説もあるが（『山梨県史』通史編2「甲斐の地頭御家人と守護」五味文彦執筆）、いずれにしろ甲斐国の御家人に対して二階堂氏が関与したという事実がうかがわれる。

また、建治元年（一二七五）五月、京都にあった源為義の邸宅跡を境内とした、六条八幡宮造営の費用負担が各御家人に割り振られたが、鎌倉に居住し将軍御所の番役を務めた有力御家人からなる「鎌倉中」として、「武田入道跡」と「小笠原入道跡」が百貫文ずつを負担する一方、「甲斐国」として、「南部三郎入道跡」「秋山太郎跡」「阿仏利（浅利）

入道跡」「逸見入道跡」「奈古蔵人跡」「加々見美濃入道跡」「板垣入道跡」「河内太郎・同次郎跡」「平井次郎跡」「曾禰入道跡」等十九人の御家人が、合計八十九貫文を負担している（国立歴史民俗博物館蔵「六条八幡宮造営注文写」）。

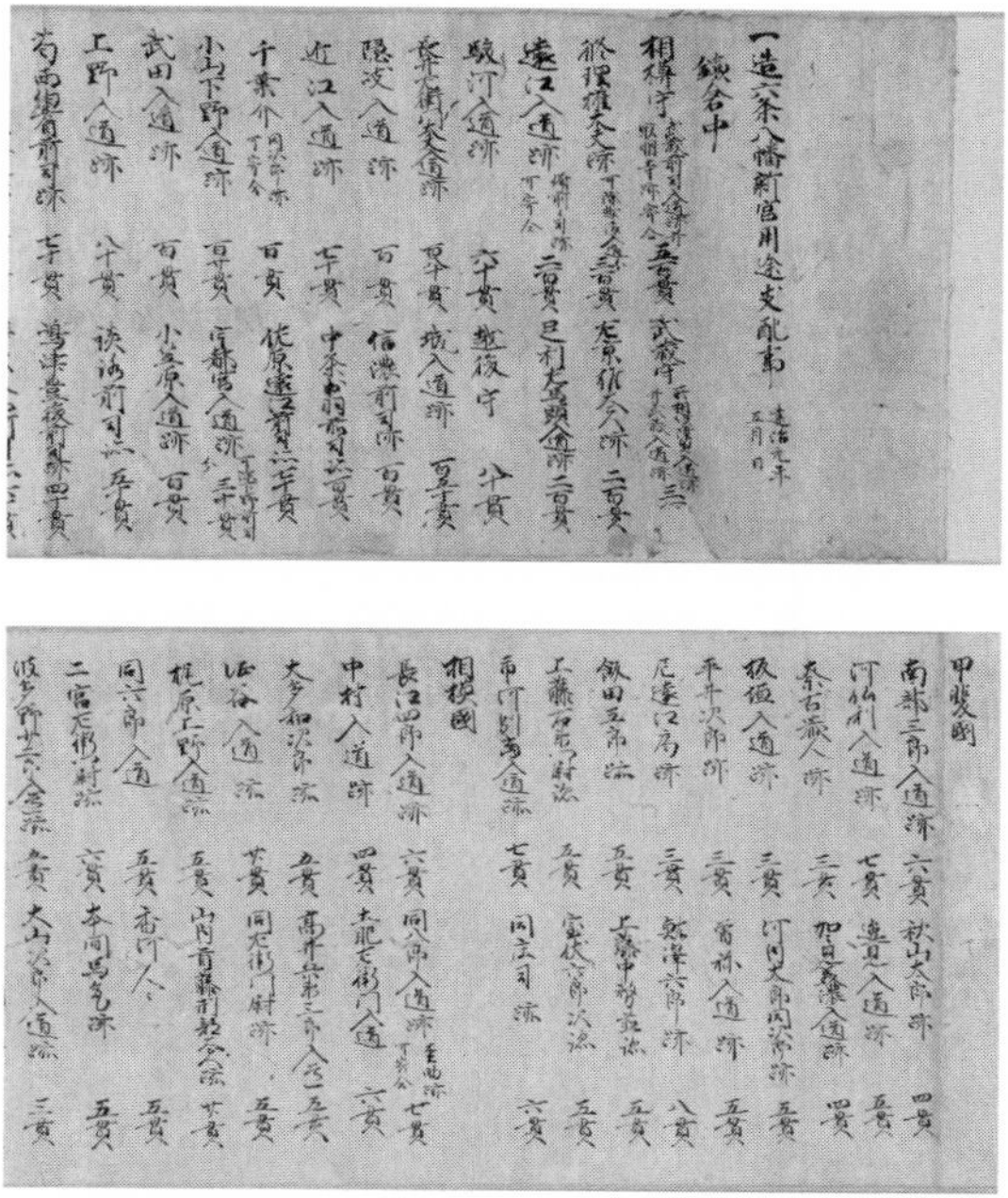

図16　六条八幡宮造営注文写（国立歴史民俗博物館蔵）

このように、十三世紀半ば以降、武田一族中、武田信光および小笠原長清の子孫がそれぞれの一族単位でまとめられ、「鎌倉中」の地位を確立するとともに、甲斐国在地の御家人として把握された、その他の家と区別して扱われるように再編成された（網野善彦「甲斐国御家人についての新史料」）。

ところで、十三世紀後半から十四世紀前半にかけて幕府の奉行人が編纂した『吾妻鏡』や、『平家物語』『源平盛衰記』といった軍記物語には、「甲斐国源氏」「甲斐源氏」等の呼称が使用されている。また『日蓮遺文』の文永九年（一二七二）「祈禱鈔」にも、承久の乱について「甲斐源氏山道を上る、（中略）大津をかたむる手、甲斐源氏に破られおわんぬ」とある。

一方、治承・寿永内乱期に作成された公家の日記である『玉葉』（九条兼実筆）、『吉記』（吉田経房筆）、『山槐記』（中山忠親筆）には、「甲斐源氏」という呼称が登場せず、信義らは「甲斐武田」「武田方」「武田の党」として記載されていた。

すなわち、十三世紀半ば以降、義光に始まる由緒を継承した甲斐国の武家が、頼朝に連なる河内源氏の門葉として、一定の家格を幕府内で確立した際、「甲斐源氏」の呼称が成立したと考えられる（拙稿「甲斐源氏—東国に成立したもう一つの『政権』」）。

このことについては、文永七年（一二七〇）十二月における将軍惟康王（後嵯峨院の孫、宗尊親王の子）の源氏賜姓が注目される。すなわち、頼朝の後継者である鎌倉将軍を後見することで、得宗専制の正当化を図った北条時宗政権が、源氏賜姓により将軍惟康を頼朝になぞらえようとしたという（細川重男「得宗専制政治の論理―北条時宗政権期を中心に―」）。「甲斐源氏」の呼称が成立した背景には、頼朝の後継者として源氏将軍の正統性を求める幕府内の意向が影響したのではないだろうか。

武田信光の挫折

十三世紀以降における鎌倉幕府の政治体制は、評定衆を中心とした合議制や、将軍権力への求心力との相剋を経て、北条得宗家による専制の強化へと推移した。ここでは、時代を十三世紀前半に戻し、北条得宗家との関係を中心に武田一族の動向を探ってみよう。

武田一族が置かれた当時の政治的状況を見ると、武田信光（光蓮）が、子信政の早世による出家遁世を咎められ、嘉禎元年（一二三五）五月に安芸国守護職を藤原親実に交替させられた（五味文彦「甲斐国と武田氏」）。また、延応元年（一二三九）十二月、将軍九条頼経の若君（後の頼嗣）誕生の御行始に際し、産所となった丹波良基邸のある大倉（鎌倉市）の坤（南西）の方角が陰陽師により吉とされ、名越（同）にある三善康持邸と武田入道（信光）邸が、この条件に合い、頼経の在所の候補となった。奉行を務めた平盛綱がこの旨を頼経に報告したところ、康持邸が妥当とされた一方、信光は「遁世者」であり相応しくないと判断されたという（『吾妻鏡』延応元年十二月十三日条）。

さらに、仁治二年（一二四一）三月、信濃国の御家人である海野幸氏と信光との間で、上野国三原荘と信濃国長倉保との境界をめぐり相論が発生し、幕府への訴訟となった。この内容を伝える史料を見てみよう（同　仁治二年三月二十五日条）。

海野左衛門尉幸氏と武田伊豆入道光蓮相論す、上野国三原庄と信濃国長倉保の境の事、幸氏申す所、その謂われ有るにより、式目に任せ押領の分限を加え、沙汰し付くべきの旨、伊豆前司頼定・布施左衛門尉康高等に仰せ含められ先におわんぬ、この事確執の余り、光蓮恨みを含み、一族幷びに朋友等を相語らい、前武州に対して宿意を遂げんと欲するの由、巷説出来の間、重ねて細砕の沙汰に及ぶと雖も、猶先の如し、前武州人々に談じられて曰く、人の恨みを顧み、その理非を分かざれば、政道の本意有るべからず、逆心を怖れ申し行わずんば、定めて又私の謗りを招き存ずるものか、

この史料によると、幸氏の主張に道理があると判定され、法（『御成敗式目』第三十六条「旧き境を改め相論致すの事」と考えられる）に従って、信光の所領である長倉保から押領している規模だけ分割して幸氏の所領である三原荘に引き渡すよう判決がくだった。この判決に信光は憤慨し、一族や所縁のある者等に呼びかけ、判決に関わった執権の北条泰時（前武州）への恨みを晴らそうと図っているとの風聞が立ったため、再度この判決内容を

見直したが、信光敗訴の判決に問題が無いと判断された。この際、泰時は、人の恨みに左右されず訴訟の理非を下さなければ、政道が立ちゆかなくなる旨を述べたという。

結局この問題は、信光が泰時に対して陳謝に追い込まれ（『吾妻鏡』仁治二年四月十六日条）、さらに同年十二月、信光は泰時の仲裁を拒否して次男信忠を義絶している（同 十二月二十七日条）。これらから、泰時との不和に伴う、信光の幕府内における立場の後退がうかがわれる。

また、頼朝によって信光とともに抜擢された小笠原長清の一族にも、大きな変化が訪れた。建仁三年（一二〇三）九月に将軍源頼家の縁戚である比企能員が滅亡した比企合戦では、頼家の側近であった小笠原長経（長清の子）が、能員に連座して拘束されており（同 建仁三年九月二日条）、加賀美・小笠原一族による将軍権力への接近は、北条時政をはじめとする御家人たちの反発を招く危険を伴っていた。また、宝治元年（一二四七）六月に有力御家人の三浦泰村が滅亡した宝治合戦では、小笠原長村（長経の子）が逐電し（同 宝治元年六月二十二日条）、さらに弘安八年（一二八五）十一月に得宗家内管領の平頼綱が有力御家人の安達泰盛を滅ぼした霜月騒動では、泰盛とともに小笠原氏の惣領伴野長泰、南部孫次郎が誅されている（『鎌倉年代記』裏書、弘安八年十一月十七日条）。このように、鎌倉で勃発した紛争に小笠原一族が巻き込まれ、失脚・滅亡したことを確認できる。

ここで、武田・小笠原一族が幕府の行事に関与した状況を『吾妻鏡』より引用すると、建保七年（一二一九）正月に将軍源実朝が右大臣任官の拝賀のため、鶴岡八幡宮に参詣した際には、武田信光・小笠原長清が随兵と

北条得宗家との関係

して供奉したが（同　承久元年正月二十七日条）、実朝暗殺により同年七月に左大臣九条道家の子三寅（頼経）が後嗣として鎌倉に入り、北条義時の大倉邸に到着した際、信光の子信政および長清の子時長が随兵を務めている（同　七月十九日条）。その後、貞応二年（一二二三）正月から、信光の子一条信長が、時長とともに弓始・流鏑馬等の射手を度々務めるようになったが（同　貞応二年正月五日条）、嘉禎三年（一二三七）六月には、大慈寺（鎌倉市）の新造精舎供養に際し、信政の子信時が、初めて随兵として将軍九条頼経に供奉している（同　嘉禎三年六月二十三日条）。

その後も信時の名が見えるが、仁治元年（一二四〇）八月に頼経が二所参詣をした際、南部実光・一条信長等とともに供奉の列に加わったのを最後に（同　仁治元年八月二日条）、信時は将軍の供奉から外れており、次に登場するのは十二年後の建長四年（一二五二）十一月、将軍宗尊親王の問見参結番に編成された時である（同　建長四年十一月十二日条）。

一方、寛元元年（一二四三）七月、武田政綱・小笠原（伴野）時長が将軍の供奉を結番に務めるよう編成されて以降（同　寛元元年七月十七日条）、信時に代わり弟の政綱が、小

笠原長澄、同時直、南部実光等とともに将軍の随兵を務めている。また政綱は、仁治二年（一二四一）正月二十三日に将軍頼経の馬場で祖父信光等の見守る中、「若輩等」の一人として笠懸の射手を務めたのを皮切りに（同 仁治二年正月二十三日条）、武田政平（同 建長二年三月二十六日条等において政平は「五郎七郎」と称しており、「武田源氏一統系図」〔『山梨県史』資料編6中世3下〕に信時・政綱の弟として記載された「下条五郎七郎政長」に該当すると考えられる）、小笠原時長・時直父子、同長澄、同長村等とともに弓始や犬追物・笠懸の射手を務めている。

このように、信政の嫡子と見なされる信時が、仁治元年（一二四〇）八月以降、歴代惣領の務めてきた幕府の行事における役の勤仕を外れたのは、先述した翌年三月および十二月における、祖父信光による北条泰時との不和と屈服が原因になったのではなかろうか。

一方、寛元元年（一二四三）七月以降、信時に代わって随兵等の役を務めた政綱は、弘長三年（一二六三）十一月、北条時頼の臨終に際して、南部実光、工藤光泰、安東光成等、看病のため時頼に伺候した武士の筆頭として名を連ねており（同 弘長三年十一月二十日条）、また政平も、弘長元年（一二六一）年九月に時頼が、危篤となった弁法印審範との最後の対面に臨んだ際、南部時実、工藤光泰等とともに時頼に随行している（同 弘長元年九月三日条）。したがって、政綱や政平は、南部実光・時実父子とともに御家人の身分を有しつつ、得宗被官もしくはそれに准ずる立場であった状況がうかがわれる。

すなわち、北条得宗家は、信光の屈服を契機に、得宗被官であった庶子の政綱や政平を抜擢し、惣領の信時を左遷することで、武田一族への介入を図ったことが推測されよう。この結果、南北朝時代に至るまで、信時流・石和(いさわ)流に武田氏が分裂したのではなかろうか。

また、『常楽記(じょうらくき)』において、正中三年（一三二六）七月五日に他界の記事が見える「武田伊豆入道」は、政綱の子信家に比定されているが（黒田基樹「鎌倉期の武田氏—甲斐武田氏と安芸武田氏—」）、元亨四年（一三二四）十月三日に「武田伊豆前司妻」の「安藤左衛門入道息女」が他界したことが記されている。彼女は信家の妻であったと見なせるが、その父である「安藤左衛門入道」は、先述した弘長三年（一二六三）十一月の得宗北条時頼の臨終に際して、信家の父政綱とともに時頼に伺候した得宗被官の安東光成（安東左衛門尉）と同一人物であろう。

なお、南部時実の孫武行(たけゆき)も、得宗被官で内管領長崎高綱(ながさきたかつな)の叔父にあたる長崎高光(たかみつ)（思元）の婿となっており（根城南部家文書「南部政長・師行・政長陳状案」）、武田政綱の子孫（「石和流武田氏」と呼ばれる）や南部時実の子孫は、得宗被官の安東氏・長崎氏との縁戚関係を結び、自家の勢力の維持を図ったことがうかがわれる。

その後の甲斐源氏の動向を見ると、正応三年（一二九〇）三月には、所領を失い「悪党狼藉」を行っていた「甲斐国小笠原一族」の浅原為頼が、内裏の紫宸殿に乱入して持明院統の伏見天皇殺害を図った事件が起こり（『保暦間記』正応三年三月三日条、『帝王編年記』巻廿七 正応三年三月十日条）、甲斐国を分国としていた大覚寺統の亀山院の関与が疑われるに至ったが、没落して悪党となった甲斐源氏の一族を通して、大覚寺統と持明院統との対立の影響が甲斐国にも及んでいたことが指摘されている（『山梨県史』通史編2「甲斐の地頭御家人と守護」五味文彦執筆）。

そして、元徳三年（元弘元年・一三三一）五月に勃発した元弘の変に始まる、鎌倉幕府滅亡への過程では、同年十月に武田信家の孫政義が「一族幷甲斐国」、小笠原五郎が「阿波国」、小笠原信濃入道が「一族」の軍勢をそれぞれ率い、幕府軍として上洛するとともに、政義・小笠原彦五郎・武田信宗（信時の孫）が、「楠木城」に侵攻している（『光明寺残篇』）。

また、先述した南部武行も、長崎高光の婿として同高貞の軍勢に属し、「茅屋城」（千早城）に侵攻したが、足利高氏が後醍醐天皇に通じて六波羅を攻撃した元弘三年（一三三三）四月には、関東に向けて撤退したという。一方、武行の従兄弟時長は、挙兵した新田義貞に付いて関東における合戦に参陣し、同年五月二十二日に鎌倉の北条高時邸を攻撃しており、時長の弟政長もそれに呼応している（根城南部家文書「南部政長・師行・政長陳状案」）。

こうした南部一族による対応の相違は、延慶三年（一三一〇）五月頃、宗実（武行の父）が、父時実の遺領の単独相続を図ったところ、分割相続を主張した弟政行（時長・政長の父）との間で訴訟に発展しており、その紛争が次世代に再燃したことが影響したと考えられる。鎌倉幕府の最末期、甲斐源氏の一族は、武士団としての求心力を失い、所領相続等をめぐる家内部の利害関係を踏まえて、各自が個別に内乱に臨み行動したのである。

この一方、甲斐国の柏尾寺（大善寺、甲州市）が、弘安二年（一二七九）十月に幕府より得ていた境内安堵や祈祷勤仕の紛失状を、応長元年（一三一一）十一月の火災で失い、再度紛失状の発給を願い出た際、幕府は柏尾寺の衆徒による寺院運営の実否や文書等の焼失の真偽を、柏尾寺の所在地である深沢郷の地頭である逸見彦三郎長氏、武田八郎助政、同四郎三郎政泰、野呂孫二郎政行らに問い質し、起請文を提出させた上、正中三年（一三二六）三月、執権北条（金沢）貞顕が、柏尾寺の権利を認める下知状を作成している（大善寺文書「関東下知状」）。このうち、武田助政は信光の子岩崎信隆の子孫、また政泰は信義の弟平井清隆の子孫であり（『尊卑分脈』）、ともに深沢郷の一分地頭として、逸見氏や野呂氏とともに、柏尾寺の維持という共通の利害関係に基づいて、地域レベルにおける連携を保っていたことがうかがわれる。

列島各地への展開

鎌倉時代は、主に東国武士団が治承・寿永の内乱や承久の乱を始めとする、度重なる戦乱の恩賞として、日本列島の各地に所領を獲得することにより、武士の往来や移住が盛んとなった時代であった。甲斐源氏の一族も、甲斐国外に獲得した所領を拠点として、列島の各地へと展開した。武田一族のうち信光の子孫は、信時流武田氏・石和流武田氏や、頼朝に謀殺された一条忠頼の名跡を信光の子信長が継いだ一条氏、また信光の子信隆に始まる岩崎氏等に分流したが、中でも信時流武田氏では、文永十一年（一二七四）十一月、信時がモンゴルの対馬（つしま）・壱岐（いき）（長崎県）襲来に際して、安芸国に下向して同国の地頭御家人や本所一円地の住人等を率いて警固にあたるよう幕府から命じられるなど（東寺百合文書「関東御教書案」）、信時と孫の信宗の代に安芸国守護としての活動が断続的に確認されており、在国司・佐東（さとう）郡地頭職に補任された武田泰継（やすつぐ）（信光の子岩崎信隆の子孫）の寄与によって、同国の支配を維持していた（河村昭一『安芸武田氏』）。

十四世紀半ばの南北朝時代、信時の曽孫である信武が足利尊氏に属し、安芸・甲斐両国の守護職を獲得して以降、信時流武田氏は、信武の子氏信末裔の安芸武田家と、同じく信武の子信成・孫信春の末裔である甲斐武田家に分かれて存続した。このうち、安芸武田家の家中に属する逸見・板垣・一条・秋山の各氏は、いずれも甲斐源氏の一族中に名字を確認でき、安芸武田家とともに甲斐国から安芸国に移動したと考えられている（河村昭一『安芸武田氏』）。但し、逸見氏の由緒は、本来、信濃国佐久郡を拠点とした平賀氏の一族が、甲府盆地東部の甲斐国深沢郷（甲州市）に拠り深沢を名字としたが、安芸在国後に、甲斐源氏一族の逸見姓を称したことが指摘されている（秋山敬「安芸逸見氏の系譜」）。

次に小笠原一族は、文治二年（一一八六）十月に長清が信濃国伴野荘（佐久市）地頭職に補任されており（『吾妻鏡』文治二年十月二十七日条、同四年九月二十二日条）、鎌倉時代の初期には信濃国佐久郡に進出していた。長清の子のうち長経失脚後に小笠原一族の惣領の地位を継いだ伴野時長の娘は、安達義景（よしかげ）の妻となり、小笠原氏は幕府内で北条氏に次ぐ地位を占めた有力御家人である安達氏との連携を深めている（峰岸純夫「鎌倉時代における安達氏と小笠原氏の連携—女性と寺社の視点から—」）。しかしながら、この縁戚関係が原因となり、先述した弘安八年（一二八五）十一月の霜月騒動において、伴野長泰・長直が義景の子泰盛とともに滅亡するに至った。

一方、長清が承久の乱後に守護職を得た阿波国では、比企合戦で失脚した長経が、元仁元年（一二二四）十月に麻殖（おえ）保地頭職を確保し（『吾妻鏡』元仁元年十月二十八日条）、また安貞元年二月（一二二七）二月には、「守護人」として土御門院（つちみかどいん）の御所の寝殿を造営しており（同　安貞元年二月十三日条）、同国における長清の地位は、長経に継承されたことがわかる。

南北朝時代以降、長経の子長忠の子孫である宗長・貞宗父子の系譜が、数度にわたり信濃国守護職に補任されたが、永徳三年（一三八三）二月、貞宗の孫長基（ながもと）は子の長秀（ながひで）に、信濃国伊賀良荘（いがらのしょう）（飯田市周辺）等の所領や京都屋地とともに、原小笠原荘（はらおがさわらのしょう）（南アルプス市）をはじめとする甲斐国内の五か所の所領を譲っており（東京大学史料編纂所蔵小笠原家文書「小笠原長基譲状」）、十四世紀後半に至っても小笠原氏は甲斐国内に所領を維持していた。

続いて、甲斐国飯野牧の南部郷（南部町）を名字の地とする南部一族は、先述の通り、実光・時実父子が、御家人身分を維持するとともに得宗被官として活動した。実光の父光行が、奥州合戦後に陸奥国糠部郡（ぬかのぶ）（青森県東部、岩手県北部）を拝領して進出したとの由緒が伝わるが、南部一族が陸奥国を拠点に活動したことが確認されるのは、先述したように元弘三年（一三三三）の鎌倉幕府滅亡の際、時実の孫政長が同国から鎌倉攻略の軍勢に参陣したこと、ならびに建武政権が設置した陸奥将軍府において、陸奥守北畠顕家（きたばたけあきいえ）に属し、政長の兄師行が北奥諸郡の検断・奉行に任ぜられたことが初見となり、鎌倉時代に糠部郡を支配した北条得宗家のもとで、南部一族が郡内に所領を与えられた可能性が指摘されている（『青森県史』資料編 中世1「八戸（遠野）南部氏関係資料」四「解題」斉藤利男執筆)。

南北朝時代から室町時代にかけて、師行・政長末裔の八戸家（根城南部家）が同国における南部一族の惣領としての地位を継承し（吉井功兒「中世南部氏の世界」）、八戸家を中心に南部一族の同名中が形成されたが、戦国時代に庶流の三戸南部家が台頭して、近世には盛岡藩の大名家となるに際し、八戸家はその家臣として位置付けられた。こうした状況を踏まえて、近世の八戸家は、甲斐国に残った南部一族である波木井氏の系図を、同氏と関係の深い身延山久遠寺（身延町）を通して入手し、鎌倉時代の波木井実長の末裔を称するに至ったことが指摘されている（『青森県史』資料編 中世1「八戸（遠野）南部氏関係資料」四「解題」斉藤利男執筆）。

図17　「甲斐源氏」一族の展開（地図）

以上のように、甲斐源氏の一族は、鎌倉・南北朝時代以降、列島各地の地域領主として定着するが、甲斐源氏の由緒を自らの権威・権力の拠り所とし、各家の維持を図ったのである。したがって、「甲斐源氏」という概念は、中世後期以降も再生・創造を繰り返しつつ、存続していたと言えよう。

室町幕府と武田氏

武田信武と安芸・甲斐武田家の成立

鎌倉幕府の滅亡から建武政権を経て南北朝の内乱に至る十四世紀は、新たな武家政権である室町幕府の体制において、武田氏が自らの地位を創出する時期であった。

安芸と甲斐、二つの武田家

鎌倉時代後期以降の武田氏については、黒田基樹氏が甲斐・安芸両国守護の就任および伊豆守の受領名の継承に注目し、十三世紀後半における武田信時の安芸国下向以降、信時の子孫（信時流武田氏）が安芸国守護職を継承したと位置付け「安芸武田氏」と呼ぶ一方、信時の弟で北条得宗家の被官となった武田政綱の子孫（石和流武田氏）が、甲斐国守護職を継承したと考え「甲斐武田氏」と呼んだ。そして、伊豆守の受領名を称した者が武田氏の惣領の地位に就いたことを推測し、それがもっぱら信宗—信武—氏信と続いた安芸武田氏に該当するとともに、信武が南朝に帰属した甲斐武田氏から十四世紀半ばに甲斐守護職を奪取し、それを庶子の信成（のぶしげ）に与えたことを指摘した（黒田基樹「鎌倉期の武田氏―甲斐武田氏と安芸武田氏―」）。

以上のような黒田氏の見解に対して、網野善彦氏は鎌倉時代の甲斐国守護について検証し、同時期の甲斐国守護は武田氏（甲斐武田氏）ではなく、幕府奉行人を輩出した二階堂（にかいどう）氏の世襲であったことを提起した（網野善彦「鎌倉時代の甲斐国守護をめぐって」）。また、渡邉正男氏は石和流武田氏出身で鎌倉末期に甲斐国守護に補任された政義（まさよし）が、暦応・康永年間（一三三八～一三四五）頃に滅亡したのは南朝への帰属が原因ではなく、守護代との対立があったことを指摘した（『山梨県史』通史編二「南北朝の内乱と武田守護家の確立」）。

このように、黒田説のうち、鎌倉時代に「甲斐武田氏」すなわち石和流武田氏が甲斐国守護職を世襲したこと、また信武が南朝に帰属した「甲斐武田氏」から同守護職を奪取したことについては、その後の研究過程において見直しが進んでいる。しかしながら、武田氏の惣領であった「安芸武田氏」の信武の嫡流は氏信末裔、すなわち室町時代の安芸国分郡・若狭（わかさ）国守護家であったとする見解については、未だ十分な研究が進展していない。

そこで本節では、氏信末裔を「安芸武田家」、また信成末裔を「甲斐武田家」と定義し、十四世紀後半におけるこの両家の関係について、系図や歴代の人物の官職と行動を通して

図18　南北朝・室町時代の武田氏

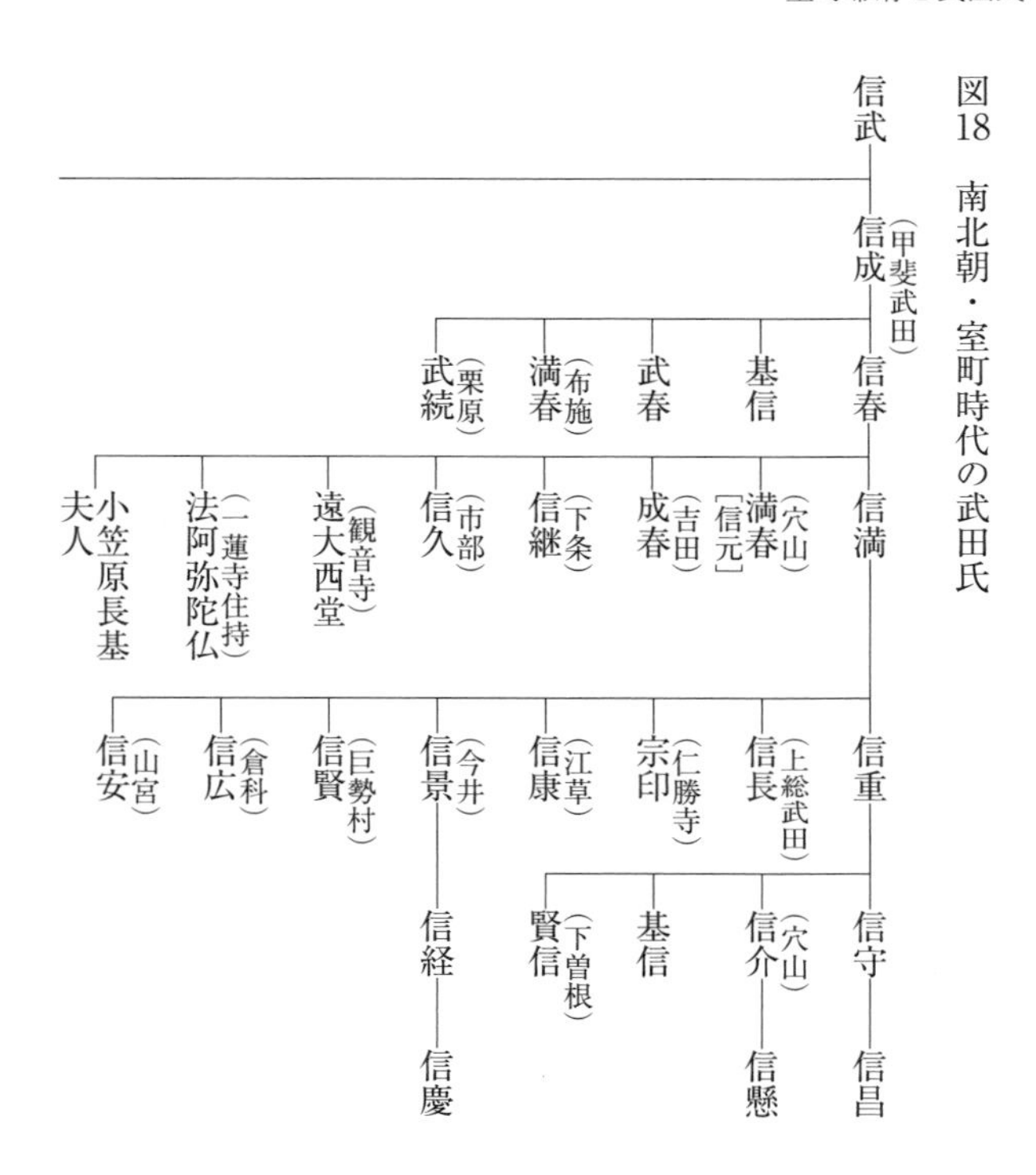

（大井）信明―春明―信家―信房―信包―信達
（安芸武田）氏信―信在
　　　　　　　　└信守―信繁―（若狭武田）信栄
　　　　　　　　　　　　　　├（若狭武田）信賢
　　　　　　　　　　　　　　├（若狭武田）国信―元信―元光
　　　　　　　　　　　　　　│　　　　　　　└信親
　　　　　　　　　　　　　　└元綱―元繁―光和
（京都武田）公信―武明―満信
（穴山）義武

再考してみたい。

安芸・甲斐武田家の由緒

家系や家の由緒を探る上で重要な史料となり得るのは系図であることは、言うまでもない。しかしながら、編纂された二次史料である系図には、作成者や伝来する家の事情を反映して意図的な改竄や誤謬が加えられたケースもあり、それをもとに考察することは慎重な対応が求められている。この一方、記載内容や様式、または筆跡や料紙の種類の分析を通して、当該の系図がどのような意図を反映して編纂されたのかを探ることは、対象となる家の自らの家系に対する意識を探る上で有効である。

武田氏の系図で最も知られているのは、十四世紀後半に洞院公定によって編纂が始められたという『尊卑分脈』所収の武田氏系図であろう。本系図に信武の子として記載されているのは、氏信と直信の二名のみである一方、甲斐国守護職を継承した信成、大井荘（山梨県南アルプス市）を本拠とした信明（大井家）、穴山郷（同韮崎市）を本拠とした義武（穴山家）という、甲斐国に在国した信武末裔に関する記載事項を確認できない。すなわち、『尊卑分脈』所収の武田氏系図は、安芸国守護職を継承した氏信の系統に限り記載され、氏信の周辺から『尊卑分脈』の編纂者である洞院家に提出されたものと推測される。

この一方、十七世紀前半に編纂されたと考えられる「武田源氏一統系図」（『山梨県史』資料編六中世三下）のうち、応永二十四年（一四一七）に死去した信満以前の記載内容は、十五世紀前半までに武田一条家の系図を引き継ぎ、甲斐武田家の系図として成立したと考えられる（拙稿「武田氏系図の成立」峰岸純夫・入間田宣夫・白根靖大編『中世武家系図の史料論』下巻）。

「武田源氏一統系図」において、甲斐武田家が家督の継承を相伝したとする主張の根拠を示すために利用したのが、「射礼」と「楯無鎧」の相伝であった。このうち「楯無鎧」は、甲斐源氏・武田氏の祖とされる平安時代の源義光相伝の鎧とされ、菅田天神社

(山梨県甲州市)が所蔵する国宝「小桜韋威鎧 兜・大袖付」に該当すると考えられている。

一方、十六世紀に安芸国厳島神社大宮の神職であった棚守房顕が記した『房顕覚書』(『広島県史』古代中世資料編Ⅲ)天文十年(一五四一)条によると、天文十年(一五四一)五月十二日、周防国(山口県)を本拠とする戦国大名大内義隆が安芸武田家の本拠である金山城(広島市)に侵攻し、籠城していた安芸武田家家臣の内藤・齋藤両家を殺害したという。この際、大内家家臣の「陶尾州」(陶隆房)より「屋形」(大内義隆)に「新羅三郎」すなわち源義光相伝の鎧が献上されたが、同年五月十八日に義隆が房顕を呼んで鎧を厳島神社に奉納した。そこで、厳島神社は本鎧を「小松殿」(平重盛)の鎧と同様に宝蔵に収納して保管したとのことである。なお、本鎧は厳島神社が所蔵する国宝「黒韋威胴丸」に該当する。

すなわち、安芸武田家にも武田氏惣領としての象徴である源義光伝来とされる鎧が継承されており、それが厳島神社において桓武平氏と並ぶ清和源氏を象徴する鎧として認識されていたことがうかがわれる。

このように、安芸武田家・甲斐武田家ともに相互に独自の系図と惣領(家督)を象徴する鎧を相伝していた。安芸・甲斐両武田家は、南北朝時代以降それぞれ由緒を継承した別個の家であると当時の社会において認識されていたのである。

武田氏の惣領をめぐって

武田氏惣領の地位については、先述したように鎌倉時代から南北朝時代にかけて安芸武田家に継承されたことが、黒田氏によって指摘されている。すなわち、鎌倉時代前期に武田信光（のぶみつ）が任官した伊豆守の受領名の継承者が武田氏の惣領と認識されており、安芸国守護家の信時・信宗・信武が伊豆守を称した一方、鎌倉時代に甲斐国に拠点を置き、北条得宗家に接近した庶流である石和流武田氏の信家も伊豆守となっており、石和流武田氏が一時的に惣領の地位を安芸国守護家から奪取したが、南北朝時代以降、改めて信武・氏信が伊豆守を称して武田氏惣領の地位を継承し、また滅亡した石和流武田氏に代わって信武・信成が甲斐国守護となったことが通説となっている。

このように、伊豆守の受領名の継承が武田氏惣領の指標とされているが、当時の武田氏歴代の受領名を含めた官途および仮名等の呼称の変遷やその時期について把握する必要がある。そこで、南北朝時代に活動した信武・氏信（安芸武田家）・信成・信春（のぶはる）（甲斐武田家）の四名を対象に彼らの官途が把握できる文書を抽出し、各官途を確認できる年代の上限と下限を要約すると、次のようになる。

○信武
・建武二年（一三三五）十二月〜建武三年（一三三六）十二月…兵庫助（ひょうごのすけ）（案文の注記では建武五年〈一三三八〉二月までに二件の事例あり）
・建武四年（一三三七）六月〜建武五年（一三三八）二月…甲斐守
・暦応四年（一三四一）三月〜貞和元年（一三四五）八月…伊豆守（古記録の記載内容では観応二年〈一三五一〉十一月に一件の事例あり）
・貞和元年（一三四五）八月〜観応二年（一三五一）二月…伊豆前司・前伊豆守
・観応二年（一三五一）十月〜延文二年（一三五七）二月…陸奥守
・貞治三年（一三六四）…武田入道

○氏信
・康永四年（一三四五）八月〜観応三年（一三五二）十二月…兵庫助
・文和元年（一三五二）十二月〜延文四年（一三五九）十一月…伊豆守
・貞治三年（一三六四）七月〜貞治六年（一三六七）一月…伊豆前司・前伊豆守
・貞治六年（一三六七）十月〜十二月…沙弥（しゃみ）・沙弥光誠

○信成
・暦応二年（一三三九）六月…刑部大輔（ぎょうぶだいふ）

・暦応四年（一三四一）八月…武田次郎
・観応二年（一三五一）十月～観応三年（一三五二）十月…安芸守

○信春
・文和四年（一三五五）二月…兵庫助
・貞治四年（一三六五）閏九月…修理亮（年記に疑義のある文書では文和四年〈一三五五〉二月）
・応安六年（一三七三）九月～至徳二年（一三八五）三月…伊豆守

以上の結果、信武が称した兵庫助および伊豆守は、いずれも信武→氏信→信春と継承されたことを確認できる。なお、陸奥守は信武の後、子の信明が就任した後に信春へと継承され、また安芸守は信成と孫の信満（信春の子）が称している。いずれにしても、兵庫助・伊豆守の官途が南北朝期に安芸武田家に独占されていたのではなく、甲斐武田家の信春に継承されたことは、武田氏惣領の継承を考察する上で注目されよう。

ここで、改めて信春の官途を確認できる文書を確認すると、文和四年（一三五五）二月十五日付で、将軍足利尊氏の近習であった島津忠兼ほか五十三名の武士が連署して結束を誓約した一揆契状があげられる（「島津忠兼等連署一揆契諾状」国立歴史民俗博物館蔵島津家文書）。「一揆条々事」と題されたこの文書には、一揆の方針への服従と違反者の一揆か

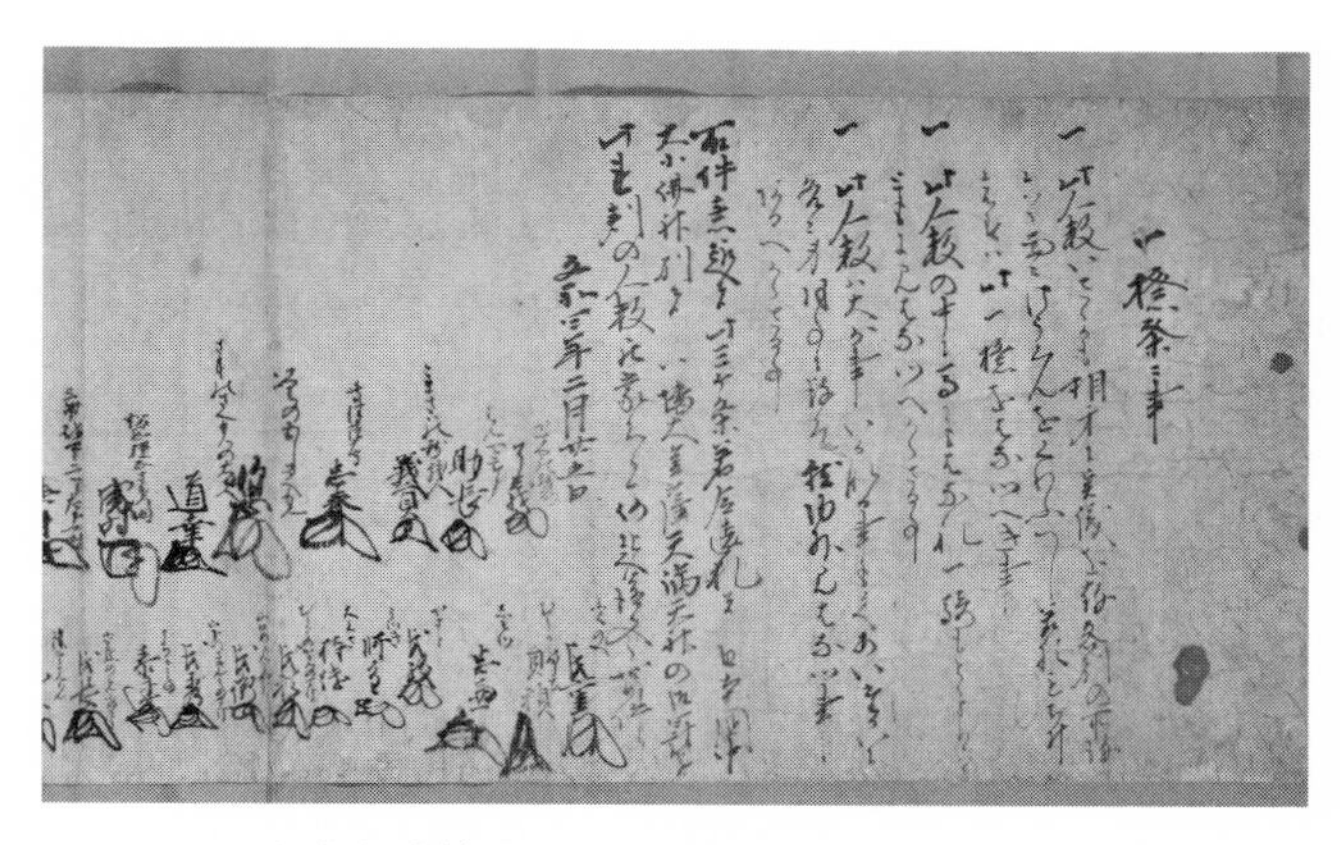

図19　島津忠兼等連署一揆契諾状（国立歴史民俗博物館蔵）

らの追放、および戦場・平時における相互扶助が宣言されているが、この衆中の中に「たけたの兵庫助　信春」とあり、信春は将軍足利尊氏の近習としてその側近に仕えていたことが判明するとともに、信春が祖父信武・叔父氏信によって用いられた兵庫助を称していたことを確認できる。

ところが、この文書と同年月日の文和四年（一三五五）二月二十五日付で、信春は甲斐国の大善寺（甲州市）に対して、国中に「御敵等」が乱入したため信春が柏尾山に布陣した際、「凶徒等」を退治するための「将軍家御祈祷」を大善寺が実施したことの返礼として、当国（甲斐国）の闕所地一か所を寄進することを約束した文書が残されている（「武田信春寄進状」大善寺文書）。この文書には「修理亮信春」と署名されており、先の一揆契状で信春が「兵庫助」を称していたことと整合しない。

しかしながら、当時信春は甲斐国に在国しておらず、甲斐国の軍勢を率いて既に上洛していた。文和二年（一三五三）十月三十日付「波多野清秀代信氏軍忠状写」（岡山大学附属図書館所蔵「黄薇古簡集」所収文書）によると、同年八月四日、甲斐国の波多野又次郎清秀の代理である同孫四郎信氏が、「当手」（足利尊氏方）に所属して甲斐国を出立して上洛し、十六日に京都に到着した後、畿内周辺における合戦に参陣したこと等が記載されているが、本史料には武田信春の証判が加えられている。

一方、信春が「修理亮」を称した事例として、貞治四年（一三六五）閏九月二十一日付「武田信春寄進状」（大善寺文書）が存在する。この文書には、「修理亮」信春が大善寺の寺領として甲斐国菱山内丸山村（甲州市）を寄進したことが記されている。文和四年の寄進状では、寄進された寺領を特定していないことから判断すると、貞治四年に信春が大善寺に寺領を寄進した由緒を説明するために、貞治四年の寄進状作成に合わせて文和四年の朱印状が年記を遡らせて作成されたのではないだろうか。

その後、応安六年（一三七三）九月十一日付「武田信春禁制写」（万福寺文書）ならびに至徳二年（一三八五）三月二十五日付「関東管領上杉憲方施行状」（円覚寺文書）において、信春は伊豆守の官途名を称するが、前者は信春が足利将軍家の祈祷所である甲斐国万福寺領における乱妨狼藉を禁じた禁制であり、また後者は鎌倉円覚寺の造営費用として甲斐国に賦課された棟別銭一疋を充てる旨の鎌倉公方による「御寄進状」を踏まえ、信春にその執行を指示した関東管領上杉憲方の施行状である。

寺社領の保護や棟別銭の賦課、鎌倉府からの指示の遵行という内容は、いずれも守護職の職務に関わるものであり、伊豆守を称した信春は甲斐国守護の役割を果たしていたことを確認できる。

このように、信春は足利尊氏の側近から甲斐国守護となり、伊豆守の官途名を継承したのであるが、伊豆守の継承者が武田氏惣領の地位を占めるという前提に立つと、この事例からは、安芸武田家が南北朝期に武田氏惣領の地位を独占していなかったことを確認できる。

また、惣領の機能の一つである先祖供養に関連して、室町幕府の僧録を務め相国寺住持等に就任した春屋妙葩が、嘉慶二年（一三八八）四月五日付で絶海中津に送った譲状（守屋孝蔵氏所蔵文書）には、武田信武の供養に関わる内容が記されている。それによると、妙葩が「武田奥州道光」より「亡父雪渓相伝証文等」とともに寄進された嵯峨清浄心院の敷地を、文書とともに中津に譲与し、「故雪渓塔頭所」として菩提を弔うよう指示している。

ここに記された「清浄心院」および「故雪渓塔頭所」は、「清浄心院殿雪渓」が武田信武の法号であるため、信武の菩提寺を指すことは間違いない。また「武田奥州道光」の「亡父雪渓」が信武であることから、この「武田奥州道光」は、信武の子のうち「陸奥守」に任官したことを確認できる武田（大井）信明に該当する。

すなわち、本史料において信明が信武の菩提寺を妙葩に寄進していることから、当時信明が信武の菩提寺を掌握し、その供養を行う立場を担っていたことがわかる。このことからも、同時期に武田氏信の子孫である安芸武田家が、先祖である信武の菩提寺を掌握しておらず、同家が武田氏惣領としての役割を一貫して担っていなかったことがうかがわれる。

なお、信明は貞治三年（一三六四）五月十二日に前職の弾正少弼から従四位上陸奥守に叙任されたが、この際に彼の従四位下叙位の時期が不分明なまま宣旨が発給された。この件について、少外記（げき）・記録所寄人の中原師守（なかはらのもろもり）が「件の信明従下叙日不分明の処、口宣従四位上と載するの由、迷惑極まり無き者也」との批判を示すとともに、兄で大外記の中原師茂（もろしげ）も同年五月二十三日付で「叙爵より従四下に至る叙日、当局存知せず、内記これを注し送らず、従四位上の事子細無きの由、頭宮内卿局務に申す」と記した請文を作成しており、大外記を世襲した局務（きよくむ）家が本件を異例の事態であると認識し、叙任手続きの判断を蔵人頭（くろうどのとう）・宮内卿の平信兼（のぶかね）の指示に寄せている（『師守記』）。こうした経緯を経た信明の従四位上陸奥守叙任は、前年の康安二年（一三六二）七月晦日に死去した父信武の官途名を信明に継承させる取組の結果であると考えられよう。

甲斐武田家の信春が伊豆守の受領名を称したこと、また甲斐国大井荘を拠点とした信明が信武の菩提寺を掌握し、その供養を行う立場にあったとともに、信武の最終的な官途である陸奥守を継承したことに注目すると、十四世紀末の武田氏惣領の地位は、安芸武田家を含めて特定の家に固定しておらず、事実上、分散化・相対化していたと考えられる。

武田信武一族の行動

鎌倉幕府の滅亡後に成立した建武政権は、建武二年（一三三五）七月に発生した中先代（なかせんだい）の乱に際して鎌倉を拠点に自立を図った足利尊氏・直義（ただよし）兄弟との抗争勃発を契機に、崩壊の過程をたどった。この間、安芸国を拠点とした武田信武（?～一三五九または一三六二）は、建武二年十二月、新田義貞（にったよしさだ）誅伐を名目に参陣した安芸国の武士逸見有朝（へみありとも）・周防（すおう）（吉川（きっかわ））親家（ちかいえ）・吉川師平（もろひら）の着到状に相次いで証判をし、尊氏・直義方に与して建武政権に反旗を翻した（「逸見有朝着到状写」小早川家文書、「周防親家着到状」「吉川師平着到状」吉川史料館所蔵吉川家文書）。それは折しも、尊氏追討を後醍醐天皇から命じられた新田義貞の軍勢を、尊氏・直義兄弟が箱根竹之下（神奈川県・静岡県）で撃破した合戦の最中のことであった。そして、信武は十二月五日から二十六日にかけて熊谷蓮覚（くまがいれんがく）の安芸国矢野城（広島市）を攻撃した後に上洛し、翌建武三年（一

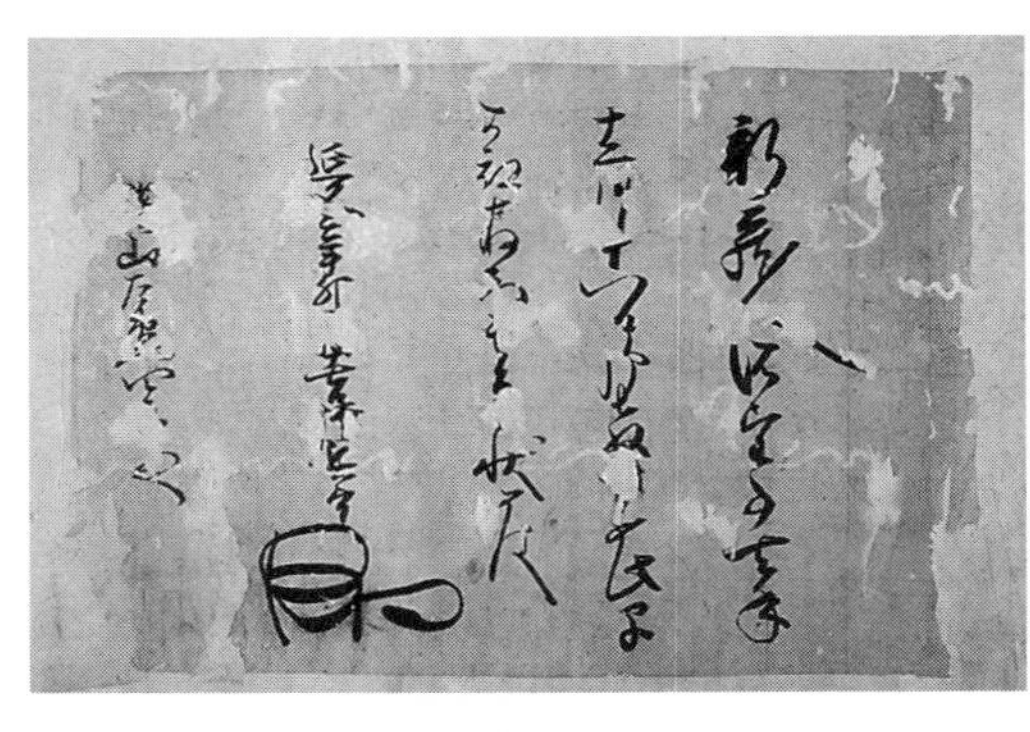

図20　武田信武書下（山口県文書館蔵）

三三六）正月にかけて供御瀬・法勝寺合戦への参陣や八幡山の防衛にあたった（「吉川辰熊丸（実経）代須藤景成申状土代」「周防親家軍忠状」「周防親家軍忠状」吉川史料館所蔵吉川家文書）。

その後も信武は、同年六月から七月にかけて摂津・山城国内、また建武五年（一三三八）二月から五月にかけて伊勢・和泉国内、同年五月から七月にかけて和泉・山城国内における合戦の軍忠状に証判しており、一貫して畿内周辺において活動している。

一方、暦応四年（一三四一）六月六日、信武は足利直義より「石見国凶徒退治」を指示されたが（「足利直義軍勢催促状」斉藤元宣氏所蔵内藤家文書）、新田義氏を中心とする「凶徒等」を退治のため石見国に出陣の際、「去年」（暦応四年）七月十日に大朝新荘（広島県）に参陣したこと等を記載した康永元年（一三四二）六月二十三日付「吉川辰熊丸（実経）代須藤景成軍忠状」（吉川史料館所蔵吉川家文書）には、信武の子氏信が証判しており、実際には氏信によってこの軍事行動が実施された。

このように、一三四一年から一三五〇年までの間、畿内周辺の合戦では信武、また安芸国周辺の合戦では氏信が、彼らの指揮下に属した武士たちより提出された軍忠状にそれぞれ証判しており、両者の間で分担していたことが判明する。

また、当時の氏信は当該時期に甲斐国における所領の領有にも関与していた。貞和四年（一三四八）七月十一日、足利尊氏の執事高師直（こうのもろなお）が、「御譲位」（光明（こうみょう）天皇の譲位）にともなう「女房装束料」七十三貫九百八十七文の負担について、「甲斐国波賀利本庄分」を四十六貫四百八十七文と定め「武田兵庫助」の請負、また「同国波賀利新庄分」のうち「久保田三十五町八段分」および「鶴牧田二十一町五段分」を二十七貫五百文と定め「島津大夫判官」（島津師久）の請負とし、九月十日以前に運上するよう指示した（「高師直奉書写」、東京大学史料編纂所所蔵「（薩摩）旧記雑録」所収文書〈巻二二〉）。先述のとおり、同時期に「兵庫助」を称しているのは氏信であり、当時氏信がこの所領を領有していたことを確認できる。

なお、『吾妻鏡』建保元年（一二一三）五月七日条には、同年五月二日・三日における和田合戦の勲功の賞として「甲斐国波加利本庄　武田冠者　同新庄　嶋津左衛門尉」との記載があり、和田義盛（よしもり）に与同した古郡（ふるごおり）氏の旧領である波加利本荘（はかりのほんしょう）・同新荘が武田信光と島津忠久にそれぞれ恩賞として与えられた。すなわち波加（賀）利本荘・新荘は、十三世紀前半から十四世紀半ばに至るまで武田・島津両氏の所領として維持されており、貞和四年の段階で氏信が信光以来の所領を領有していたことから判断すると、氏信が武田氏惣領の継承者として当時認識されていたと判断される。

当該時期の信武は、康永四年（一三四五）八月から観応二年十月に陸奥守を称するまでの間、「伊豆前司」「前伊豆守」を称しており、官職に補任された形跡がない。この間も信武は着到状・軍忠状への証判を行っているが、恐らく康永四年八月頃、武田氏惣領をもっぱら安芸国に在国した氏信に譲ったのではなかろうか。

この一方、信武一族は、室町幕府の内部で足利直義と高師直との対立から直義と尊氏との対立に発展した観応の擾乱を契機に、甲斐国への本格的な進出を果たした。その状況について見てみよう。

観応二年十一月四日、仁木頼章・同義長・畠山国清・千葉氏胤・南宗継・二階堂行朝とともに、信武は直義追討のため尊氏に従って関東に出陣した（『園太暦』）。この際、観応二年十一月十九日に信武の子信成は、伊勢国真弓御厨地頭である波多野景氏の一族清秀に対して、「将軍家」（足利尊氏）の関東下向に際し翌二十日に迎えのため発向するので、庶子等を集めて参陣するよう指示しており（「武田信成軍勢催促状写」岡山大学附属図書館所蔵「黄薇古簡集」所収文書）、尊氏・信武の関東出陣に先立って、東国で活動していたと推測される。

実際に、波多野清秀は「御敵」が甲斐国に侵攻するとの情報を受けて、同年（正平六年・一三五一）九月二十七日より十一月十五日まで甲斐・駿河国境付近と推測される「橋田山関所」を警固し、さらに十二月十一日には富士川河原および蒲原（かんばら）（静岡県）における合戦に参陣した（「波多野清秀軍忠状写」岡山大学附属図書館所蔵「黄薇古簡集」所収文書）。翌観応三年（一三五二）十月二日付で作成された清秀の軍忠状（「波多野清秀申状写」岡山大学附属図書館所蔵「黄薇古簡集」所収文書）には、「去年九月より橋田関所を警固すべきの由、安芸守殿御催促により、一族相共に闕退無く勤仕せしむるの処、去三月重ねて仰せ下され候の間、今に緩怠無く勤仕せしめ候」と記されていることから、こうした清秀の行動は、尊氏の関東出陣と連動して、「安芸守殿」すなわち信成の指示で甲斐国を拠点に行われたと考えられる。

また、信成は観応二年十月二十六日に甲斐国の柏尾山（かしおさん）（大善寺）衆徒より巻数を請け取り、同山による「御祈祷」を賞するとともに（「武田信成巻数請取状」大善寺文書）、正平七年（一三五二）閏二月三日には、甲斐国等々力（とどろき）郷の万福寺が「将軍家御祈祷所」であることにより、軍勢や甲乙人等による寺領への乱妨狼藉を禁じる禁制を発給している（「武田信成禁制写」万福寺文書）。

これら信成が甲斐国内の寺院に対して行った祈祷や禁制の発給は、観応二年十一月に始まり文和二年（一三五三）八月に終わる尊氏の関東出陣に合わせて実施されたものであり、同時期における信成の指示を受けた波多野清秀の軍事行動を鑑みても、信成自身が観応二年九月頃より、尊氏・信武の関東出陣に先立って甲斐国内で活動していたことは確実である。信成は、暦応二年（一三三九）六月に一条郷（甲府市周辺）のうち「壱町三段　佐分弥四郎入道観阿寄進」の所領を、また同四年（一三四一）八月十七日に同郷のうち「石坪井尻女子跡弐町斎藤彦三郎之継沽却」の所領を、それぞれ一蓮寺（甲府市）に寄進しており（「一蓮寺寺領目録」一蓮寺文書）、観応の擾乱以前から甲斐国に所領を有していたことが、信成の軍事行動の前提となっていたのではなかろうか。

その後、正平七年（一三五二）三月、信武・信成父子は武蔵国人見原（東京都）等における合戦の軍忠状に別途証判しているが（「松井助宗軍忠状写」国立公文書館所蔵（内閣文庫）「土佐国蠹簡集残編」所収文書、「波多野清秀軍忠状写」岡山大学附属図書館所蔵「黄薇古簡集」所収文書）、信成は父信武の指示を受けずに行動しており、独自に尊氏の下に属していたと考えられる。

一方、同時期に発給された、信武による甲斐国支配に関わる「武田信武遵行状写」（国立公文書館所蔵（内閣文庫）「諸家文書纂」所収文書）を見てみよう。

羽仁弥八信家申す、甲斐国稲山保の内平井孫三郎跡［の事］、去る六月廿日御［下文］・同七月廿三日御［教］書(書カ)番の旨に任せて、［下地］を信家に沙汰し付け、請け取り執り進らすべきの状、くだんの如し、

観応三年八月五日　　細川(ママ)陸奥守（花押影）

武田弾正少弼殿

これによると、観応三年八月五日、信武（陸奥守）は六月二十日付で発給された尊氏の「御下文」および七月二十三日付で発給された尊氏の御教書に従い、羽仁信家による甲斐国稲山保のうち平井孫三郎跡の支配が実現するよう、「武田弾正少弼」すなわち子の信明に指示している。

なお、この所領は、平井孫三郎の縁者と思われる平野弥三郎・市河弥平次らによって再度押領されたため、文和三年（一三五四）四月三日、改めて信武は「守護代」に宛てて、信家による支配の実現を命じている（「武田信武書下写」国立公文書館所蔵（内閣文庫）「諸家文書纂」所収文書）。

これらの文書を通して、武士たちへの所領安堵や裁定に関する幕府（将軍）の裁決を踏まえて、その実現を分国に指示する遵行を信武が行っていることがわかり、観応三年八月

の時点で信武が甲斐国守護に補任されていたことは確実である。そして、この二年後に信武が信家による所領支配の実現を「守護代」に命じていることから判断すると、観応三年八月当時、信明が事実上、守護遵行を担う甲斐国守護代の役割を担っていたと考えられる。

ここまで信成・信明の行動を確認したが、他の信武子息について触れると、正平七年（一三五二）正月八日付「金子信泰（かねこのぶやす）軍忠状」（早稲田大学図書館所蔵後藤家文書）には、「去年観応二十一月、将軍家関東御下向の間、御手に属し、京都より御共仕り、海道宿直を致し、駿州大坂・内房・北松野以下所々の要害を警固せしめ、同十二月十一日、富士河原幷びに蒲原河原において合戦の忠節を致す時、大刀打ち仕りおわんぬ、此等の次第、薩摩守殿・同信濃守殿御見知有る所也」と記されており、奥書には信武による証判がされている。すなわち、観応二年十一月の「将軍家」（足利尊氏）による関東出陣に参陣した金子信泰は、駿河国大坂・内房・北松野の警固や前年十二月十一日の富士河原・蒲原河原合戦に参陣しているが、この間の軍功の証人として「薩摩守殿」

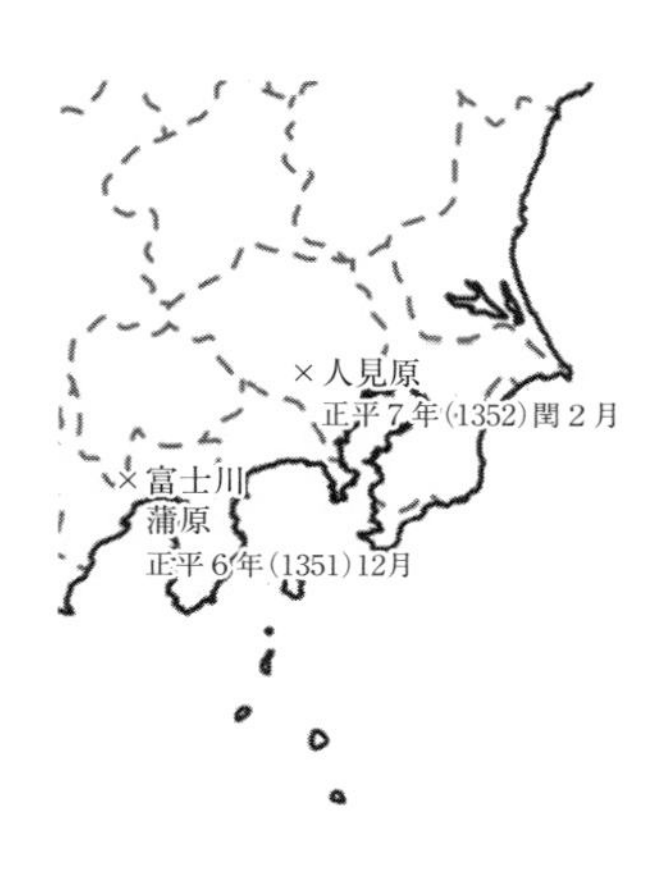

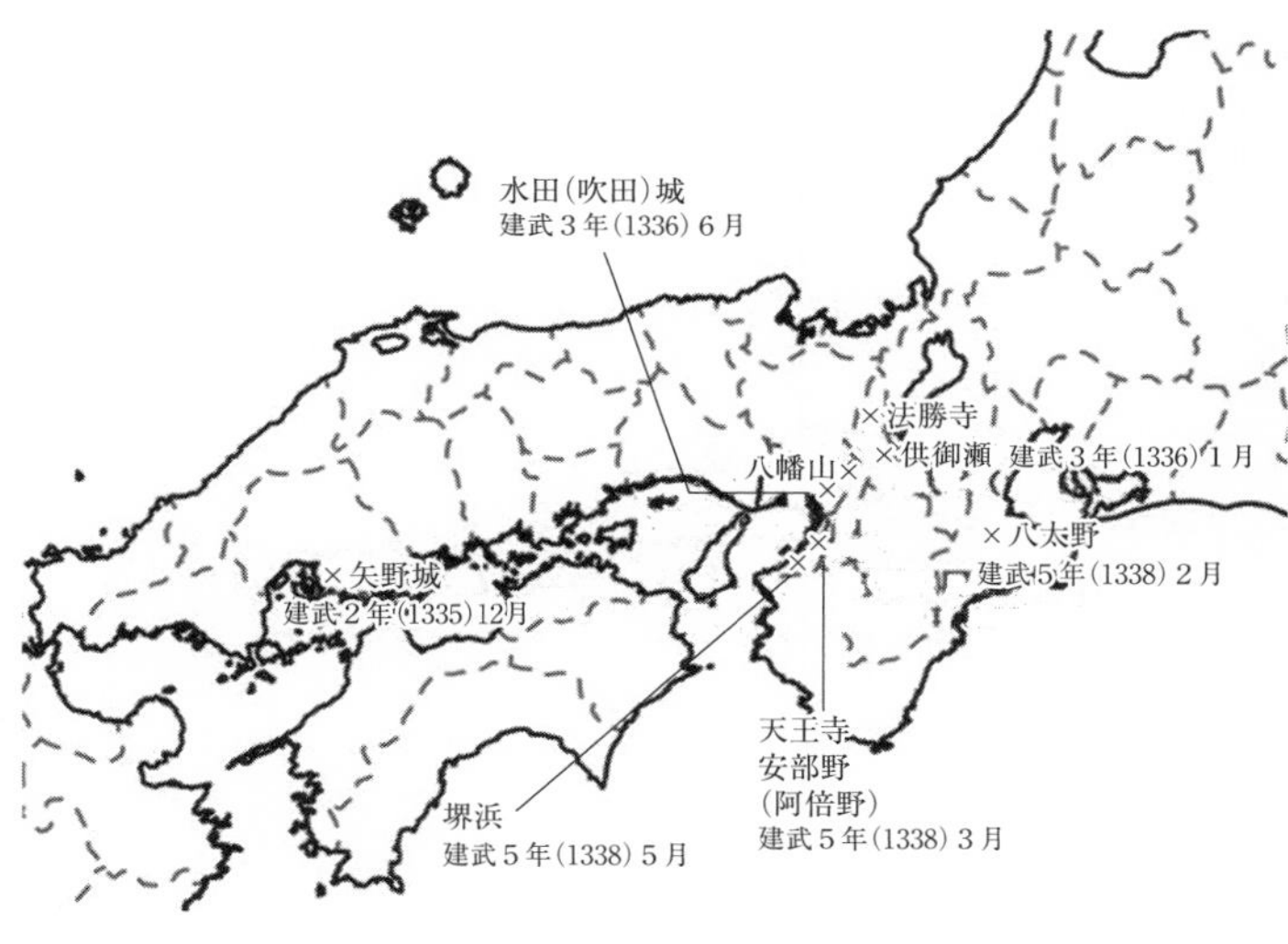

図21　武田信武の行動（地図）

（武田公信）および「同信濃守殿」（武田〔穴山〕義武）の名があげられており、公信・義武の二人も父信武とともに尊氏に従い富士河原・蒲原河原合戦に臨んだと考えられる。

その後、文和二年（一三五三）十一月四日付で足利義詮が信泰に宛てた感状（「足利義詮御教書」早稲田大学図書館所蔵後藤家文書）によると、義詮は信泰に対して「今度関東より武田薩摩守に同道せしめ馳せ参じ候条、尤も神妙」と賞しており、信泰は引き続き公信とともに行動し、文和二年十一月には関東より上洛した。これと同時期に作成された「波多野清秀代信氏軍忠状写」（岡山大学附属図書館所蔵「黄薇古簡集」所収文書）を見てみよう。

甲斐国波多野又次郎清秀代同孫四郎信氏申す軍忠の事
右、当御手に属さんがため、去る八月四日甲州を立ち、同十六日参洛しおわんぬ、同九月六日京御所垂井(たるい)御下向の間供奉せしめ、又垂井より御上洛の御供仕り、同廿一日入洛、今に当参仕るの上は、御判を賜り、後証に備えんがため、恐々言上くだんの如し、

文和二年十月卅日

承了（花押影）(武田信春)

これによると、文和二年（一三五三）八月四日、甲斐国の波多野又次郎清秀の代理である同孫四郎信氏が、「当手」（足利尊氏）に属して甲斐国より上洛し、同十六日には京都に到着した。また、同年九月六日に信氏は、南朝勢力によって京都を追われた「京御所」（足利義詮）の美濃(みの)国垂井（岐阜県）下向に供奉したが、その後、義詮上洛に同行して同月二十一日に入洛したという。

すなわち、信成に属した波多野清秀が本領の伊勢国から甲斐国に拠点を移していたことを確認できるが、その代理である信氏の軍忠状に武田信春が証判をしていることから、恐らく甲斐国に留まった信成に代わり、子の信春が信成指揮下の軍勢を率いて上洛したと推

測される。なお、『太平記』巻第三十四「畠山道誓上洛ノ事」（日本古典文学大系）によると、延文四年（一三五九）十月八日、畠山道誓（国清）が鎌倉公方足利基氏の了解を得て、南朝を攻撃するため武蔵国入間河（埼玉県）を出立し上洛した軍勢の中に、「外様」として「武田刑部ノ太輔・舎弟信濃守」の名が見える。このうち、刑部大輔を称しているのは武田信成であり、また信濃守は武田（穴山）義武に該当すると考えられる。信武の子のうち、この両名は東国に留まっていたのであろう。

武田信春の地位

先述のとおり、祖父信武の当初の官途名である兵庫助を称した信春（?～一四一三）は、文和四年（一三五五）二月十五日に尊氏の近習に列しており、貞治四年閏九月二十一日における大善寺への寺領寄進に至るまで、甲斐国に関わる活動を確認できない。この間、父信成の甲斐国守護在職を示す同時代の史料を確認し得ない。後世の記録であるが、『塩山抜隊和尚語録』巻六に、康暦二年（一三八〇）頃、「彼領主当国主武田刑部法光」（信成）が、臨済宗の向嶽庵（甲州市）を開いた抜隊得勝に塩山を寄進したと記されているのみである。また、信武が甲斐国守護に補任された観応二年頃より以降、氏信末裔の安芸武田家による甲斐国支配への関与をうかがわせる史料を確認できない。

したがって、信春が尊氏の近習として活動し、信成の官途である刑部大輔・安芸守ではなく、信武の官途である兵庫助・伊豆守を称したことから判断すると、康安二年（一三六二）七月晦日に死去した信武の跡職として、信春が甲斐国守護を継承したのではなかろうか。そして、信春が武田氏惣領の地位を表すとされる伊豆守の受領名を称したことは、足利将軍家側近としての信春の立場に拠る措置であったと推測されよう。

当時の関東では、貞治二年（一三六三）七月に上杉憲顕が関東管領に就任し、足利尊氏が構築したいわゆる「薩埵山体制」に替わり、滅亡した直義の影響を受け継いだ鎌倉府の新体制が、東国武士の支持を踏まえて室町幕府から一定度の自律を保ち成立したことが指摘されている（佐藤博信『中世東国の支配構造』、江田郁夫『室町幕府東国支配の研究』）。尊氏の近習出身という経歴を持った信春の甲斐国守護継承は、このような関東の政治状況に対応し、鎌倉府の牽制を目的としたものと推測される。先述の通り、応安六年（一三七三）九月十一日、信春は足利将軍家の祈祷所として甲斐国万福寺領に禁制を発給しており、信春は足利将軍家との主従制を重視する方針を示したと考えられる。

信武・氏信による畿内・安芸国の二極的な活動、氏信による惣領の継承、そして信武の甲斐国守護補任を経て、まさにこの時期に、安芸・甲斐武田家が信武を共通の祖としつつ、それぞれ独自の由緒を有する家として成立したのではなかろうか。

その後、甲斐国を拠点とする信武一族は、東国の武家社会の中にネットワークを構築した。貞治四年十月八日付の「関東御所近習連暑〔署〕奉加状」（六波羅蜜寺文書）には、「関東御所」すなわち鎌倉公方足利基氏の近習二十七名による連署とともに、それぞれ馬一疋ずつを奉納したことが合点を付して記載されている。

これは、六波羅蜜寺造営のための奉加と考えられるが、文書に連署している基氏近習二十七名は、小田知夏を筆頭に中沢家宗・梶原景良・上杉朝房・木戸貞範・上杉朝憲・里見師義・三戸師景・海老名季明・彦部師朝・大平法禅・三浦貞久・二階堂行詮・南重祐・大高重政・大平惟世ほかの名が見え、小田・海老名・里見・三浦など関東の国人出身のほか、上杉・南・大高・大平のような足利家親族・譜代出身、二階堂のような幕府吏僚出身の武家から構成されている。この中に「馬一疋　信濃守義武（花押）」とあり、基氏近習の一員として信武の子武田（穴山）義武が活動していたことを確認できる。この義武の地位は甥の信春とは異なるものか、もしくは在国した信春に代わり義武が同族として在倉したのかは定かではないが、いずれにしても義武が鎌倉公方と甲斐国の信武一族とを結び付ける役割を果たしたのであろう。

また、『武田源氏一統系図』の裏書に記載されている「古時覚書之写　甲斐国住根本之事」と題された由緒書には、応永二十三年（一四一六）十月に勃発した上杉禅秀の乱に際して、翌二十四年（一四一七）に信春の子信満が自害した後の甲斐武田家の状況について、信満の子信長を中心に記載されている。

この由緒書は、信長の孫道存によって著されたというが、信満の跡職に関する「勝定院」（将軍足利義持）の発言として「武田安芸守（信満）ハ御敵ノ事御退治余義ナシ、武田ハ代々国ノ主也、殊ニ安芸守父陸奥守信成［春］忠節ノ人也、タヤサレヘキニ非ス」とあるほか、「彼陸奥守信春ヲハ大奥別［州］ト申、何事ヲモ事ノ手本ニ今迄ノ甲斐ノ国ニテ申也、入道シテ花峯ト申、護国院殿トハ此御事ナリ」と記載されており、信春が甲斐武田家の基盤を形成したことが重視されている。ここでは信春を「忠節ノ人」と評しているが、この表現は、先述したように信春が足利尊氏の近習として活動したことを指しているのであろう。

そして、本史料には「既ニ嫡子安芸守殿ハ男子モ十人ニ及ヒ、剰（あまつさえ）禅秀官領長井大膳太夫殿ヲ始トシテ婿タチ数多、孫婿ニハ岩松殿・千葉介以下アリ、肩ヲナラフル人モ希ナレハ」とあり、信春の子信満は、関東管領の犬懸上杉禅秀（氏憲）・長井大膳大夫（鎌倉幕府の評定衆を務めた長井惣領家の官途名）を婿、また禅秀をとおして関東の大名家であった「岩松殿」（新田岩松満純）や「千葉介」（千葉介兼胤）を孫婿として親族関係を結び、鎌倉公方足利持氏に対抗する勢力の一翼を形成していたことがうかがわれる。

このように、信春が尊氏の近習を経て祖父信武の跡職を継承することにより、甲斐武田家は成立し、子の信満の代には、関東の大名家との間で構築した親族関係を背景に、鎌倉府体制における地位を確立したのである。

ところで、山梨市三ヶ所にある「連方屋敷」と呼ばれる屋敷遺構は、東西一一七〜一三〇メートル、南北一二〇メートル、土塁の中央で約一町四方の規模を持った方形単郭の構造をしており、幅五〜六メートル、高さ二〜三メートルの土塁がめぐり、上面幅六メートルの堀跡が残る（『山梨考古』第一二五号、三澤達也執筆）。

図22　連方屋敷の遺構（山梨市教育委員会提供）

また、遺物は、十三世紀前半から中頃の高麗象嵌青磁梅瓶や十三世紀代の青磁蓮弁文碗といった貿易陶磁器の破片に加えて、十三世紀第三四半期の常滑焼の甕や十四世紀代の内耳鍋、十五世紀以前の皿（かわらけ）等が出土している（同）。

こうした「連方屋敷」について、『甲斐国志』には、戦国時代に武田氏の蔵前衆の頭を務めた古屋氏の屋敷跡として伝えているが、遺構の規模や出土遺物の時期等から、武田信武やその系譜に連なる守護クラスの人々の居

図23　国宝　清白寺仏殿

館であった可能性が言及されている（『山梨市史』通史編上巻「連方屋敷と上野氏屋敷」数野雅彦執筆）。

また遺構の北東には、国宝に指定されている応永二十二年（一四一五）建立の仏殿を有し、夢窓疎石を開山、足利尊氏を開基とする臨済宗寺院である清白寺（山梨市）の境内が隣接していることから、同二十年（一四一三）に没した信春の菩提を弔うために、信満が守護館に隣接して持仏堂を建立したとする説が提唱されており（『山梨考古』第一一五号、清雲俊元執筆）、この場合、「連方屋敷」は信満の居館であったことになる。

信春の甲斐国内における居館は、江戸時代末期に編纂された『甲斐国志』に、千野（甲州市）の慈徳院の境内と伝えられている。しかしながら、尊氏の支持を踏まえて甲斐武田家の地位を確立した信春の居館として、「連方屋敷」が、その候補にあげられるのではなかろうか。信春が居館に隣接して尊氏を開基とした清白寺を建立し、その後、信春の没後に子の信満によって同寺の仏殿が建立されたと考えられる。

なお、「連方屋敷」の周辺には笛吹川が流れ、近世には武蔵国秩父郡（埼玉県）と往来する雁坂道や同多摩郡（東京都）と往来する青梅往還が設けられており、中世には定期市が開かれたと伝わる八日市場・七日市場の地名が残るなど、甲府盆地東部の水陸の交通・商業の要衝であったことがうかがわれる。

以上の通り本章では、安芸・甲斐武田家の分立は信武没後の一三六〇年代以降に生じたことを考察したが、この原因は何処に求められるであろうか。ここでは、この課題について触れておきたい。

武家政権の二元性と武田氏

鎌倉幕府が朝廷への反乱勢力として誕生し、東国に拠点を置いて以降、鎌倉を拠点に東国国家を体現する幕府本体（「関東」）と、京都に設置され西国における王朝国家の軍事・検断上の権門としての機能を果たす六波羅探題（「武家」）が並存して、それぞれ機能したように、中世武家政権の二元性が指摘されている（森茂暁『鎌倉時代の朝幕関係』、外岡慎一郎『武家権力と使節遵行』、近藤成一『鎌倉時代政治構造の研究』、木村英一『鎌倉時代公武関係と六波羅探題』等）。南北朝・室町時代には、管轄する支配領域に変遷があるものの、六波羅探題の機能を受け継いだ室町幕府と鎌倉幕府の機能を受け継いだ鎌倉府に、この二元性が継承される。

室町幕府に君臨する足利将軍家（京都公方家）と鎌倉府の頂点に位置する鎌倉公方家は、いずれも足利尊氏を祖として成立したことと同様に、当該時期の武田氏も安芸・甲斐武田家ともに信武を共通の祖としつつ、個別の由緒・家格を有する独立した家として成立し、それぞれ室町幕府および鎌倉府において武田氏惣領の地位を継承するに至ったのではなかろうか。

また、この間の信春の地位は、尊氏の近習という信春の立場によって支えられたことを推測したが、このことは後世、安芸武田家の信栄が将軍足利義教の側近に出仕して、永享十二年（一四四〇）の大和永享の乱の恩賞として若狭国守護職を獲得したことと類似しており、足利将軍家による大名家の惣領や家督継承への介入の一環として、甲斐武田家の成立と信春の伊豆守継承を捉えることもできるだろう。

この一方、足利将軍家にとっても、武田氏の存在は、自らを頂点とする武家政権の正統性を世に示すために必要であった。康永四年（一三四五）八月二十九日に足利尊氏が天龍寺の供養のために参詣した際、供奉した大名等を列記した「二階堂伯耆入道道本記」（『園太暦』）には、「先侍所」と記された「山名伊豆前司」（時氏）に続く「先陣」の筆頭として、「武田伊豆前司」（信武）と「小笠原兵庫助」（政長）が、また「先陣」に続く「帯剣」の筆頭として「武田伊豆四郎」（義武）と「小笠原七郎」（政経）の名前が見える。

そして、明徳三年（一三九二）八月二十八日に、足利義満が相国寺の慶讃供養のために参詣した際における供奉した人々を列記した『相国寺供養日記』（矢嶋翔「〈史料紹介・

翻刻〉東北大学附属図書館狩野文庫所蔵『相国寺供養日記』」）にも、「先侍所」と記された「畠山右衛門佐基国」と子息の「尾張守満家」および郎等三十騎に続く「先陣随兵」として、「一番」に「武田伊豆守源信在」と「小笠原兵庫助源長秀」、また「二番」に「武田五郎源満信」と「伴野次郎源長信」の名前が見える。このうち、信在は氏信の子、また満信は後に奉公衆の家格を有した京都武田家の祖である公信（信武の子）の孫に当たる。

すなわち、足利尊氏・義満ともに、天龍寺・相国寺参詣の行列に供奉した先陣随兵の筆頭として、武田・小笠原両家（義満期には安芸・京都の武田両家、ならびに長経流・伴野の小笠原両家に細分化）を配置しており、このことは、足利将軍家と同族の河内源氏一族である武田・小笠原両家が足利将軍家に臣従する状況を、儀礼の中で象徴的に可視化することによって、新たに武家の棟梁の地位を占めるようになった足利将軍家による幕府開創の正統性を裏付けようとしたのであろう。

このように、日本列島の東西における中世を通した武家政権のあり方や、足利将軍家と大名家との関係が、武家の由緒や家の成立に影響を及ぼしたと考えられる。

安芸・若狭武田家の顚末

最後に、安芸武田家とその嫡流を継いだ若狭武田家の顚末について、河村昭一氏の研究を踏まえて概略を触れておきたい（河村昭一『中世武士選書2安芸武田氏』、同『若狭武田氏と家臣団』）。

信武から安芸国守護職を継承した氏信は、応安四年（一三七一）に九州探題今川了俊（貞世）が安芸・備後両国守護を兼任したことにより、安芸一国の守護職を喪失した。しかしながら、氏信以降の安芸武田家は、安南・佐東・山県三郡を支配する分郡守護として継承され、安芸国内に影響力を持ち続けた。特に、永享十二年（一四四〇）に若狭国守護職を得た信栄以降の当主が分郡守護を兼任すると、現地では信栄の弟元綱の系統が代官として受け継がれていく。

応仁元年（一四六七）に始まる応仁の乱では、信栄の継嗣となった弟の信賢が、細川勝元を中心とする東軍に属し、文明六年（一四七四）まで一色義春が領した丹後国（京都府）守護職を兼ねて同国に侵攻するとともに、文明十八年（一四八六）には日本海沿岸に面した湊である禁裏料の小浜（福井県）の支配権を獲得し、若狭国の支配を強化した。

ところが、安芸国を拠点とした元綱は、文明三年（一四七一）に周防・長門両国（山口県）守護職を有する大内政弘の勧誘で西軍に帰属し、当主である兄信賢とは異なる政治路線を歩み始め、若狭武田家から事実上分立した。そして、永正十四年（一五一七）、元綱の子元繁が有田合戦で毛利元就に敗れて討死し、天文十年（一五四一）には大内義隆が派遣した陶隆房・毛利元就の軍勢により本拠の金山城（広島市）が落城するまで、安芸武田家の系統は、若狭武田家と一定の関係を保ちつつ、同国に勢力を維持したのである。

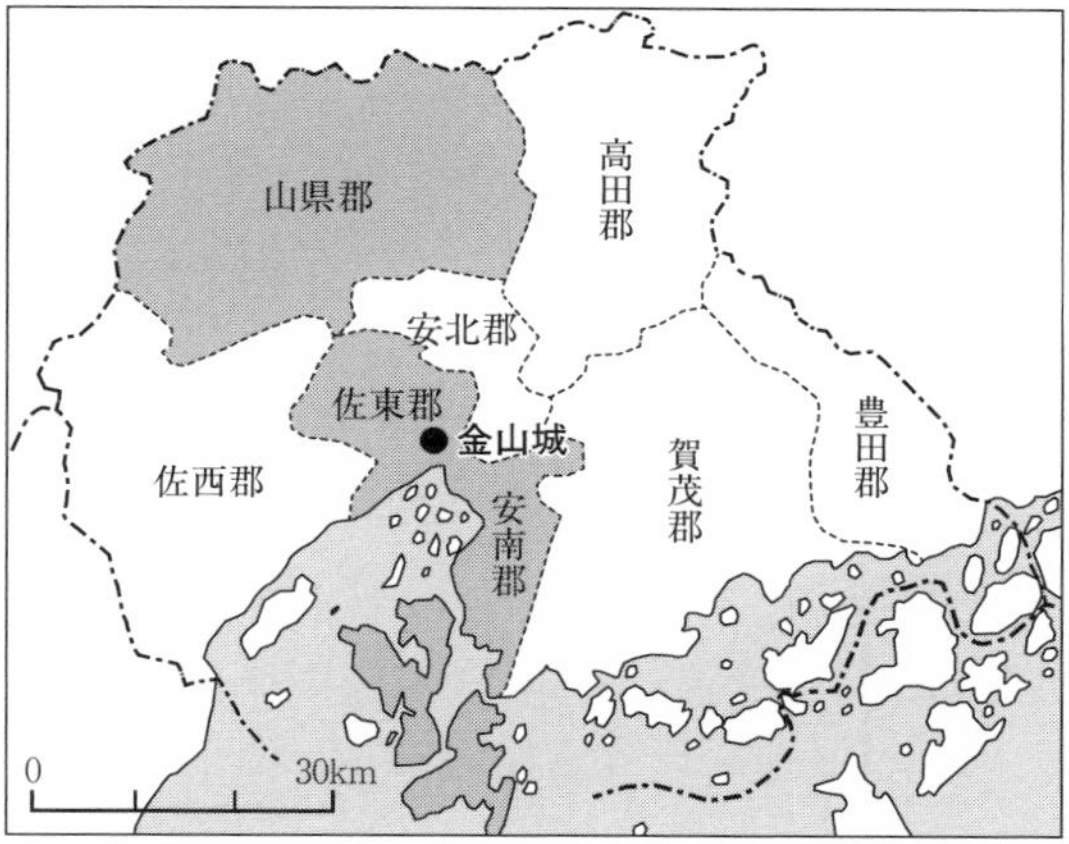

図24　安芸武田家の分郡（地図）

一方、信栄没後、弟信賢・国信（くにのぶ）と受け継がれた若狭武田家は、十五世紀末から十六世紀前半にかけての元信（もとのぶ）・元光（もとみつ）期には、大永二年（一五二二）に元光が築いた後瀬山城（のちせやまじょう）（小浜市）を本拠として若狭国の領国経営を行う一方、在京守護として細川政元（まさもと）・高国（たかくに）政権を支援した。

しかしながら、大永七年（一五二七）の桂川（かつらがわ）合戦（京都市）で、高国に加担した元光が柳本賢治（やなぎもとかたはる）らに敗北して以降、京都周辺での活動は見られなくなり、また十六世紀後半には信豊（のぶとよ）・義統（よしむね）・元明（もとあき）の三代にわたって当主・嫡子間の対立が発生すると、永禄十一年（一五六八）に越前（えちぜん）国（福井県）の朝倉義景（あさくらよしかげ）が若狭国に侵攻して元明を一乗谷（いちじょうだに）（福井市）に拉致し、若狭武田家は事実上、当主不在の状況に陥った。そして、天正十年（一五八二）の本能寺（ほんのうじ）の変に際して、明智光秀（あけちみつひで）に加担した元明が自害し、若狭武田家は滅亡した。

こうした若狭武田家の事績が、十五・十六世紀の甲斐武田家にも影響を及ぼしたことは、節を改めて論じることとしたい。

室町幕府・鎌倉府の抗争と危機の時代

十五世紀前半の東国情勢と甲斐武田家

室町時代の政治史研究において、室町幕府と鎌倉府との関係は、政権の体制を考える上で重要な要素を占めている。特に十五世紀前半に関東で勃発した上杉禅秀(うえすぎぜんしゅう)の乱および永享の乱は、いずれも鎌倉府の内紛に室町幕府が軍事介入した戦乱であり、室町幕府と鎌倉府との関係において重要な事件として注目される。この乱の過程で、鎌倉府の管国の西縁に位置する甲斐(かい)国は、両勢力による影響力が相交わる最前線となり、この地を守護として統治する立場であった甲斐武田(かいたけだ)家にとっても、室町幕府と鎌倉府との関係は、家の存続に大きな影響を及ぼした。

この時期の甲斐武田家をとりまく幕府と鎌倉府との情勢については、杉山一弥氏による詳細な研究が発表されている（杉山一弥「室町幕府と甲斐守護武田氏」同『室町幕府の東国政策』)。この概要をまとめると、次の通りである。

○上杉禅秀の乱後、幕府は鎌倉府への牽制を開始し、武田信元を甲斐国守護に補任して応永二十四年(一四一七)中に甲斐国に帰国させた。この一方、甲斐国統治をめぐる幕府と鎌倉府との政治的軋轢により地下一揆が蜂起し、同国内の政情が不安定化したため、幕府は守護権力が弱体化した甲斐武田家に対して、信濃国守護小笠原政康の軍事力を投入する体制を基本施策とした。

○幕府首脳にとって甲斐国の安定は、駿河国の安定のための重要な要素であると認識された。応永二十八年(一四二一)以来、幕府は足利持氏との軋轢を配慮して武田信重への正式な守護補任を控えていたが、持氏による上杉禅秀の乱後の処理への不信から路線を転じ、応永三十年(一四二三)に信重の甲斐守護補任を強行した。それに対して信重は、甲斐国内における政情の不安定要因への懸念とともに、持氏による上杉禅秀の乱の加担者一族への排斥を危惧し、甲斐国への下向を拒否した。この一方、武田信長の鎌倉府出仕後、甲斐国は実質上、持氏の専制影響下に置かれた。

○甲斐国東部の郡内地域で活動した信長与党の日一揆と対立した輪宝一揆の頭目跡部氏の去就は、室町幕府において、信重の甲斐帰国の可否を判断する決定的要因となった。

○細川満元・持之が、管領という地位に関係なく甲斐国と甲斐武田家の問題に深く関与した。

以上のような杉山氏の研究により、十五世紀前半の甲斐国をめぐる政治的な動向の解明が進展した一方、次のような課題が残されている。

○『鎌倉大日記』や由緒書等に記された政治情勢に関する内容の再検討
○武田信長の活動と室町幕府および鎌倉府との関係の解明
○室町幕府における鎌倉府対策の方針の変遷と武田信重の甲斐国守護補任との関係の解明

そこで、本節では、上杉禅秀の乱から永享の乱に至る、甲斐武田家の動向について、室町幕府および鎌倉府との政治的な関係を踏まえて再考してみよう。

武田信元の甲斐国統治

応永二十三年（一四一六）十月二日に始まった、鎌倉公方足利持氏と前関東管領の上杉禅秀（氏憲）との紛争である「上杉禅秀の乱」は、緒戦において禅秀方が有利であったものの、室町幕府が駿河国に逃れた持氏を支援したことを契機に、禅秀方からの離反者が相次いで形成が逆転した。そして、翌応永二十四年正月五日・九日の瀬谷原合戦（横浜市）で敗北した禅秀方に対して、持氏は今川氏・大森氏等の軍勢の支援を受けて鎌倉に侵攻した結果、同十日に鎌倉雪の下にて禅秀と彼に与した足利満隆（持氏叔父）・持仲（持氏弟）、上杉憲方・憲春等が自害し、二月六日には、禅秀の舅である武田信満が甲斐国の木賊山（山梨県甲州市）で自害した（『王代記』、『南方紀伝』)。

その後の甲斐武田家の状況について、十七世紀初頭に編纂されたと考えられる『武田源氏一統系図』に付され、信満の子信長の子孫である上総武田家に伝わったという「古時覚書之写　甲斐国住根本之事」には、次のような内容が記されている。

○信満が甲斐国都留郡の木賊山で自害した後、子息のうち信重は出家して西国に逃れた一方、信長は甲斐国内に留まり、譜代の下人や親類をまとめて「逸見・村山」に対抗した。

○持氏の指示により一色持家が甲斐国猿橋(山梨県大月市)まで侵攻したが、信長はその地で抗戦を続けた結果、持家の執り成しで持氏に降参した。

○信長は持氏から甲斐国を拝領し、逸見有直の勢力を一掃した。

○穴山に信重・信長の叔父である武田信元がおり、信満自害後に高野山(和歌山県)へ逃れたが、有直の守護職補任を要請した持氏に対して、足利義持は信元に甲斐武田家の惣領職を継承させ、甲斐国守護に補任した。

後世に記された由緒書である本史料の内容は、全てが史実とは言えないものの、上杉禅秀の乱後の甲斐国の情勢、とりわけ武田信元が穴山満春と同一人物であり、河内地域を拠点に活動していたとする磯貝正義氏が提唱した通説において、根拠の一つとなっている(磯貝正義『武田信重』)。そこで、信元の行動について、同時代の史料を踏まえて検証したい。

まずは応永二十五年（一四一八）と推定されている二月二十一日付で小笠原政康（小笠原右馬助）に宛てられた「足利義持御内書」（東京大学史料編纂所所蔵　小笠原家文書）を見てみると、「今度武田陸奥守同道無為により、誠にもって神妙□（候カ）、彼帰国せしめば、早速打ち越し合力致し、忠節を励むべし、この事に就き関東へ頌西堂を下し候、その意を得べく候也」と記されている。これによると、義持は信濃国守護の政康に、信元（陸奥守）との同行が無事に成功したことを賞し、信元を甲斐国に帰国させる際には、直ちに軍勢を派遣して支援を行い、幕府への忠節を励むよう命じている。また、この内容を「関東」（鎌倉府）に伝えるために派遣された頌西堂より、委細を確認するよう指示している。

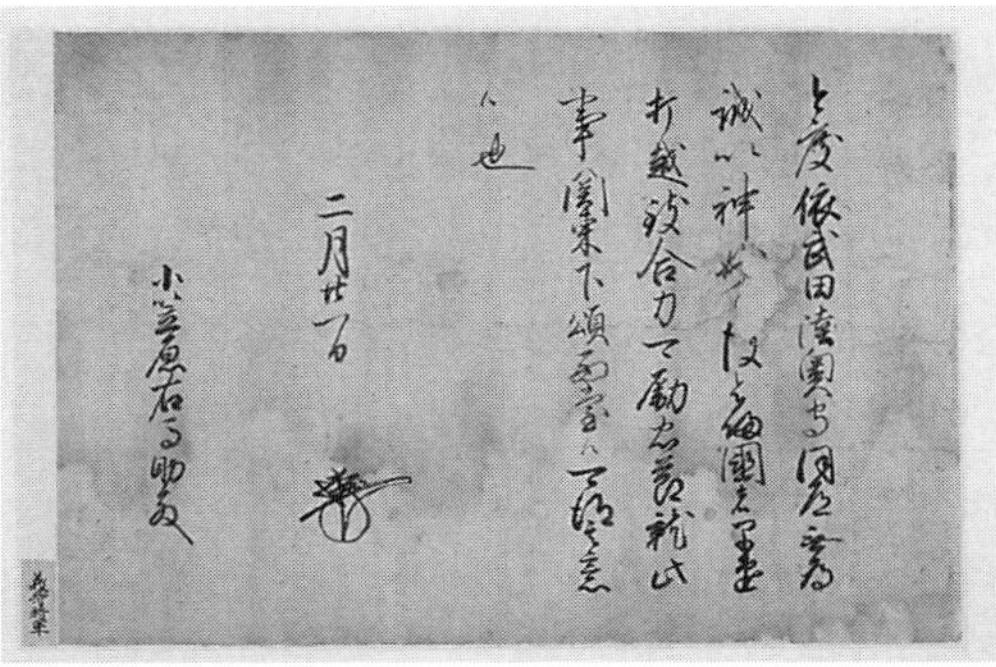

図25　足利義持御内書（小笠原家文書，東京大学史料編纂所蔵）

この時期の甲斐国の状況については、義持の側近として大名等の衆議に参画した醍醐寺三宝院門跡・醍醐寺座主の満済が記した『満済准后日記』同年二月十五日条に、「注進到来、甲斐国の事、地下一族蜂起」と記されており、甲斐国では当時、地下人等が蜂起する混乱の最中にあった。

また、信元の地位について、杉山氏は『満済准后日記』応永二十四年六月八日条に見える「甲斐当守護」ならびに応永二十五年二月十五日条に記された「守護去年以来より入部の処」の「守護」を信元に比定し、先述した通り、幕府は信元を甲斐国守護に補任して応永二十四年中に甲斐国に帰国させたことを指摘している（杉山前掲論文）。

杉山氏の指摘を踏まえて、先の文書を考えると、応永二十五年二月時点において、信元は地下人等の蜂起を鎮圧することに失敗し、救援に駆け付けた政康によって救出され、信濃国に逃れていたのではないだろうか。

なお、武田信満の娘を母とする政康は、永徳三年（一三八三）二月十二日に幼名「土用犬丸」の名で甲斐国塩田郷・信濃国田嶋郷・同国小嶋田郷を知行しており（「小笠原長基譲状」東京大学史料編纂所所蔵　小笠原家文書）、甲斐国および甲斐武田家との所縁により、信元を支援するよう義持に命じられたのであろう。

この時点で、政康の同行を受けていた信元は、政康の守護分国である信濃国に避難し、甲斐国への再帰国に備えていたと推測される。この約八か月後、再び義持より政康に発給された応永二十五年十月二十八日付の「足利義持御内書」（東京大学史料編纂所所蔵　小笠原家文書）には、「武田陸奥守の事に就き、この間の辛労察し思したまい候、誠にもって神妙、又武田甲州南部・下山辺に打ち越すべく候」とあり、義持は信元への支援における政康の辛労を慰労して賞すとともに、信元が「甲州南部・下山辺」に侵攻するに際して、その支援を行うよう命じている。

先の文書で触れたように、信元は同年二月に信濃国に到着しており、十月までには隣接する甲斐国への再帰国の活動を、政康による支援のもと実行していたと判断してよいだろう。この時期は、応永二十六年（一四一九）の年代が付箋に記され、三月十四日付で政康に宛てられた「足利義持御内書」（同）に「甲州の事により、武田陸奥守合力の事申し候間、仰せ付けらるべく候、その国の時宜に就き、能々尋ね究め注進有るべく候也」とあることから判断すると、付箋の年代は間違いであり、その前年の応永二十五年三月の出来事であったと考えたい。

それが一定の成果を収めたために、義持は政康を賞するとともに、次の目標として、甲斐・駿河両国の境界に接する河内地域にある南部・下山周辺への信元の侵攻を支援するよう求めていたのではないだろうか。

すなわち、応永二十五年三月から同年十月までの間に、信元は信濃国から甲斐国への再帰国を実現し、その後に河内地域に侵攻したと考えられる。通説の通り、信元が穴山満春と同一人物であったとしても、当時の拠点は、信濃国に近い穴山郷（山梨県韮崎市）であると考えるのが妥当であり、十六世紀に穴山家が領した河内地域であったかは、検討を要する。

また、史料の通り、信元の甲斐再帰国について、義持は鎌倉府に使者を派遣しており、持氏との調整が示されている。したがって、幕府は、鎌倉府に対する牽制のため、守護に補任した信元の甲斐在国を図ったものの、地下人等の蜂起を前にして、信元による甲斐国統治を再建し、同国内の安定化を図るためには、鎌倉府との一定の協調関係が必要であると認識していたことがうかがわれる。

このように、応永二十五年段階において、信元による甲斐国統治は地下人等の蜂起により挫折し、幕府の指示を受けた信濃国守護である政康の軍事的な支援と、鎌倉府との調整によって再建が図られたのである。

武田信重の起用

続いて、武田信元の没後、室町幕府によって甲斐国守護に擁立され、甲斐国への帰国が図られた、武田信重（のぶしげ）（?〜一四五〇または一四五一）の動向について取り上げる。信重の起用に関する端緒となる史料として、応永二十七年（一四二〇）と推定されている四月二十八日付で足利持氏（左兵衛督（さひょうえのかみ））に宛てて発給された「足利義持御教書（みぎょうしょ）案」（天理大学附属天理図書館所蔵「大館記」所収文書）には、「甲州の事、武田三郎入道に申し付くの間、悉く無為に属し候ところ、両使を下さるるの由、その聞こえ候、事実たらば、然るべからず候、早々召し返され候はば、目出べく候、又常陸（ひたち）国守護職の事、佐竹上総入〔道脱〕に申し付けらるべきの由、度々申し候といえども、未だその儀無く候、心元無く候、所詮早速彼に仰せ付けられ候はば、本意たるべく候」と記されている。

これによると、義持は持氏に対して、甲斐国守護に武田信重（武田三郎入道）を補任して事態が安定したにもかかわらず、持氏が「両使」を甲斐国に派遣したとの情報に不満を表明し、即座に「両使」を召喚するよう促すとともに、常陸国守護に佐竹与義（さたけともよし）（佐竹上総入〔道〕）を補任する意向を示したが、事態の進展が無いことを懸念している。

すなわち、義持は応永二十七年段階で、与義の常陸国守護補任と合わせて、信重に甲斐国の差配を任せたことが判明するが、与義に関しては守護補任の意向が明記されているにもかかわらず、信重には「甲州事」を「申付」という曖昧な文言に留まっている。このことは、先述した信元の政治的な立場を信重も引き継いでおり、甲斐国守護への補任が実現しない状況に留まっていたことを確認できる。

いずれにしても、義持が当該時期に信重を支援したのは、史料中にも表されているように、甲斐国における持氏の影響力が強まっていたことに要因がある。『鎌倉大日記』には、応永二十八年九月に「吉見伊予守甲州発向」、また同応永三十二年（一四二七）八月十六日に「上杉淡路守御幡をたまわり、武田退治のため発向」と記されており、甲斐国で活動していた武田信長を追討するため、応永二十八年から同三十二年（一四二七）にかけて、持氏は吉見範直や上杉房実を同国に派遣している。

一方、京都の幕府では、応永三十年六月五日、鎌倉府との対立が深まる中、五月二十五日に持氏が常陸国の小栗満重等を退治のため武蔵国付近に出陣したとの情報に接した義持は、常陸国守護に佐竹祐義また甲斐国守護に武田信重（竹田入道）をそれぞれ補任して、御判御教書を発給した。この両国は鎌倉府の管国であるが、前年に持氏は京都扶持衆であることを理由に佐竹与義を討ち、その後、幕府の意向に反する姿勢を鮮明にしたため、義持が祐義・信重の守護補任に踏み切る措置をとったという（『満済准后日記』応永三十年六月五日条）。

そして、この一か月後の同年七月五日付で義持は、下条信継（武田伊豆守）、武田信長（武田右馬助）、江草信康（武田兵庫助）、今井信景（武田左馬助）、栗原信通（武田兵部少輔）ら甲斐国に在国する武田氏の一族に宛てて、信重（刑部大輔光増）の手に属し忠節を致すよう指示する御教書を送った（「足利義持御教書案」天理大学附属天理図書館所蔵「大館記」所収文書）。同日に義持は、持氏が佐竹与義に続き「京都様御扶持」の常陸大掾氏・真壁氏等を討った情勢を踏まえ、諸大名に「京都御扶持の者どもの事、今においては更に御捨有るべからず、御扶持を加えらるべき者也、この条々何様たるべき哉、宜しく意見を申さるべし」と述べ、京都扶持衆の支援について諮問したことに対して、管領畠山(はたけやま)満家(みついえ)以下、細川・斯波(しば)・山名(やまな)・赤松(あかまつ)・一色・今川の諸大名は、「関東に京方申し入る者ども方々へ御教書を成され、堅く御扶持を加えらるべき条殊に然るべし」と答え、義持の意向への支持を上申している（『満済准后日記』応永三十年七月五日条）。義持は、この一環として甲斐国守護としての信重の地位を名実ともに保証するため、甲斐在国の武田一族が信重に帰属するよう促したのであろう。

甲斐帰国の挫折

ところが、翌応永三十一年（一四二四）二月になると事態が動き、幕府と鎌倉府との間の緊張状態が緩和するに至った。すなわち、『花営(かえい)三代記(さんだいき)』応永三十一年二月五日条には、「鎌倉左兵衛督持氏、京都勝定院殿と、御和睦落去しおわんぬ、管領以下御太刀を進上也、甲斐・信乃・駿河射手(討)ども召し返さると云々、幷びに方々へ御内書を下さる也」と記されており、持氏と京都の「勝定院殿(しょうじょういんでん)」（義持）との間で和睦が成立したという。これは、応永二十八年六月以降、持氏が常陸国で合戦し、同三十年八月には小栗満重(みつしげ)・宇都宮持綱(うつのみやもちつな)・桃井宣義(もものいのぶよし)等を滅ぼしたことに対して、幕府は駿河国守護今川範政(のりまさ)等に持氏攻撃を指示したところ、十一月に持氏が謝罪の使者を京都に派遣した結果であった。これにより、幕府によって甲斐・信濃・駿河各国に派遣された討手

図26　15世紀前半の関東情勢（地図）

の軍勢は撤退し、諸方に義持の御内書が下されたという。

こうした義持・持氏間の和睦を機に、信重の立場にどのような変化が生じたのであろうか。その状況について、次の『満済准后日記』応永三十二年（一四二五）閏六月十一日、同十二日条から考える。

十一日、晴、御所様、今日北野三条八幡宮等へ御社参、内々の御社参也、還りの御時分に召さる、よって参り申すところ、佐竹刑部大輔并びに竹田入道事等に就き、細河右京大夫入道に談合すべき由仰せ出さるる旨これ在り、よってかの亭へ罷り出でおわんぬ、その子細は、今度文成和尚関東へ御使として下向、去る五日帰洛、鎌倉殿よりこの両人の事種々歎き申さる、その様は、（中略）竹田入道事においては罪科同前たりといえども、国事御口入の間申し付けおわんぬ、しかるを近年在京第一その意を得ざる事也、その故は、関東進止国を知行しながら在京奉公の時は、関東分国一国召し放たる義に相当る也、外聞実儀面目を失う者也、然れば竹田入道の事、不日在国せしめ、一族親類の間一人鎌倉に在るべき旨、堅く仰せ付けらるべき由也、誠にこの御訴訟通り、その謂われ在様に思し食さるる事也、京・鎌倉已に御和睦の上は、この分早速に右京大夫入道方より、両人に申し付くべしと云々、右京大夫入道申して云わく、佐竹の事においては則ち申し下すべく候、竹田の事においては在国の事是非叶うべか

> らざる由、条々歎き申し入る旨に候、その故は甲斐国の事仰せ付けらるるの間、守護職子細無き事に候、万一在国仕り候はば、国事更に叶うべからず、辺見・穴山等打ち出で、乱国に罷り成るべき間、正体有るべからず候、その時は生涯たるべき間、誠に在国すべき由上意必定に候はば、京都において進退存じ定め、何様にも罷り成るべき由、遮てこの間歎き申し候、然りといえども上意の旨召し仰せ、重ねて申し入るべしと云々、この由又立ち帰りて申し入れおわんぬ、
>
> 十二日、晴、右京大夫入道来る、竹田の事昨日申し入れの如く、昨夕召し寄せ種々申すといえども、同篇の由歎き申す、この上は何様に申すといえども、在国の事は叶うべからず候か、然りといえども上意下すにてかくの如く申し入る条その恐れの間、先ず畏み入る由申し入るべき旨、右京大夫指南分に由と云々、この旨何様に申し入るべき由返答す、則ち御所に参りこの由申し入れおわんぬ、

これによると、義持（御所様）が満済に対して、佐竹祐義（佐竹刑部大輔）と武田信重（竹田入道）等のことについて、細川満元（細河右京大夫入道）と談合するよう指示した。これにより、満済が細川邸を訪れて協議したところによると、持氏（鎌倉殿）より佐竹・武田について嘆願があり、信重は上杉禅秀の乱の罪科に相当するが、義持による「国事御口入」につき守護補任を領掌するものの、信重が鎌倉府の管国である甲斐国を知行しなが

ら在京奉公しているため、「関東分国」から追放することが筋であるとのことであった。そして、信重をすぐに甲斐国に帰国させ、一族親類から一名を鎌倉に在府させるよう、持氏は義持の指示を依頼したという。それに対して義持は、持氏の訴えを認め、京都と鎌倉が和睦した上は速やかに満元から佐竹・武田両人に申し付けるよう命じたことがわかる。

この事態に際して満元は、祐義についてはすぐに指示するが、信重からは、在国が困難との嘆願があったことを満済に説明している。すなわち、甲斐国守護に実効支配の実態が無く、万一在国しても統治は困難である上、「辺見・穴山等」が侵攻して乱国になっており生命の保証が無いため、在国の命令があれば、京都にて進退を定め、何様の措置も受けることを、信重が表明したという。

さらに翌十二日、満元が満済を訪れ、信重を昨夕に召し寄せて説得したが、信重の結論は変わらず、その在国は断念せざるを得ないとし、上意に配慮してまず畏れ入ったことを申し入れるよう指導したことを説明した。その後、満済はこの旨を義持に報告している。

このように、信重の意向は満元を通して、満済さらには義持へと伝えられており、信重の方針は、満元との協議を踏まえて決定されたと考えられる。満元の信重に対する影響力の大きさがうかがわれるが、満元は何故に信重の支援に乗り出したのであろうか。

この疑問については、若狭（わかさ）国守護・安芸（あき）国分郡守護に補任された若狭武田家が、満元・

持之等の細川京兆家から、十五世紀半ばに瀬戸内海の海上権益をめぐって競合関係にある周防・長門両国守護大内氏の勢力拡大を安芸国で抑止する役割を期待され、その支援のもと京都において一定の地位を確保していたという河村昭一氏の指摘が参考になろう（河村昭一『若狭武田氏と家臣団』）。このことを背景に、若狭武田家の同族である甲斐武田家も、細川京兆家の支援を受ける関係が構築されたのではないだろうか。

そうした状況を反映し、義持は同年八月十四日、信重の甲斐帰国について満元と相談したい旨があることを満済に告げている。義持は、その前日に管領の畠山満家を通して、自らの指示を伝えたものの、未だ不十分であると考え、満済を満元のもとに派遣したという。

こうした過程を経て、『満済准后日記』同年十二月三日条には、「関東の事に就き管領聊か申す旨これ在り、等持寺において今日披露のところ、管領意見の如く仰せらるべしと云々、珍重々々、甲斐国等の事也」とあり、関東への対応に関する満家の報告を、満済が等持院で義持に伝えたところ、義持は満家の意見通りに行うよう指示したという。この内容は甲斐国に関することであり、義持は等持院の長老を通して、鎌倉府からの使者である明宗和尚に伝えるよう、満済に命じている。また満済は、畠山家の家臣遊佐河内守を通して満家にも伝達した。五日には将軍足利義量にも満済と満家より報告し、その後、義量は満済に「甲斐・佐竹等」について意向を示している。

このことから、応永三十二年十二月時点において、甲斐国と信重の処遇に関する幕府の対策は、満家の方針に沿って対応することになったことがわかる。後述するように、信重はその後、京都を退転していることから、この方針は満元の支援を受けていた信重の利益に反し、持氏との和睦を優先する内容であったことがうかがわれる。

すなわち、信重の甲斐帰国は、信重本人の持氏に対する危惧感のみならず、幕府内部における鎌倉府対策の方針転換を反映して、実現しなかったのではないだろうか。

一方、義持との和睦が成立すると、持氏は甲斐国で活動する武田信長を再び追討するため、応永三十三年（一四二六）六月二十六日に一色持家を同国に派遣した。八月一日には武州一揆（武州南一揆）も参陣した結果、八月二十五日、ついに信長は持氏に降参するに至った（『鎌倉大日記』）。『勝山記』応永三十三年条には、「六月一色殿大将軍甲州都留郡に陳（陣）、八月廿五日武田降参、同廿八日鎌倉へ上る也」と記されており、甲斐国都留郡を拠点に活動していた信長は、降参後の八月二十八日に鎌倉に出頭したという。義持と持氏との和睦により甲斐・信濃・駿河諸国に入った幕府方の軍勢が撤退したため、孤立した信長が、持氏に降伏して鎌倉府に帰参する事態が発生したと言えよう。なお、信長の本拠地は、建暦三年（一二一三）に武田信光が和田合戦の恩賞として与えられて以来（『吾妻鏡』）、南北朝期に至るまで武田家による所領支配が確認される都留郡の波賀利本荘であったと考えられる（「高師直奉書写」東京大学史料編纂所所蔵「薩藩旧記雑録」所収文書）。なお、「古時覚書之写　甲斐国住根本之事」には、信重・信長兄弟の母は「武蔵ノ小山田殿」と記されており、後に都留郡（郡内）の有力な国衆となる小山田（おやまだ）家の支援を信長が受けていたことも推測される。

先述したように、杉山氏は信重の甲斐帰国について、幕府が応永三十年に信重の甲斐守護補任を強行したものの、信重は甲斐国内における政情の不安定要因への懸念とともに、持氏による上杉禅秀の乱の加担者一族への排斥を危惧し、同国への下向を拒否したことを指摘している（杉山前掲論文）。しかしながら、応永三十二年閏六月から同年十二月まで続いた信重の甲斐帰国の調整が失敗した原因は、それ以前より信重が持氏による甲斐国への影響力拡大を危惧していたからではなく、応永三十一年二月における義持と持氏との和睦という鎌倉府対策の方針転換の結果、孤立を恐れた信重が、細川満元を後ろ盾として抵抗したことによるのではないだろうか。結局、満元と対抗関係にある管領の畠山満家の方針を踏まえて、信重の甲斐帰国は挫折することになったのである。

武田信重の再起用

武田信重の甲斐帰国は、室町幕府による鎌倉府対策の方針転換を踏まえ、応永三十二年の段階で一旦挫折した。この後、信重が史料上に再登場するのは、三年後の正長元年（一四二八）九月である。『満済准后日記』同年九月二十二日条には、関東の情勢について諸大名に図られた「条目七ヶ条」の一つとして「甲斐先守護竹田刑部大輔入道、両三年以来四国辺りに隠居と云々、召し上げられ元の如く甲斐国辺りに下し遣わさるべきかの事」が記されており、甲斐国前守護の信重（竹田刑部大輔入道）を以前通りに出仕させ、甲斐国周辺に派遣することの是非が案件となっている。

この時期に信重の処遇に関わる幕府の方針が再び議論となったのは、同年正月に足利義持が死去し、弟の義教（よしのり）が室町殿の地位を継承したことに対して、将軍の継嗣を目論んでいた持氏の反発により、幕府と鎌倉府が対立関係に戻ったことが影響しているのであろう。また、本史料から判断すると、応永三十二年以降の三年間、信重が史料上に登場しなかったのは、信重が京都を離れ、四国を分国とする細川一族の庇護下に置かれていたことによると考えられる（杉山前掲論文）。

とりわけ、信重の再起用に積極的であったのは、義教本人であった。『満済准后日記』によると、同年十月二十三日、義教は信重に駿河国佐野（さの）郷および沢田（さわだ）郷を与えている。このうち佐野郷は葛山（かずらやま）氏の所領で、大森氏が当知行しており、葛山氏からは支証をもって本領である由の主張がなされたため、同月二十七日に奉行の飯尾為種（いのおためたね）（肥前守）が満済を訪れ、信重より拝領の辞退を申し入れるべきかの相談があった。このことについて、満済は信重が既に義教の御教書を受け取っており、辞退することは憚られるため、信重には替地を宛て行い、佐野郷は葛山氏に与えるよう、意見を述べている。

　また翌正長二年（一四二九）二月二十一日、義教は信重に在京中の「御訪」として一万疋（百貫文）を下行し、さらに永享四年（一四三二）六月十三日には、大館上総入道の所領であった摂津国溝杭荘を与えている（『満済准后日記』）。

　このように、義教は信重に所領を与え、甲斐武田家の存続を図ることで、持氏との対立に臨む布石とすることを目論んだのである。

武田信長の甲斐国退転

　こうして、信重は義教との良好な関係を築いた一方、甲斐国の情勢は永享五年（一四三三）になって動き始めた。すなわち、『鎌倉大日記（上）』の同年三月一日条には、「武田右馬助信長鎌倉逐電により、同日村山追跡、甲州発向」と記されており、応永三十三年（一四二六）以降、鎌倉府に帰服していた武田信長が鎌倉を逐電し、村上氏がそれを追跡して甲斐国に派遣されたという。信長の甲斐国における活動について、「古時覚書之写　甲斐国住根本之事」には、次のような内容が記されている。

○信長は、子の伊豆千代丸を介して事実上、信元の遺跡を継承するとともに、甲斐国守護代の跡部駿河守と対立した。

○信長に与する日一揆と跡部駿河守に与する輪宝一揆が争った荒川合戦において信長は敗北した。その後、信長は義教を頼り上洛して、遠江国蒲御厨内に所領を与えられた。

こうした由緒書の内容に関して、杉山氏は信長が荒川合戦の後に上洛した事実を確認できないとして否定した一方、信長の鎌倉逐電の原因は、輪宝一揆と対立した自らの与党である日一揆を支援するためであったとし、この争いに敗北した信長が甲斐国から没落し、駿河国に逃亡したことを指摘している。

この事件に関連して、『満済准后日記』永享五年六月六日条には、次のように記されている。

> 六日、晴、早旦出京、室町殿に参る、関東より武田右馬助没落に就き、駿河の事御状をもって申し入れらるる事これ在りと云々、関東の状一見しおわんぬ、武田右馬助甲斐国を没落し、駿河辺りに徘徊すと云々、誅伐を加えらるる様仰せ付けられ畏み入るべしと云々、上杉安房守の状同前、この事に就き諸大名に意見御尋ねのところ、管領以下大略同前申し入る也、その身誅罰の事は然るべからざるか、只駿河国中に置かれざる様仰せ付けらるるべしと云々、予この儀尤も宜しきの由同心申し入れおわんぬ、この儀御治定か、然るべく関東へ御返事有るべしと云々、先ず武田右馬助駿河居住然るべからざる由、管領の状をもって申し遣わすべき由仰せ付けらるるか、

これによると、永享五年六月六日、信長（武田右馬助）が没落した事態を受け、駿河国の情勢について持氏の「御状」が幕府に到来した。それは、信長が甲斐国から没落し、駿河国周辺を徘徊しているため、信長誅伐の命令を義教に要請する内容であった。また関東管領上杉憲実（のりざね）（上杉安房守）からの書状にも、同様の内容が記されていたという。

このことを踏まえて、義教は諸大名に意見を求めたところ、信長の誅伐は認めないが、駿河国から退散するよう命じることが望ましいことが上申された。この結果、義教は信長が駿河国に居住することを認めない旨を、鎌倉府に伝達するよう指示した。

本史料を踏まえると、持氏が一貫して信長の誅伐を求めていることから、信長が日一揆を支援して輪宝一揆と交戦していたことは事実であったとしても、その没落は鎌倉逐電の非を責めた持氏による追討が原因であり、このため、信長は持氏の影響が及ばない駿河国に逃れたのではないだろうか。

当時の駿河国の情勢については、『満済准后日記』同年七月二十七日条に「甲斐国跡部・伊豆狩野（かの）等をして富士大宮司を合力せしめ、守護在所に発向すべき風聞これ在り」と記されており、持氏が、鎌倉府管国である甲斐国の跡部氏および伊豆国の狩野氏に富士大宮司を支援させ、幕府管国である駿河国守護（今川範忠（のりただ））の在所に向かわせたとの風聞が伝わっていた。今川範政没後の家督継承をめぐり、鎌倉府による駿河国への干渉が幕府において懸念されていたこの時期に、持氏が駿河国周辺に逃れた信長誅伐を義教に要請したことは、鎌倉府による駿河国への軍事介入を示唆するものとして、幕府で認識されたことは言うまでもなかろう。

この事態を踏まえて幕府がとった対策が、既に鎌倉府に帰参していた信長を幕府管国である駿河国から追放し、持氏の介入を阻止することと、駿河国に隣接する甲斐国への介入であった。『満済准后日記』永享六年（一四三四）十一月二日条には、「武田刑部大輔入道の事、甲斐国人跡部以下の者ども、大略意を通じ、何時といえども罷り下り候はば、忠節を致すべきの由連々申し候哉、よって関東の事、既ち現行候上は、刑部大輔を甲州に下し遣わさるべき事、何様たるべき哉」と記されており、管領細川持之（満元の子）が満済に使者を派遣し、信重の下向があれば忠節を尽くす由を、「甲斐国人」の「跡部以下の者ども」が表明したことを踏まえて、関東の情勢が現況の通りである以上は、信重の甲斐帰国に問題は生じないとの見解を伝えている。

ここで注目したいのが、持之が「武田刑部大輔入道の事、甲斐国人跡部以下の者ども、大略意を通じ」と述べていることである。この文言は、信重の件について「甲斐国人跡部以下の者ども」、すなわち跡部氏を筆頭として輪宝一揆を構成した甲斐国人等が、持之の意向を大凡受け入れたと解釈でき、幕府首脳である持之が積極的に甲斐国への対策を行っていたことがわかる。

持之の行動は、『満済准后日記』同年十一月三日条に記された「只今駿河辺りへ勢仕り在るべきの由、雑説ながら駿河より注進致しおわんぬ、この条又何事哉、風聞の説の如くんば、武田右馬助を駿河守護許容に依りて、富士下方へ一勢を入るべしと云々、実事ならば以の外の儀也」という事態を踏まえたものであったと考えられる。すなわち、信長の駿河在国を「駿河守護」（今川範忠）が許容したため、持氏が同国の富士下方に派兵したという風聞があり、これが事実であれば重大な局面となるとの認識が幕府内にあったことがうかがわれる。

このように、幕府首脳の間では、永享六年十一月の段階で、信重の甲斐帰国の再計画が、駿河国の政情安定化のため、鎌倉府の情勢および信長の甲斐国退転、駿河入国への対処と連動して検討されていたのである。

一方、輪宝一揆を構成した甲斐国人も、持之の意向を踏まえて信重を守護として受容することによって、自らの政治的影響力を幕府より公認される機会を得た。輪宝一揆を率いた跡部氏は小笠原氏の庶流であり、信濃国佐久（さく）郡に拠点を置いた国人であったが、守護小笠原政康が武田信元の甲斐帰国を支援した際に甲斐国に進出し、その後、輪宝一揆に結集した甲斐国人を基盤として一定の勢力を形成したものの、それは幕府や鎌倉府に認められた権力ではなかった。彼らはこの機会に不安定な政治的立場の克服を図ったのであろう。

なお、信長は永享の乱および結城合戦を経た嘉吉二年（一四四二）五月に短期間、相模国守護として復権を果たして以降、復興した鎌倉府に出仕して鎌倉公方足利成氏との関係を深め、その子孫は上総国真里谷・庁南（千葉県）を拠点とした上総武田家となった（杉山一弥「室町期上総武田氏の興起の基底—武田信長の動向を中心にして—」同前掲書）。

再度の甲斐帰国計画の行方

先述した永享六年十一月における甲斐・駿河両国をめぐる幕府の動向は、当事者である信重にも影響を及ぼした。『満済准后日記』によると、同年十一月八日、満済を訪問した信重は、関東の風聞が事実であれば、必ず自身に甲斐国への下向が命じられると予測し、「甲州跡部以下の者ども」に異心があれば生命の保証は無いため、考慮が必要と述べている。そして十二月二十六日に改めて満済を訪問した信重は、跡部氏より注進を受け取ったことを伝え、満済を通して管領である持之への送付を依頼している。

そして、永享七年（一四三五）正月五日、信重は満済に対して、「赤松播磨」（赤松満祐）の申沙汰により、先月晦日に「在国御暇」の許可が義教から下りたことを報告した。さらに同二十二日には、義教が満済に対して、信重の「駿河辺」への派遣を決定した旨を伝え、関東の風聞に対する見解を持之と相談するよう指示している。この結果、持之の提言に従って、関東の現状について再び注進を受けた後に、信重の下向を実行することとなった。こうして信重の下向の機会が図られたが、信重の「在国御暇」の行先が、鎌倉府管国の甲斐国ではなく、幕府管国の駿河国周辺となったのは、甲斐帰国に慎重な信重への配慮と、持氏との政治的・軍事的な緊張関係の更なる高まりを回避するためであったのではなかろうか。

この時期の幕府首脳による持氏との緊張関係を回避したい意向は、同年三月の跡部氏上洛への対応にも表れていた。『満済准后日記』同年三月十一日条によると、「甲斐跡部」が熊野参詣のために上洛したことを、満済は信重にも相談した上で、満祐を通して内々に義教に伝えるよう指示している。そして、三月十八日には、義教が跡部氏の上洛を知り、対面して甲斐国周辺の情勢を聴取することを希望した。この時、見解を問われた満済は、跡部氏の熊野参詣が、鎌倉府の制止を無視した隠密の出立であり、跡部氏が信重を訪問したことも隠密の行動であったとし、義教と跡部氏との対面は実現が難しいことを表明している。

結局、三月二十四日に義教は、跡部氏上洛への対応を、満済より信重に伝えるよう指示した。それを受けた信重が、跡部氏に義教との対面について内々に問うたところ、鎌倉府に子細が伝わると難儀であり辞退したいとの意向が示された旨を、三月二十七日に満済は報告を受けた。そして三月二十九日、跡部氏の意向を記した信重の書状が、持之を通して義教に提出され、義教は委細を承諾したという。

このように、応永三十五年（一四二八）正月の義持死去と義教の将軍就任を機に、幕府と鎌倉府との対立が再び生じた事態を背景として、同年九月に信重が再び幕府に起用され、甲斐帰国が幕府首脳により検討された。そして、永享五年（一四三三）から翌年にかけて、持氏の追討により信長が甲斐国を退転し駿河国へ待避した事態を受けて、幕府管国の駿河国に対する持氏の介入を防ぐため、信重の甲斐帰国が再度計画された。この実現のため、跡部氏等甲斐国人との調整に積極的に取り組んだのは管領の持之であり、信重の甲斐帰国計画は、鎌倉府との緊張関係に臨んだ幕府の鎌倉府対策そのものであったと言えるのではなかろうか。この一方、幕府内では鎌倉府との緊張関係の抑止も図られ、永享七年（一四三五）三月には、信重の駿河国周辺への派遣へと計画が変更される結果となったのである。

最終的に信重の甲斐帰国が実現したのは、永享十年（一四三八）八月に発生した持氏と憲実との対立を契機に、義教が持氏征討の軍勢を関東に派遣した結果、翌永禄十一年二月に持氏や叔父足利満貞（みつさだ）らが滅亡するに至った、永享の乱を待たなければならなかった。すなわち、乱が勃発した永享十年と推定されている八月二十五日付で「武田殿」に宛てて発給された義教の御内書（「足利義教御内書案」本願寺〈西本願寺〉所蔵「足利将軍御内書并奉書留」所収文書）には、「国々　御判幷びに安堵の御判御拝領の事に就き、太刀一腰・千疋を送り給わり候、祝着に候、よって太刀一腰これを進らす」と記されており、義教は信重（武田殿）に対して、「国々御判」（守護補任を命じる御判御教書）および「安堵の御判」（所領の安堵を認める御判御教書）を拝領した礼として、太刀一腰と千疋（十貫文）を贈られたことを謝し、太刀一腰を下賜している。ここに、信重は応永三十年（一四二三）以来、十五年ぶりで甲斐国守護に再度補任されたのである。

また、信重の甲斐帰国の実現に際しては、永享十年八月十七日付で「小笠原大膳大夫入道」（小笠原政康）宛に発給された持之の奉書（「管領細川持之奉書」東京大学史料編纂所所蔵小笠原家文書）には、「武田刑部大輔入道甲州入国の事、別して扶持を加え、忠節を抽きんじらるべきの由、仰せ下さるるところ也」と記されており、持之が信濃国守護である政康に対して、信重の甲斐入国を支援して忠節を尽くすよう命じる義教の意向を伝えている。

さらに持之は、信濃国人の諏方氏に対して、「武田甲州入国合力の事、以前御教書をもって仰せ付けられ候、その子細申し付けらるべく候」と記した文書を発給し、「武田」（信重）の甲斐入国への支援を命じる義教の御教書を踏まえて、子細を指示している（「細川持之書状追而書」東京大学史料編纂所所蔵　小笠原家文書）。

一方、義教も同年と推定されている十月四日付で「跡部掃部助」宛に発給した御内書

（「足利義教御内書案」本願寺〈西本願寺〉所蔵「足利将軍御内書幷奉書留」所収文書）の中で、「今度武田刑部大輔入道入国の事、併せて計略を廻らさるるにより無為に候か、尤ももって神妙の由仰せ出され候」と述べているように、跡部掃部助が信重の甲斐入国に際し、計略を廻らして無事に入国を実現させたことを賞している。

このように、信重の甲斐帰国は、義教や持之による信濃国守護小笠原氏や甲斐・信濃両国の国人等への支援命令によって実現したものであった。このことからも、信重の甲斐帰国が幕府による鎌倉府への対策において、重要な要素となっていたことがうかがわれる。

この結果、信重の甲斐帰国は、幕府首脳の主体的な支援を踏まえて実現した一方、幕府・鎌倉府間の緊張関係の高まりへの配慮から、その実現に至るまでに長期間に及ぶ歳月を要した。こうして、甲斐守護家として断絶の危機に瀕した甲斐武田家が、幕府および国人層の共通利害を踏まえた支持を基盤として存続することが可能となったが、この状況を克服し、自立した政権の基盤を確立するためには、十六世紀前半の武田信虎（のぶとら）期に至るまでの歳月を要したのである。

戦国大名甲斐武田家の興亡

戦国甲斐国の幕開け

本節では、永享の乱により武田信重が甲斐国への帰国を実現して以降、孫信昌および曽孫信縄が戦国の乱世に臨むまでの間を対象として、十五世紀後半の甲斐武田家が同国の守護家として再生していく過程を探る。

嘉吉の変とその後の状況

前節で考察した通り、幕府が主導した武田信重の甲斐帰国計画は、信重自身の慎重な意向と、室町幕府・鎌倉府間の緊張関係への配慮から長期間に及んだものの、永享十年（一四三八）八月から翌年二月にかけての永享の乱を機にようやく実現するに至った。しかしながら、鎌倉公方足利持氏の滅亡により甲斐帰国を果した信重には、次なる合戦として、永享十二年（一四四〇）三月から翌嘉吉元年（一四四一）四月にかけて、結城氏朝が持氏の遺児春王丸・安王丸を擁立して下総国結城城（茨城県）に挙兵した結城合戦への参陣が将軍足利義教より命じられたのである。

結城合戦に臨んだ信重の状況については、永享十二年十月十五日、仙波常陸介が「伊勢守」（伊勢貞国）に対して、結城合戦に参陣した大名の状況を報告した申状（「仙波常陸介申状写」、東京大学史料編纂所所蔵「関東合戦記」所収文書）から、その一端を垣間見ることができる。この史料には「武田申す事甲州御敵現形の事に候、去る程に少々暇を請わず罷り下る人等候、当勢落時はしかるべからず候哉、毎事申し談じ候間、同心に忠節致すべく候由申さる」と記されており、信重は、甲斐国の武士の中から、自らに暇を請わずに帰国する者等もいるが、厳しく禁じているため、同心して忠節を致すことを表明している。信重に率いられて参陣した甲斐国の武士の中には、信重の指示に従わず独自の行動をとる者もいたのである。

それでも、信重はこの合戦に積極的に臨んだらしく、翌嘉吉元年、足利義教は信重からもたらされた去年十二月十二日および本年今月一日の合戦の報告を踏まえ、「御感」（感状）と「御教書」を送付するとともに、「手負注文」に証判を加えている（「足利義教御内書案」、本願寺〈西本願寺〉所蔵「足利将軍御内書幷奉書留」所収文書）。史料中に、委細は「曽禰三河入道」より伝達するとあることから、信重は合戦状況の報告のため、曽禰三河守を京都に派遣したのであろう。

そして、嘉吉元年四月二十六日、足利義教は信重に対して、「結城館」を去十六日に陥落させた注進が同二十日に到来し、報告を受けた旨を伝え、討死した者の注文に対して「御感」（感状）を追って発給すること、また首級を早く進上することを指示した（「足利義教御内書案」、本願寺〈西本願寺〉所蔵「足利将軍御内書并奉書留」所収文書）。この際も、義教は詳細を「曽禰」が報告する旨を伝えており、曽禰三河守が幕府と信重との間を調整する役割を継続して果たしていたことがうかがわれる。

嘉吉の変が起きたのは、その約二か月後の六月二十四日であった。将軍足利義教が播磨国守護赤松満祐の子教康の邸宅にて開かれた祝宴の席で、諸大名の居並ぶ中、満祐・教康父子の謀略によって殺害され、幕府は大混乱に陥った。

将軍暗殺の報は、難を逃れた管領細川持之によって、上杉憲実・上杉清方・上杉持朝・千葉胤直・小山持政・宇都宮等綱・佐竹祐義・土岐持益・小笠原政康・上杉持房・岩松家純・上杉治部少輔と連名の宛所として、六月二十六日付で武田信重にも届けられた（「細川持之書状案」、本願寺〈西本願寺〉所蔵「足利将軍御内書并奉書留」所収文書）。彼らは結城合戦の戦後処理により在陣中であったのであろう。持之は各自同心して出陣し、離脱することのないよう指示している。

こうして、永享の乱を経て甲斐国への帰国を実現した武田信重は、嘉吉の乱において最大の後ろ盾であった将軍足利義教を失った。同年九月三日、信重は武田一族の「大井殿」および「栗原殿」を供にして高野山成慶院に参詣し、義教（普光院御所様）の供養のために塔婆を造立している（「武田御日牌帳」高野山成慶院蔵）。

その後の信重は、管領を務めた細川京兆家の持之・勝元父子や、勝元を後見した叔父（持之弟）の細川持賢（細川典厩家）の支援を受けて、信濃国守護の小笠原政康との連携により、甲斐国守護として歩み出すことになる。それは、永享の乱以前から信重を支える枠組みとして引き継がれていた。

しかしながら、十五世紀半ばには、信重と甲斐武田家にとって甲斐国の内外に動揺が広がる事態に直面する時期を迎えた。この時期の信重の活動がうかがわれる「細川持賢書状」（東京大学史料編纂所所蔵　小笠原家文書）を紹介しよう。

信州の事に就き、御註進の趣、委細披露せしめ候おわんぬ、そもそも小笠原大膳大夫方の事、是非無き次第に候、殊に力を落とされ候御心中察し存じ候、然りといえども忠節の至り、感じ思し召され候、よって遺跡幷びに守護職等の事、六郎方に仰せ付けられ候、その旨御存知あるべく候、巨細なお清左近将監申すべく候、恐々謹言、

五月四日　沙弥道賢（花押）

謹上　武田刑部大輔殿

これによると、文安三年（一四四六）と考えられる五月四日、「沙弥道賢」（細川持賢）が「武田刑部大輔」（武田信重）に対して、信濃国における「小笠原大膳大夫」（小笠原宗康）の討死を報じた信重の注進を将軍に報告したことを伝えるとともに、宗康の遺跡と守護職の継承が「六郎」（小笠原光康）に認められたことを周知している。

すなわち、信重は、縁戚関係（従兄弟の子）にある小笠原政康の子宗康・光康兄弟を支え、小笠原持長（宗康兄弟の従兄弟）を支持した畠山持国と対抗する細川勝元・持賢と連携していた。甲斐帰国の際に政康の扶助を受けた信重は、細川京兆家の意向を踏まえて、今度はその遺児たちを支援して、信濃国の国内情勢に関与する立場となったのである。

信重・信守の死と享徳の乱の影響

信濃国において小笠原宗康・光康兄弟を支援してから五年後の宝徳三年（一四五一）十一月二十四日、信重は甲斐国で没した（『一蓮寺過去帳』）。近世甲斐国の地誌『甲斐国志』には、信重の死について、前年の宝徳二年に居館である小石和館（笛吹市）を小山城（同）の穴山伊豆守に奇襲されて自害したという伝承が記されている。その跡を嫡子の信守が継いだものの、さらに四年後の享徳四年（一四五五）五月十一日、信守も信重を追うように息を引き取った（同）。

永享の乱を期に、守護に復帰した甲斐武田家当主の相次ぐ死去は、甲斐国内に再び混乱を呼び起こした。『一蓮寺過去帳』によると、長禄元年（一四五七）十二月二十八日には

図27　15世紀後半の関東情勢（地図）

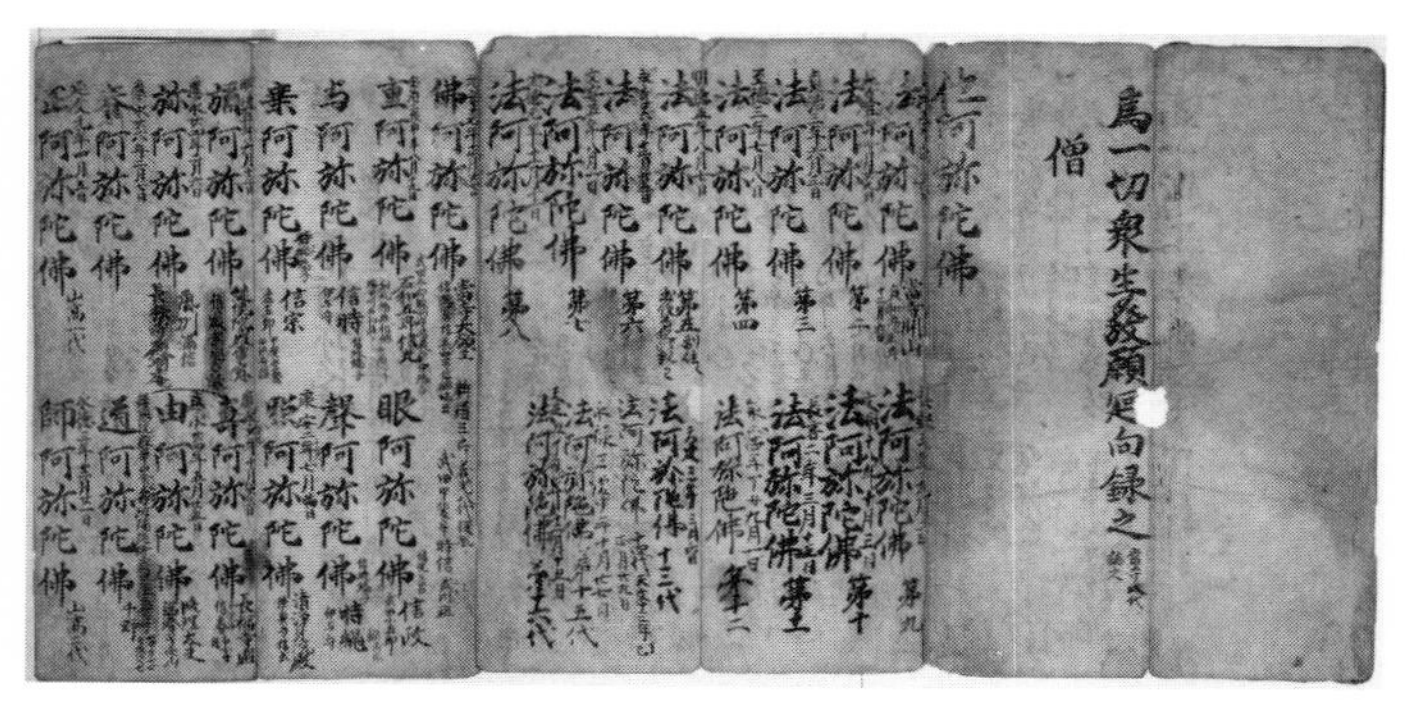

図28　一蓮寺過去帳のうち僧帳（一蓮寺蔵，山梨県立博物館提供）

小河原合戦と馬場合戦、また長禄二年（一四五八）正月八日にも合戦があり、討死した者が供養されている。なお、『塩山向嶽禅庵小年代記』にも、同年十二月二十八日に向嶽庵（後の向嶽寺）の檀那であった「春益」（吉田春益）が二十歳で討死したと記されている。

一方、甲斐国内が混乱に陥っていた同時期に、関東では大きな戦乱が勃発していた。文安六年（一四四九）、持氏の子である足利成氏が幕府に許されて鎌倉公方となり、鎌倉府体制が復活していたが、享徳三年（一四五四）、成氏が関東管領の山内上杉憲忠（憲実の子）を鎌倉で謀殺したことをきっかけに、関東の大名等は成氏派と山内上杉・扇谷上杉派に分かれて争った。すなわち、享徳の乱の勃発である。この戦乱は、両上杉を支援する幕府をも巻き込み、文明十四年（一四八二）に将軍足利義政と成氏が和睦（都鄙合体）するまで、実に二十八年間の長期に及んだ。この間、幕府の指示を受けた駿河国守護今川範忠の侵攻で鎌倉が制圧され、成氏は下総国古河（茨城県）に拠点を移した一方（古河公方）、義政の兄弟である政知が新たな公方として伊豆国（静岡県）まで下向するなど（堀越公方）、関東の政治情勢に大きな影響を及ぼした（峰岸純夫『享徳の乱　中世東国の「三十年戦争」』）。

ところで、享徳の乱の勃発から四年後の長禄二年八月十五日、京都では将軍足利義政が、安国寺に入寺した有良を陸奥・出羽両国、また真如寺に入寺した宗真を甲斐・信濃両国への使者に、それぞれ補任した（『蔭凉軒日録』）。この一か月後の九月六日付で、管領細川勝元を後見する細川持賢（沙弥道賢）が、木曽宮俊に対して、「甲州・信州軍勢出陣催促」のため、使者として宗真西堂を京都より派遣するので、路次の警固をするよう指示している（「細川持賢書状」、東京大学史料編纂所所蔵　小笠原家文書）。宗真が甲斐・信濃両国に軍勢の出陣を催促する使者として派遣されたことを踏まえると、同時に陸奥・出羽両国への使者に任じられた有良も、軍勢催促を目的としていたと判断される。

すなわち、長禄二年九月の軍勢催促は、甲斐・信濃・陸奥・出羽の各国に指示されており、関東に北と西から向かい合う鎌倉府管国の周辺に及んでいる。この軍勢催促は、享徳の乱に際して、幕府が成氏を追討することを目的に行われたのであろう。

また、先述したように、宝徳三年（一四五一）および享徳四年の武田信重・信守父子の没後、長禄元年から翌二年にかけて、甲斐国内の紛争が相次いで発生していたことも、享徳の乱と無関係ではあるまい。甲斐国を含む鎌倉府管国における支配体制の混乱と動揺が、甲斐国内外で紛争を引き起こす原動力となったのである。

武田信昌の登場と跡部景家の滅亡

信守の没後、甲斐武田家の家督を継承したのは、子の伊豆千代丸であった。その登場は、寛正四年（一四六三）三月二十四日、伊豆千代丸が「細河右馬頭」（細川持賢）を通して、乾受の臨川寺公文職補任を幕府に願い出たことを初見とする。同月二十八日、この願いは将軍義政によって了承されたという（『蔭凉軒日録』）。

　この伊豆千代丸が元服して、武田五郎信昌（一四四七～一五〇五）を名乗る（初名を信長とする説もある）。仮名の「五郎」は、鎌倉時代前期の先祖である武田信光（石禾五郎）に由来しており、信昌以降、子信縄・孫信虎に受け継がれた。幼くして甲斐武田家の家督を継承し、その再生を託された信昌は、甲斐国における武田氏の由緒を強調することにより、甲斐武田家当主としての自らの正統性を主張したと考えられる。

　翌寛正五年（一四六四）八月二十八日、「甲斐国武田五郎」（信昌）は、将軍義政生母の「勝智院殿」（日野重子）の一周忌の仏事の供養として、千疋（十貫文）の献上を申し出た。この際も「細川右馬頭殿」（持賢）を通して申次がなされたという。同年十月二十二日、持賢を通して信昌より「御仏事銭」が実際に進上されている（同）。

その後も、信昌は義政の周辺との接触の機会を重ねている。寛正六年（一四六五）三月六日、信昌が義政に献上した馬一頭が京都に到来し、六月三日には義政が持賢を介して信昌等に御剣等を下賜している（『親元日記』）。また七月八日、信昌に馬献上の礼を記した将軍義政の「御書」が用意されたという。

いずれの事例も、信昌が細川持賢を通して義政周辺との関係を構築する内容であり、祖父信重以来の細川京兆家・典厩家との関係を、信昌も活用していたことがわかる。

この時期に、信昌が義政周辺との関係構築に腐心していた理由は何か。信昌が甲斐国守護への補任を願っての行動とする見解（秋山敬「武田信昌の守護補任事情」同『甲斐武田氏と国人―戦国大名成立過程の研究―』）が示されているが、享徳四年の信守の死去以来、約十年間の長期にわたり甲斐国が再度の守護不在となっていたことを、史料上で確認することはできない。

そこで、改めて信昌が義政周辺との関係構築に動いていた事情について考えると、その答えとなりそうな記事が、『蔭凉軒日録』文正元年（一四六六）閏二月二十日条に見える。それによると、同時期における同書の執筆者である季瓊真蘂が、相国寺鹿苑院内にある蔭凉軒で宴を催していた最中に、京都に到着した織田周防守が訪れ、「甲斐国武田彼の被官の乱を対治す」について話をした。この報にその場の人々は驚愕したという。「甲斐国武田」すなわち信昌が退治した「被官」とは誰か。『王代記』には、甲申の年（寛正五年・一四六四）に「甲州」の「駿河入道」が死去し、その翌年と考えられる酉年（同六年・一四六五）に「上野守」が西保（山梨市牧丘町）の小田野城で自害したという記載がある。信昌が討った「被官」は、この上野守を指しており、跡部上野介景家に該当すると解釈されている（秋山敬「跡部氏の強盛と滅亡の背景」同『甲斐武田氏と国人―戦国大名成立過程の研究―』）。

前章で扱った通り、小笠原氏の庶流である跡部氏は、信濃国佐久郡に拠点を置いた国人であったが、上杉禅秀の乱以降、政治的混乱に陥った甲斐国に進出し、輪宝一揆に結集した甲斐国人の支持を基盤に一定の勢力を形成するとともに、武田信重の甲斐帰国に寄与するなど、同国内において大きな影響力を誇った。確証は無いものの、『武田源氏一統系図』に付された「古時覚書之写　甲斐国住根本之事」には、跡部駿河守が同国の守護代とされている。

ここで、熊野参詣の先達職の売買・譲渡に係る十五世紀の証文を見ると、応永三十一年（一四二四）六月七日、熊野三山検校の満意が、「甲斐武田幷びに一族・被官人等」を対象とした「熊野参詣先達職」の知行を、住心院に対して従来通りに認める令旨を発給している（「熊野三山検校満意令旨案」住心院文書）。

ところが、その約四十年後の寛正六年（一四六五）四月二十三日には、尊雅と玄猷が「甲州三家先達職」の売買に際して、山伏特に門徒頭の地位を従来同様とすることを「弁僧都御房」（厳尊）に伝えている（「尊雅・玄猷連署書状案」住心院文書）。この先達職については、文明元年（一四六九）七月二十三日、厳尊が住心院より買得した熊野参詣先達職を弟子の上野公宗秀に譲渡しているが、その内容を伝える証文には、「譲与す、甲斐国武田・辺見・跡部一家・被官・地下人等、熊野参詣先達職の事、右檀那は久しく住心院殿様御知行の在所也、しかりと雖も厳尊僧都これを買得す」と記されている（「厳尊先達職譲状案」住心院文書）。

これによると、「武田・辺見・跡部一家・被官・地下人等」を対象とした熊野参詣先達職は、長期にわたり住心院の所有であったが、これを厳尊が買い取って入手していたという。したがって、寛正六年の文書に見える「甲州三家先達職」とは、文明元年の文書に見える「甲斐国武田・辺見・跡部一家」に該当する。すなわち、応永三十一年から約四十年間の歳月を経て、まさに信昌が景家を討った寛正六年の段階で、跡部氏は足利持氏の支援を受けた逸見有直の一族とともに、守護である甲斐武田家の一族や被官とは異なり、その家中には属さず、むしろ同家と肩を並べる存在として見做されていたのである。

信昌が景家を討った原因について、秋山敬氏は、山梨県甲州市勝沼町上岩崎の氷川神社(ひかわじんじゃ)に伝わる寛正二年（一四六一）棟札(むなふだ)の考察を通して、岩崎郷の領主である景家と信濃国の府中小笠原氏出身と推測した惣領分代官小沢智寸との関係を踏まえ、幕府と鎌倉府、また信濃国における伊那(いな)小笠原氏と府中(ふちゅう)小笠原氏との対立と連動することを指摘し、幕府側の伊那小笠原氏（宗康・光康）—諏方氏（信満・頼満）—武田氏（信昌）対、鎌倉府側の府中小笠原氏（持長）—佐久大井氏（政光）—跡部氏（景家）という対立の図式を示している（秋山前掲書）。

秋山氏の説は、当時の甲斐国の国内情勢を、関東および隣国の信濃国の情勢の中に位置付けており、説得力のある考察である。しかしながら、小笠原持長を支援したのは、当時幕府の管領であった畠山持国(もちくに)である一方、小笠原宗康・光康を支援したのは、幕府内において持国と対抗関係にあった細川勝元・持賢であったことを踏まえると、この対立を幕府対鎌倉府という図式のみでは捉えられないだろう。

実際に幕府では、寛正六年七月二日に大井氏の被官である「阿江木越後入道」が物詣のため上洛した際に、政光が書状を託して報告してきた「甲斐国の事」について関心を示しており（『親元日記』）、幕府と大井氏との間で甲斐国の情勢について交渉が行われていた。

いずれにしろ、信重の甲斐帰国以降、甲斐武田家を守護として擁立し、その支持基盤となってきた跡部氏の当主景家を信昌が討った旨を伝え聞き、季瓊真蘂らが驚愕したように、この事件は京都の人々にとって予想外の事態であったことがうかがわれる。恐らく景家の勢力拡大を警戒した信昌が、跡部氏をあくまで甲斐武田家の「被官」として扱い、幕府の正式な了承を受けずに景家を急襲して滅ぼしたのであろう。

後年になるが、信虎（のぶとら）・晴信（はるのぶ）（信玄（しんげん））期における甲斐武田家の重臣板垣信方（いたがきのぶかた）は、天文九年（一五四〇）三月に宇多田（うただ）（山梨市歌田）の内で一段の土地を向嶽庵（山梨県甲州市）に寄進した。その寄進状には、「跡部鉄牛子細有り、当家御被官に怨霊を成す、（省略）かの上州愚痴心を免じ、御弔仰するところに候」と記されており、信方は景家（かげいえ）（鉄牛、上州）の怨霊が甲斐武田家の被官を悩ますことを鎮めるために土地を寄進するとともに、当時の甲斐武田家当主である武田信虎の指示により、景家の菩提を弔うよう向嶽庵に伝えている（「板垣信方寄進状」向嶽寺文書）。景家の滅亡は、甲斐武田家の家中において世代を越えて記憶されるとともに、動揺をもたらす原因として認識されていたことがうかがわれる。

こうした後世への影響の一方、信昌にとって現実的な脅威として、跡部氏に加担した信濃国の勢力による甲斐国への侵攻が、景家の滅亡後に繰り返された。『王代記』によると、文明四年（一四七二）四月二十二日に信濃勢が甲斐国に乱入し、五月四日に「おばね」の城において逸見一族が自害した。また九月十二日にも信濃勢が侵攻したという。この信濃勢については、『勝山記』文明四年条に「甲州花取り山に信州の大熕[井]殿合せん（戦）、五月廿日」と記されていることから、信濃国佐久郡の大井政光の軍勢を指すと考えられる。この時、政光は逸見一族を攻めた後、国中地域の奥深くまで侵攻し、花鳥山（笛吹市）で合戦となったという。政光は景家と連携していたことから、景家の滅亡後も信昌との交戦が続いていたのであろう。なお、信濃勢による侵攻は、文明九年（一四七七）四月から五月にかけても記録されている（『王代記』）。

甲斐国内外の領主間の抗争による政治的な混乱は、再び土豪層の台頭を招いた。『王代記』には、文明十四年（一四八二）十月に「甲州地下一揆起こる」、翌十五年二月に「一揆の人々討死」と記されており、甲斐国で「地下」（土豪）による一揆が勃発し、その四か月後に一揆の人々が討死を遂げ、鎮圧されたことがうかがわれる。前節で触れたように、甲斐国では応永二十五年（一四一八）二月に「地下一族」が蜂起し、守護の武田信元を追放する事態が生じたが、統治者側の抗争が起こると、その間隙を突くように「地下人」と称された土豪層が一揆を結成して、歴史上に登場してきたのである。

このように、混乱状況が続いた甲斐国であったが、この記事を最後にして当面の間、国内における抗争がうかがわれる史料は見られなくなる。跡部景家を支持して甲斐国に侵攻した信濃勢を撃退し、地下一揆を鎮圧することに成功した信昌の下で、ようやくにして甲斐国内の政治的な安定を取り戻したのであろうか。『鏡心日記』文明十六年（一四八四）九月十九日条には、「甲州武田穴山殿」が「伊豆狩野殿」の同行により、「寺家」（称名寺）を訪問したことが記されている。この「甲州武田穴山殿」とは、信昌の姉の夫であり、河内地域を支配するとともに、信昌の居館がある川田（甲府市）に居住していた穴山信懸を指すと考えられている（秋山敬「穴山信懸の生涯と事蹟」同『甲斐武田氏と国人の中世』）。また、信懸に同行した伊豆国の狩野氏は、関東管領かつ伊豆国守護の山内上杉顕定の被官であった。

信懸による称名寺（横浜市）訪問の目的は判然としないが、文明十四年十一月に前将軍足利義政と古河公方足利成氏との間で和睦が成立し（都鄙合体）、享徳の乱が収束したように、関東の政治情勢が一時的に安定を取り戻した際に、顕定の承認によって信懸の遠行が実現したのであろう。

その後、信懸は文亀三年（一五〇三）に「駿河国主」の今川氏親から『太平記』を借用し、さらに自らと親交のあることを公言している当時の「伊豆之国主」である「早雲庵宗瑞」すなわち伊勢宗瑞（北条早雲）からも精緻な写本を借用して『太平記』の写本を完成させており、氏親・宗瑞と独自の関係を築くとともに、文芸に高い関心を寄せていた。

いずれにしろ、この時期は甲斐国においても、信昌を支援した信懸が同国を離れて遠行することが許される状況となっていたのである。

また、文明十九年（一四八七）には、本山派修験の聖護院門跡である道興が甲斐国を訪問し、「山伏」の「花蔵坊」（山梨県笛吹市）に滞留していたところ、信昌（武田刑部大輔）が挨拶に訪れ、さらに「宿所」（信昌の川田館）では憚りがあるので、「祖母の比丘尼の寺」に道興を招いて接待したという（『廻国雑記』）。信昌にとっては「地下一揆」鎮圧後の政治的に安定した時期における出来事であった。

なお、川田館は、孫の信虎が永正十六年（一五一九）十二月に甲府に本拠を移すまで、三代にわたり甲斐武田家の居館となっており、笛吹川を挟んで対岸の石和は、治承・寿永内乱期に先祖の武田信光が拠点とした石禾御厨の故地であるとともに、市町として発展を遂げていた。十五世紀末における甲斐武田家の本拠は、川田館周辺の家臣居住地と石和の市町とを結んだ複合的な城下町であったことが指摘されている（数野雅彦「甲斐における守護所の変遷」金子拓男・前川要編『守護所から戦国城下へ　地方政治都市論の試み』）。

「甲州乱国」の始まり

文明十五年（一四八三）二月の地下一揆鎮圧から七年後、再度甲斐国内で紛争の火の手があがった。『王代記』によると、延徳二年（一四九〇）九月十六日に穴山家と大井家との間で合戦が勃発したという。河内地域の穴山家および西郡の大井家、ともに武田氏庶流で隣接する支配圏を持っていた国人間で紛争が発生したのであろう。

しかしながら、事態は更に複雑であった。『王代記』によると、明応元年（一四九二）九月には「駿河衆」が甲斐国へ侵攻したが、同年に甲斐国では「兄弟相論」が起こり、七月二十二日に「一河」（市川）で合戦があったという。この「兄弟相論」とは、川田館から万力郷に移った信昌の嫡子信縄（?～一五〇七）と、その弟信恵との間の紛争を指している。『塩山向嶽禅庵小年代記』には、同年六月十三日に「国中大乱」が発生し、九月九日に「駿州勢」が侵攻したと記されていることから、信縄・信恵間の紛争が発生したのは六月十三日で、七月十二日には市川で両者の合戦があり、その混乱の最中の九月九日に駿河国の軍勢が甲斐国に侵攻したことになる。秋山敬氏は、今川氏親と関係を持っていた穴山信懸の要請により、信縄を支援するための派兵であったことを指摘している（秋山敬「穴山信懸の生涯と事蹟」同『甲斐武田氏と国人の中世』）。この一方、家永遵嗣氏は、信縄と信懸が対立しており、駿河国の軍勢は信懸を支援し、信縄を敵としていたことを考察している（家永遵嗣「甲斐・信濃における『戦国』状況の起点―秋山敬氏の業績に学ぶ―」）。

『一蓮寺過去帳』には、「宣阿弥陀仏　延徳四壬子　大津芸州　七月廿二日打死」に続き、「同打死」として十一名の名前と時宗の阿弥号が記されているとともに、「教阿弥陀仏　延徳四壬子　上条殿打死　九月三日」および「宣阿弥陀仏　延徳四壬子　諏方矢ヶ崎打死九月三日」との記載がある。彼らは、延徳四年（明応に改元）七月の「一河合戦」と同年九月の「駿河勢乱入」において討死した者ではないだろうか。また、「諏方矢ヶ崎」とあるように信濃国の軍勢も関与していた。

この信縄・信恵兄弟の紛争勃発について、『勝山記』延徳四年（明応元年、一四九二）条には、「此年六月十一日、甲州乱国に成り始めて候也」と記されており、甲斐国の人々が「乱国」の始まりと認識していたことがうかがわれる。さらに翌明応二年（一四九三）条には、「此年甲州もっての外に物忩也、惣領度々合戦負けたまふ」とあり、甲斐国は想定外に物騒で「惣領」（信縄）が度々合戦で敗北したという。『王代記』によると、同年四月八日に塩後原（しおごはら）（甲州市）、また十一月に小松（甲府市）で合戦があり、さらに同年には八代（やつしろ）（郡）でも合戦があったことが記されているが、これらの合戦で信縄が敗北したのであろうか。

信縄・信恵兄弟は、甲寅（明応三年、一四九四）三月二十六日にも合戦し、今度は信恵が敗北して「大蔵ノ大輔」（今井信乂（のぶかた））および「山中殿」が討死した（『勝山記』）。『一蓮寺過去帳』には、「眼阿弥陀仏　甲寅三月　大蔵大輔殿　廿六日　打死」を含めて、同日に五名の討死が記録されており、この合戦における犠牲者の供養と見て間違い無いだろう。

ところで、甲斐国で「兄弟相論」が繰り広げられている間、その周辺では大きな政治変

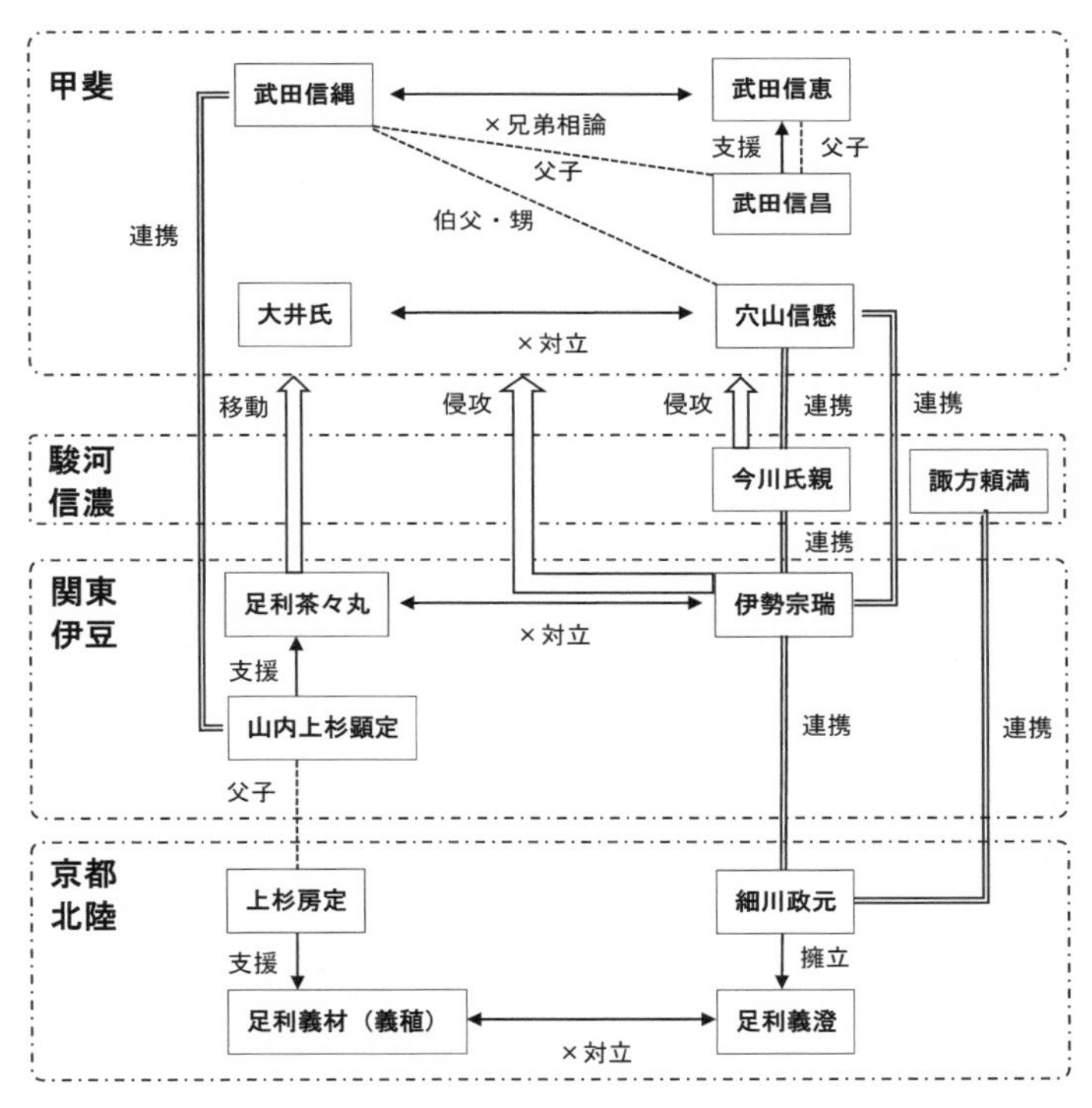

図29　明応の政変関係図

動が起きていた。『勝山記』によると、「明応元辛亥」（実際に辛亥は延徳三年・一四九一）、「北条ノ御所」（堀越公方足利政知）が死去し、その二年後の明応二年（一四九三）には、駿河国より伊豆国への侵攻があったという。伊勢宗瑞による政知の遺児足利茶々丸攻撃である。その結果、明応四年（一四九五）、「御所」（茶々丸）が「島」に逃亡し、さらに八月になると、伊豆国より「伊勢入道」（宗瑞）が甲斐国に侵攻して籠坂峠に着陣したが、和睦が成立して撤退した。さらに明応五年（一四九六）、「北条ノ君」（茶々丸）が武蔵国から甲斐国都留郡吉田郷の正覚庵に移っている。

このように、伊豆国を追われた足利茶々丸、およびそれを追討する伊勢宗瑞が相次いで甲斐国に出向いていることは注目される。家永遵嗣氏は、延徳四年（明応元年、一四九二）に始まった武田信昌・信縄父子の対立を、翌明応二年に起きた「明応の政変」と呼ばれる、細川政元が将軍足利義稙追放・足利義澄擁立を図った政変と関連付け、堀越公方家の足利茶々丸、北条早雲（伊勢盛時・早雲庵宗瑞）、今川氏親、関東管領上杉顕定、諏方頼満、小笠原貞朝、穴山信懸の政治的・軍事的動向を踏まえて考察し、茶々丸を支援した顕定と連携した信縄に、早雲や氏親と連携した信昌・信懸が反発したことを指摘している（家永前掲論文）。

すなわち、畿内・東国の政治情勢の変化が甲斐国にも及んできて、「兄弟相論」や先述した国人の穴山・大井両家の紛争と結び付いた結果が、「甲州乱国」または「国中大乱」と呼ばれる大規模な紛争へと発展したと言えよう。

この「甲州大乱」の中核となった「兄弟相論」は、明応七年（一四九八）に突如終焉を迎えた。『勝山記』には、「八月廿五日辰剋に大地震動して、日本国中堂塔乃至諸家悉く頽れ落ち、大海辺りは皆々打浪に引かれて伊豆の浦へ悉く死に失す」という明応東海地震の被害状況に続いて、「武田親子此季和睦したまふなり」と記されている。これは、大規模地震の被害発生をきっかけにして、「兄弟相論」の当事者である信縄と、信恵を支援した父信昌との間で和睦が成立したことを意味している。信縄の伯父である穴山信懸が、文亀三年（一五〇三）に今川氏親から借用した『太平記』を底本に書写した今川本『太平記』には、信懸が自身を指して「当国主之伯父」と表記しているが、信縄が正式に甲斐武田家の家督と一体となった甲斐国の統治者を表す甲斐国主の地位に就いたことがうかがわれる。

また『王代記』には、「同（明応）七年戊午八月、伊豆の御所腹切たまへり、伊勢早雲御敵にて」と記されており、くしくも大地震発生と同じ同年八月に足利茶々丸が伊勢宗瑞により滅亡したことが伝わっている。したがって、十五世紀末の「甲州大乱」は、ひとまず明応七年をもって収束したと言えるのではないだろうか。

しかしながら、甲斐国外からの侵攻は、その後も引き続き繰り返された。『勝山記』によると、文亀二年（一五〇二）九月十八日（『勝山記』には文亀元年壬戌条に記されているが、壬戌は文亀二年に該当）には、伊豆国より「早雲入道」（伊勢宗瑞）が侵攻したが、国中の軍勢が吉田城山と小倉山に陣を置き包囲したため、交戦すること無く十月三日に撤退したという。文亀三年の時点で信縄と和睦していた穴山信懸と宗瑞が親交を結んでいたにもかかわらず、明応の政変の余波は未だ収まっていなかったのである。

この一方、『塩山向嶽禅庵小年代記』によると、禅宗の向嶽庵（甲州市）では、文亀四年（一五〇四）に甲斐国守護の武田信昌・信縄父子の判形により、俗徒による干渉無く以前の法度に従い境内を維持することを定めた旨の記載がある。この法度に該当するのが、二月二十八日付の信昌・信縄の連署状であるが、それには「継統院・成就院の掟の如く、庵中に対し奉り、俗徒一事その綺を成すべからず候」と記されており、信昌・信縄は先祖の武田信成（継統院）・信重（成就院）が制定した向嶽庵の法度の継承を重視していたことがうかがわれる（「武田信昌・同信縄連署寺中法度」、向嶽寺文書）。また、その前日である二月二十七日付で家臣の楠浦昌（甫）勝に宛てて送った信縄の書状には、「この一儀に限らず、落合御前をさしおき、その刷を成すべき事、遠慮致し候、何ヶ度も落合へ御侘言しかるべく候」と記されており、隠居後に川田を離れ、落合（山梨市）に居を定めていた信昌の同意を踏まえることにより、信縄は慎重に甲斐国の政務を進めていたことを読み取れる

（「武田信縄書状」、向嶽寺文書）。

すなわち、明応七年（一四九八）に成立した信昌・信縄の和睦が、文亀四年段階も表面上は維持されており、寛正六年（一四六五）の跡部景家滅亡から、明応元年（一四九二）の「甲州乱国」へと三十三年間に渡って繰り広げられた甲斐国内の内乱は、一定の収束を迎えていた状況を垣間見ることができる。

この間、室町幕府によって規定された甲斐国の統治体制は消滅し、親族の穴山信懸や奉行人の曽禰昌長、楠浦昌勝ら、信縄の子信虎の代まで甲斐武田家を支えた新たな体制が構築された。信昌・信縄期は、甲斐武田家が守護家として再生する過程で、戦国大名として展開する基盤が作られた時期であったのである。

その状況を見届けたのか、永正二年（一五〇五）九月十六日に五十九歳で信昌が死去すると、さらにそれから二年後の永正四年（一五〇七）二月十四日、信縄もその後を追うように死去した（『甲陽日記』、『塩山向嶽禅庵小年代記』）。十五世紀末の甲斐武田家を担った信昌・信縄父子の死によって、甲斐国の戦国時代はまた新たな段階を迎えるのである。

武田信虎と甲斐国の統一

家督継承をめぐる紛争

戦国時代、他国衆の干渉を排除するとともに国衆等を支配下に置くことを通して、甲斐国を統一し、武田氏を戦国大名へと発展させたのが、武田信虎（一四九四または一四九八〜一五七四、初名信直、本節では信虎に統一する）である。信虎については、子の晴信（信玄）に関心が寄せられる反動から、これまで晴信によって駿河国に追放された経緯にもっぱら注目が集まっていたが、近年には甲斐武田家の戦国大名化を実現した信虎の事蹟にも高い関心が注がれている（平山優『武田信虎　覆される「悪逆無道」説』）。本節では、信虎を武田一族の歴史の中に位置付け直し、由緒の継承や権威の向上の視点から、信虎の活動を考えたい。

まずは、信虎による甲斐国統一の過程をたどってみよう。信虎は、明応三年（一四九四）乃至同七年（一四九八）の生まれとされているが（秋山敬「武田信虎の生年について」同『甲斐武田氏と国人の中世』）、永正二年（一五〇五）九月十六日に祖父武田信昌、また同四年（一五〇七）二月十四日に父信縄が相次いで死去し、数え年で十歳程であった信虎が家督を継承した時、彼の前には、かつて信縄と争った叔父の武田信恵との抗争が待っていた。

『勝山記』によると、信縄死去の翌年にあたる永正五年（一五〇八）十月四日、「武田八郎殿」（信恵）と子の弥九郎・珍宝丸が討たれた。また『甲陽日記』によると、同日に「油川彦八郎」（信恵）とともに「四郎」（武田縄美）が自害したとある。そして『一蓮寺過去帳』には、同日に「武田彦八郎殿」（信恵）、「栗原惣次郎」（昌種）、「武田四郎殿」（縄美）、「河村左衛門尉」、「武田弥九郎殿」、「同清九郎」、「ヲチンホ」（御珍宝丸）が死去したことが記されており、信昌・信縄の死と信虎の家督継承を機に、信恵一人に限らず岩出家・栗原家といった武田氏庶流の間に、多くの犠牲者が生じたことがわかる。

図30　絹本著色武田信虎像
（大泉寺蔵，山梨県立博物館提供）

さらに、信恵の滅亡は、甲斐国内に大きな

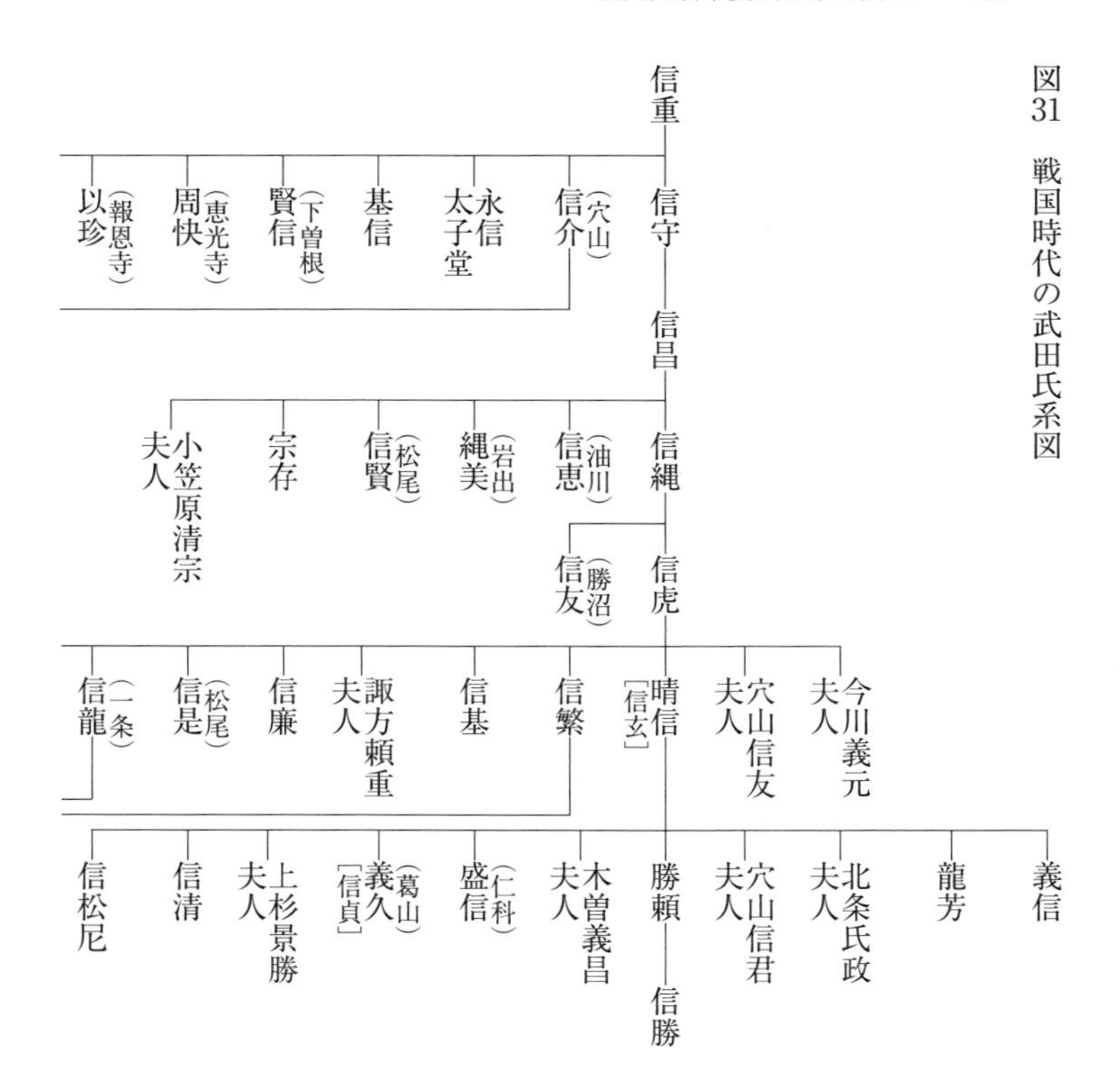

図31　戦国時代の武田氏系図

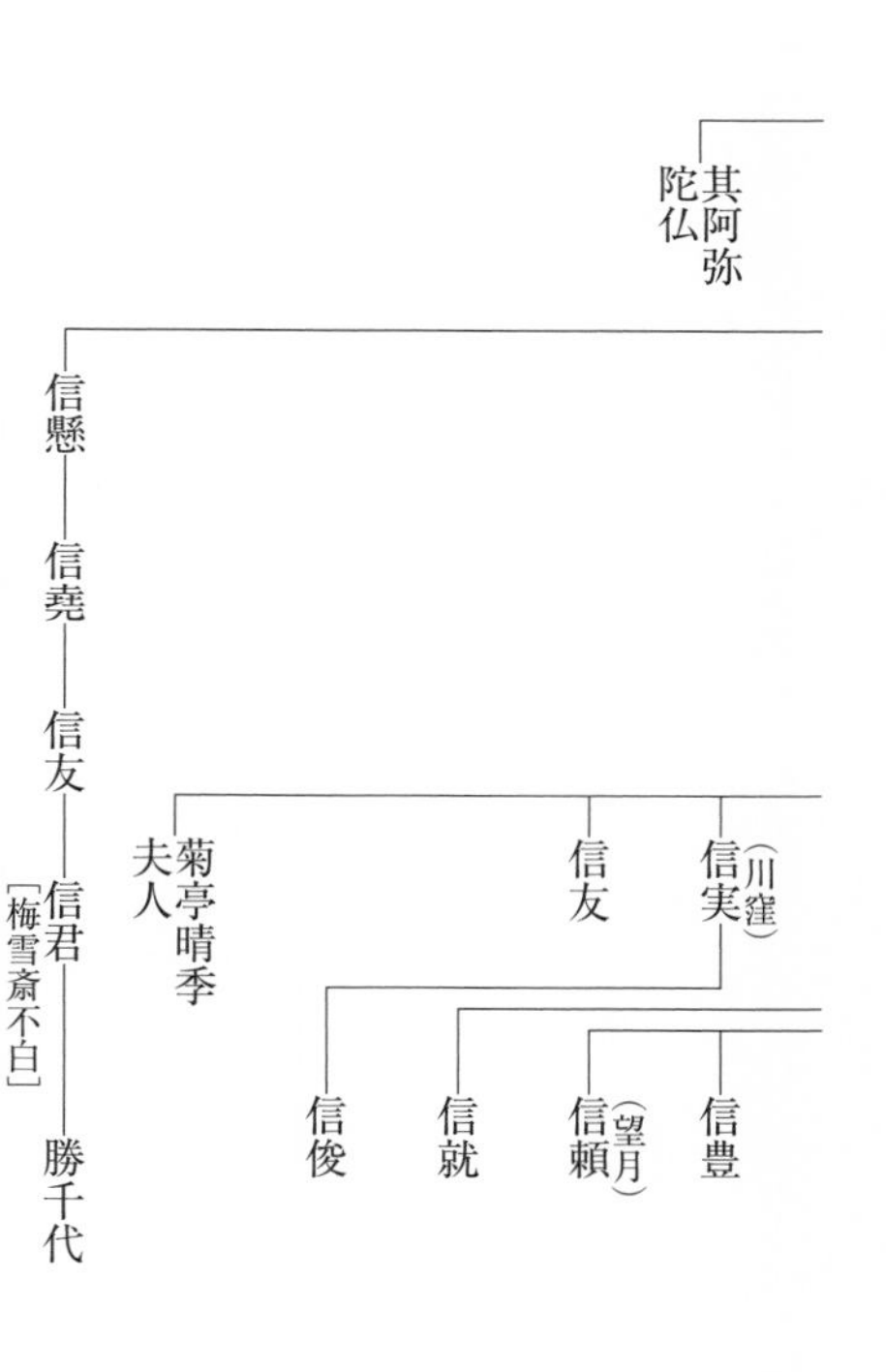

波紋を呼び起こした。再び『勝山記』の永正五年条によると、「此極月五日に国中にて合戦御座候、都留郡の人数まくるなり、小山田弥太郎との（殿）打死、同心の打死限り無し、然れば工藤殿・小山田平三殿にら（韮）山へ御出仕候、小笠（立）の孫次郎死ぬ」とあり、同年十二月五日には、この混乱を機に都留郡の軍勢が国中に侵攻したがかえって敗北し、小山田弥太郎やその同心等が討死した結果、工藤氏や小山田平三は伊豆国韮山の伊勢宗瑞（北条早雲）を頼って出仕したという。

翌永正六年の秋には、信虎の軍勢が都留郡（郡内）に侵攻し、富士山信仰の拠点である御師集落の河口を焼き討ちした後に撤退したが、十二月に「下の険断殿」（下検断）と吉田の要書記が討たれるという被害が生じた（『勝山記』）。『一蓮寺過去帳』には、「永正五己巳」（己巳は翌六年）十二月二十四日に武田平三・侍者源三・武田上条彦七郎・亀千代が討死したと記されており、彼らは『勝山記』に記された国中勢の郡内侵攻における死没者と推測される。

信虎に従った国中地域（甲府盆地周辺）の軍勢による郡内地域への侵攻は、永正七年（一五一〇）の春に和睦が成立するまで続いたが、甲斐国内の不安定な政治状況は更に広がり、永正十年（一五一三）には、河内地域（駿河国に接する富士川流域）を支配するとともに、信昌以来の甲斐武田家の本拠であった川田（甲府市）に居住していたとされる「穴山道義入道」（穴山信懸）が子息の清五郎によって討たれている（『勝山記』）。信懸は信虎の父信縄の伯父にあたり、信恵との抗争では信縄・信虎を支持する立場であったが、独自に北条・今川両氏とも盟友関係を結んでいたことが影響し、信懸の強大化を恐れた信虎の策謀により、殺害されたことが指摘されている（秋山敬「穴山信懸の生涯と事蹟」同『甲斐武田氏と国人の中世』）。

信虎は、母桂岩妙昌大姉の実家である岩下越前守の所領下岩下村（山梨県笛吹市）で誕生したと伝えられているが（『甲斐国志』）、その後の居所は定かではない。しかしながら、翌永正十一年（一五一四）には信虎の居館が「河田」に設けられており（『王代記』）、信懸の影響を排した後に信虎の川田移転が実現したと考えられる。

そして、永正十二年（一五一五）になると、事態は更に動き出す。『勝山記』によると、この年の十月十七日、甲斐国西郡（にしごおり）を支配する武田一族の大井信達（おおいのぶさと）と信虎との合戦が勃発した。この時、信虎方の軍勢が多数を占めていたが、大井家の城の地理を知らず、城の周囲の深田に馬を乗り入れて身動きが困難となり、小山田大和守以下二十騎のほか、一、二百人程、討死する者が続出したという。

さらに、信虎の敗戦を踏まえて、大井信達と連携した今川氏の領国駿河国から甲斐国へと通じる諸街道の封鎖が行われ、気候不順も相まって不作となり飢饉が発生したらしい。また、駿河国の軍勢が侵攻した結果、戦乱は甲斐国の各地に広がり、翌永正十三年（一五一六）九月二十八日には万力（まんりき）（山梨市）で合戦があり、八幡山・松本・七覚（しつかく）等の各所が焼亡したという（『王代記』）。この合戦では、扇山（おうぎやま）（甲州市塩山）にあった信虎方の陣が突破されたため、信虎は「黒林寺」（恵林寺）に籠城し、翌春に帰陣したことが伝わっている（『甲陽日記』）。なお、内藤和久氏は、扇山を万力に近い兜山（かぶと）（笛吹市）と推定し城郭遺構を確認している（内藤和久「『扇山破レ』と恵林寺山・御前山・兜山の城郭遺構」）。

結局、この年は、信虎と信達、また侵攻した駿河国の軍勢との紛争は終息せず、郡内地域周辺も戦場となり、他国からの路次封鎖が継続した。この結果、地下衆は河口湖に浮かぶ鵜の島に避難して越年したという（『勝山記』）。

国衆の統合と甲府移転

翌永正十四年（一五一七）になると、事態に変化が見られた。『勝山記』によると、郡内地域では、正月一日に小林尾張入道が荒倉（富士吉田市）に出陣し、二日より城攻めを激しく行った結果、正月十二日夜には侵攻した他国の軍勢が撤退して勝利を収め、これにより「吉田」と他国との和睦が成立した。吉田のある都留郡（郡内地域）は、信虎が本拠とする国中地域とは一定の自立を保って、他国との交渉を行っていたことがうかがわれる。『勝山記』には、翌永正十五年（一五一八）五月に、駿河国と甲斐国都留郡との間で和睦が成立し、調停役である判者人は、内野（忍野村）の渡辺式部丞、および他国から永池九良左衛門・福嶋道宗入道が務めたという。一方、国中地域では、永正十六年（一五一九）四月に収束するまで、信虎と国中地域北部の逸見を本拠とする今井（浦）信是との争いが起こっていた。

また、永正十五年から翌十六年にかけては、気候不順の影響で飢饉が発生していた（『勝山記』、『塩山向嶽禅庵小年代記』）。こうした戦乱と自然環境にともなう不安定な世相の最中、信虎は、川田に所在した甲斐武田家の居館の移転を決断した。すなわち、甲府（甲斐府中）の開創である。『甲陽日記』によると、同年八月十五日に「新府中」の造営を開始し、翌十六日には信虎自身が見分を行い、十二月二十日には移転している。この状況について、『勝山記』には「甲州府中に一国大人様を集り居りたまい候、上様も極月に移り御座候、御みたい（御台）様も極月に御移り候」と記されており、甲府に甲斐一国の大人衆を集めて居住させる、大規模な計画が短期間で行われたことがうかがわれる。

図32　武田氏館跡（甲府市教育委員会提供）

信虎が居館の移転と甲府の建設を決断した背景には、先に述べた当時の不安定な世相による政情不安を鎮静化する目的があったのであろう。

しかし、信虎による急進的な甲府の建設は、この地への集住を要求された国衆たちの反発を招いた。『勝山記』によると、永正十七年（一五二〇）五月、甲府盆地東部の東郡（ひがしごおり）を拠点とした武田一族の栗原信友を大将にして、「一家国人」たちが信虎を見限り甲府を退去した。そして、同年六月八日に東郡の都塚（みやこづか）にて合戦となり、信虎方の足軽が勝利を納め、栗原氏の城を包囲したという。また、夏には西郡の大井信達が信虎に攻撃されて降伏し、さらに逸見地域の今井信是も信虎に降伏したことにより、結果的には国衆に対する信虎の支配が強化された。

この合戦は、甲斐国に伝わった他の古記録にも記載されている。『王代記』には、「六月十日、この年逸見・大井・栗原一族悉く一家同心に信虎に弓引く、板垣・曽禰羽州・三州味方、一日に三方の合戦、屋形方切り勝ちて、御敵秩父に引き籠り和談して帰参す、曽禰大学助討死」とあり、六月十日、逸見（今井信是）・大井（信達）・栗原（信友）が信虎に敵対し、一日に三方で合戦が行われた結果、曽禰大学助は討死したものの、板垣氏・曽禰出羽守・曽禰三河守が味方した信虎方が勝利し、敵対勢力は秩父に逃亡した後に和睦が成立して帰参したという。

また、『塩山向嶽禅庵小年代記』には、「逸見・大井・栗原同心して大守に敵す、六月十日酉刻同時三処一戦、大守皆利を得て、栗原殿他国、大井・逸見一和、以後奇政、万民これを憂う」とあり、『王代記』と同様の内容が伝わるとともに、九月二十三日には、向嶽庵に信虎所属の足軽が侵入したため、同庵は信虎家臣の今井左馬助に依頼し、境内の安全を図ったことが記されている。

さらに、『甲陽日記』には、「六月十日丙寅今諏訪合戦、是より逸見・西郡滅却」とあり、六月十日の今諏訪（いますわ）合戦により、逸見（今井信是）と西郡（大井信達）が降伏したことが記されている。このように、永正十七年六月十日における同時三か所の合戦は、信虎の甲斐国衆支配を左右する重要な局面となった。

こうした永正十七年の内乱の最中、六月晦日に信虎は、甲府北方の積翠寺丸山に城郭を築城し、翌日の閏六月一日に登城した。また翌大永元年（一五二一）八月十日、信虎は駒井昌頼に積翠寺丸山の城主を命じている（『甲陽日記』）。

この甲斐国内の「内乱」は、甲斐国周辺の勢力による侵攻をも引き起こした。『甲陽日記』によると、翌大永元年九月に駿河国の福嶋衆の軍勢が大嶋（身延町）に侵攻し、十六日には富田城（南アルプス市）を陥落させた。それに対して、信虎陣営では大井夫人が居館の背後に築城されたばかりの「丸山の城」（要害城）に避難した上、十月十六日に飯田（甲府市）で合戦となり、信虎方が勝利を納めた。その直後の十一月三日に武田晴信（信玄）が誕生している。同月十日に福嶋衆は勝山に移動し、二十三日に上条河原（甲府市古上条か）で再び合戦となったが、福嶋衆は多勢が討死し、翌大永二年正月十四日に富田城からも退却に追い込まれたという。なお、『王代記』によると、駿河勢の甲斐侵攻が大永元年二月二十七日に始まったとし、十月には府中飯田にて百余人が討死し、また十一月二十三日の上条合戦では六百人が討死したと伝わっている。

さらに、『塩山向嶽禅庵小年代記』によると、大永元年二月二十八日に駿河勢が河内地域に侵攻して、九月六日に大島（身延町）で合戦があり甲斐勢が敗北、また同十六日に富

図33　甲斐国における戦国争乱（地図）

田城が落城した。その後、飯田口の合戦で信虎が勝利し、同年十一月二十三日の上条における合戦で、駿河衆は「福島」（福島正成）一族をはじめ四千余人が討死した。残った軍勢は富田城に籠城したが、翌年正月十四日に降伏して駿河国へと帰国したという。

こうして、信虎は甲斐国内の国衆の抵抗と連動した、駿河勢の侵攻を撃退することに成功した。このことに関連して、同年七月十五日には、信虎の意向により「武田ノ八郎」（穴山氏）が駿河国より甲斐国に帰国した（『勝山記』）。また、翌大永二年（一五二二）正月三日より、国中地域では棟別役が寺社を含めて新たに賦課されたという（『塩山向嶽禅庵小年代記』）。

官位の追求と神仏の加護

ところで、内乱と他国の軍勢の侵攻が続いている最中の大永元年四月十九日、信虎は室町幕府を通して、左京大夫の官職と位階の叙任を申請した。信虎からは馬と国吉の太刀が朝廷に献上されている（『後柏原天皇日記』）。このことは、信虎が甲府移転と国衆や他国の軍勢との対立に臨むに際して、自らの権威の向上を通して国衆等に対する求心力の維持を図ったと言えるのではないだろうか。

また、大永二年（一五二二）に信虎は、身延にて授法するとともに富士山に参詣した（『勝山記』）。さらに、翌大永三年（一五二三）六月十日には、信濃国の善光寺にも参詣している（『甲陽日記』）。このように、大永二年から三年にかけて、信虎は身延山・富士山・善光寺という甲信両国有数の信仰の霊場に参詣を果たして、その加護を受ける姿勢をアピールしたことも、権威の向上と求心力の維持を目的としたと考えられよう。

この二年後の大永四年（一五二四）、信虎は正月より出陣の用意にとりかかり、二月十一日に国中地域の軍勢一万八千人を動員して出陣し、猿橋や奥三保で交戦した（『勝山記』）。その相手は、度々郡内地域への侵攻を繰り返していた北条氏綱の軍勢であったと考えられるが、山内上杉憲房も出陣してきており、三月晦日には信虎が武蔵国秩父郡に出陣し、憲房と対陣している（『王代記』）。さらに七月二十日には、信虎が関東に出陣して岩付城の攻撃に加わっており（『甲陽日記』）、連携する扇谷上杉朝興を支援するために甲斐国外への出兵も見られるようになった。一方、甲斐国内でも甲府の防衛体制を強化するために、大永三年四月二十四日に普請が始まった甲府西方の「湯ノ嶋ノ山城」（湯村山城）に続いて、同四年六月十六日には、甲府南方の時宗寺院一蓮寺の境内であった一条小山への築城を始めている（同）。

信虎の甲斐国内における勢力拡大と他国への侵攻は、甲斐国周辺の大名や国衆にも変化を引き起こした。『勝山記』大永五年（一五二五）条には、「この年四月一日諏訪殿府中へ御入り候て、すまい所望し候間、その望みのごとし、然る間大喜申す計り無し」とあり、信濃国の諏訪大社大祝で諏訪・伊那両郡に所領を有した国衆の諏方頼満が、同年四月一日に甲府に来訪し、信虎に屋敷を所望して承諾を得ている。また、同年三月二十五日に関東管領の山内上杉憲房が死去すると、信虎と山内上杉氏との間で和睦が成立し、さらに北条氏綱との和睦も成立したが、氏綱との間では交戦状態が継続していたという。

こうして、甲斐国周辺の大名や国衆との関係に一定の安定化を実現したことを機に、大永六年（一五二六）には、信虎が京都に上洛するとの風聞が生じた。しかしながら氏綱との和睦が事実上未成立であったため、この時期における信虎の上洛は実現しなかったという（『勝山記』）。実際、同年七月晦日には、甲斐・駿河両国の境界である籠坂峠の麓の梨木平で合戦が起こり。氏綱陣営の須走殿、三島の高田一族、黒石入道、葛山御宿殿が討死し、信虎が勝利を収めた（同）。

こうした信虎による上洛の意欲は、引き続き翌大永七年（一五二七）にも見られた。すなわち、同年二月に三好元長に敗北して京都から近江国坂本（滋賀県大津市）へと逃れていた将軍足利義晴に、信虎が見舞いと忠節を誓った書状を送ったのに対して、四月二十七日に義晴は「武田左京大夫」（信虎）に宛てて、「京都忩劇に就き江州に到り取り退かれ候処、驚き入り候旨早速注進申し候、殊に忠節に励むべきの段神妙に候、然れば急度参洛せしめ戦功を抽きんぜば尤も肝要」と記し、上洛を促す御内書を発給した（「御内書記録」）。

さらに、六月十九日に義晴は、関東管領上杉憲寛、諏方頼満、木曽義在に宛てて、信虎の上洛が実現するよう配慮を命じている（「室町幕府御内書案」）。

この時も信虎の上洛は実現しなかったが、信虎は信濃国への介入に乗り出した。『勝山記』によると、同年六月三日、信虎は信濃国佐久郡の国衆である伴野貞慶の要請を受け、その所領の割譲を条件として同国に出陣した。それに対して信濃国の国衆等は団結し、貞慶を追放した。その後、国衆間で和睦が成立した際、信虎に割譲した伴野氏の所領は返還されたという。このように、伴野氏と連携した信虎の信濃国への進出は、国衆等による抵抗で挫折を余儀なくされた。

その一方、同年には、長年にわたり対立を繰り返してきた駿河国の今川氏との間でも和睦が成立し、甲斐国内では「走馬」（早馬か）にてその触れが広められ、国中地域では万部の法華経の読経が催されたという。内藤和久氏は、「走馬」を「競馬（くらべうま）」と解釈し、万部経会とセットで開催され、寺社造営等のための勧進が関連していることを指摘した（内藤和久「万部経会と戦国大名権力―武田信虎による甲斐国統一期を中心に―」）。いずれにしても、信虎にとって今川氏との和睦は、歓迎すべき事態であった様子がうかがわれる。

なお、同年の正月二十五日、信虎は上条（甲府市古上条）の地蔵堂を甲府に移転する普請始めを行い、七月十九日に地蔵像を府中に移し、八月三日には仏殿の柱立を行っている（『甲陽日記』）。上条地蔵堂に祀られた国母（こくぼ）稲積（いなづみ）地蔵像は、甲斐国の湖水伝説に関わる由緒を持ち、この甲府（東光寺）への移転は、信虎が甲斐国の治水を通して国主としての正当性を示す意図があったと考えられる。

このように、信虎の統治は安定化に向かう様相を見せていたが、翌大永八年（一五二八）になると事態に変化が生じた。『勝山記』によると、この年は六月から八月まで日照りが続いたところ、五月十六日に降った大雨により十七日には水害が発生し、田畠に損害が生じたという。この災害に際して信虎は、地下の人々に過去三年以前の貸借関係を無効とし、それ以降は元本を破棄するという徳政を発令し、甲斐国の人々の生計の維持を図った。

この一方、信虎は、懇意にしていた諏方頼満を見放し、甲斐一国の軍勢を動員して信濃国に侵攻した。これは、前年の信濃国侵攻の挫折を契機に、信虎と頼満との間で対立が生じていたことが考えられるが、自然災害にともなう人心の動揺を抑えるために、「外征」に踏み切ったとも推測されよう。しかしながら、九月晦日の境（富士見町）における合戦で信虎は敗北し、荻原備中守（おぎわらびっちゅうのかみ）が討死した。

また、同時期に信虎と小山田越中守信有との間にも対立が生じ、翌享禄二年（一五二九）には、信虎が治める国中地域と信有の拠点である郡内地域との路次が封鎖された（『勝山記』）。この時は、六月二十日から十月十八日にかけて、信有の母の奔走により和解が成立し、路次の封鎖が解除されたが、その条件として棟別役または棟別銭が郡内地域に賦課されたという（同）。

さらに、関東方面における争いも引き続き生じていた。『勝山記』によると、享禄三年（一五三〇）正月七日、小山田越中守信有が国中の一家・国人とともに猿橋に出陣し、四月二十三日には矢坪坂（上野原市）で信有と北条氏綱が合戦して、信有が敗北し吉田衆が討死したという。この一方、信虎が扇谷上杉朝興と謀議して、山内上杉憲房の妻を奪取したことも伝わっている。

甲斐の統一と今川・諏方家との連携

こうした自然災害による政情不安と合戦の継続は、甲斐国内の国衆等の動揺を再び引き起こした。『勝山記』享禄四年（一五三一）条によると、同年正月二十一日、「オウ殿」（飯富虎昌（おぶとらまさ））・「栗原殿」が信虎から離反し、甲府を引き払い、その北方の荒川上流にある御岳（みたけ）（甲府市）に立て籠った。これに「浦ノ信本」（今井信元）も同心して、彼らは信濃国の「諏方殿」（諏方頼満）を味方とし、甲府に向けて侵攻した。ここで迎え撃つ信虎の軍勢との間で河原辺（かわらべ）（韮崎市）において合戦があり、浦衆が敗北して「栗原兵庫殿」や頼満が討死したという。

なお、『王代記』にも「三月七日、曽禰三州縄直大庄に陣取、十二日は塩川にて諏方□合戦、スハ三百人討死、十三日、□□□上之坊に陣取、十六日辰剋、討死」と記されており、信虎方の曽禰縄直が三月七日に大庄に在陣し、同十二日には河原辺を流れる塩川で諏方氏の軍勢との合戦が起こり、諏方勢三百人が討死したことを確認できる。またこの間、上之坊（八幡山普賢寺）にも軍勢が在陣して同十六日に合戦があった様子がうかがわれる。

河原辺合戦の結果、最後まで信虎に抵抗した甲斐国衆は、今井信元のみとなった。再び『勝山記』によると、享禄五年（天文元年・一五三二）九月、「浦ノ信本」（今井信元）が信虎に敵対し、信濃衆を味方に引き入れて浦（北杜市）に籠城したという。それに対して、信虎は甲斐一国の軍勢を動員して城攻めをした結果、信元は降伏して居館を明け渡し、信虎に臣従するようになった。この結果、甲斐一国が無為となり、「御上意」と称された信虎の威勢が高揚したという。信虎の下に一家・国人が出仕するようになり、ここに甲斐国の再統一が実現したのである。

『勝山記』には、翌天文二年（一五三三）、信虎の御所が焼失したこととともに、小山田越中守信有が七十坪の屋敷を甲府に造営して移住したことが記されている。郡内地域を拠点とした甲斐国内の有力な国衆である小山田氏も信虎の膝下に配され、甲斐武田家の家中に包摂された様子がうかがわれよう。また、同年には信虎の子晴信が扇谷上杉朝興の娘を嫁に迎えたことが記されている。武蔵国川越城に拠る扇谷上杉氏との連携を基本とした信虎の関東に臨む対策の中で、晴信（信玄）が歴史の表舞台に登場した瞬間である。

国衆の抵抗を抑え込み、享禄五年九月に甲斐国の再統一を成し遂げた信虎であったが、その後も甲斐周辺諸国との政治的・軍事的な摩擦は続いていた。『塩山向嶽禅庵小年代記』によると、天文三年（一五三四）七月半ばに、駿河・遠江・伊豆の三か国の軍勢一万余騎が甲斐国に侵攻して、一戦後に帰陣している。こうした中、甲斐武田・扇谷上杉両家の連携の象徴ともなった、晴信の正室である扇谷上杉朝興の娘が同年十一月に懐妊したものの死産・死去している（『勝山記』）。

翌天文四年（一五三五）にも他国からの侵攻が続いた。『勝山記』によると、八月二十二日に北条氏綱の軍勢二万四千人が甲斐国に攻め込み、小山田越中守信有をはじめとする軍勢二千余人が迎え撃ったものの敗北し、信虎の弟である武田勝沼信友が、配下の勝沼衆二百七十人ともども討死した。この戦火により上吉田と下吉田が相次いで焼失している。

この合戦については、氏綱の戦勝祈願を行っていた鎌倉の鶴岡八幡宮寺の僧快元が記した『快元僧都記』にも記されている。これによると、八月十六日に氏綱が駿河の今川氏輝を支援するため甲斐国に向けて出陣し、同二十二日には富士山東麓の甲駿国境に近い甲斐国の山中（山中湖村）で合戦となり、敵五十余人を討ち取ったという。氏綱は八月二十四日に小田原城へ撤退したが、この時、信虎は氏輝と合戦し、また信虎の後方支援のため扇谷上杉朝興が川越城から出陣して氏綱の背後を脅かしていた。すなわち、この合戦は、甲斐・駿河・相模・武蔵の各国を跨いだ大規模な戦乱の一部であったことがわかる。

年が明けた天文五年（一五三六）正月十一日、信虎は四位への叙任を要請したが、朝廷に拒絶されている（『実隆公記』）。相次ぐ合戦で苦境に立つ信虎が、これまでの甲斐武田家の家格を超えた新たな権威の獲得を望み、朝廷に働きかけていた様子がうかがわれる。

ところが、その年の四月になって、信虎を取り巻く政治情勢が大きく動き出す事態が隣国の駿河で発生した。『勝山記』によると、四月十日に駿河国の「屋形御兄弟」（今川氏輝・彦五郎）が死去し、六月八日には氏輝の兄弟である「花蔵殿」（玄広恵探）と福嶋一門が、相模国の北条氏綱の軍勢により討滅された（花蔵の乱）。この結果、「善得寺殿」と呼ばれた義元が、今川家の家督を継承することになったという。また同月には、甲府にて前嶋一門が信虎に背いて自害する事件が起き、これに反発した甲斐国の奉行衆の大半が他国に逃亡した。前嶋一門の自害は、駿河国の政変と結び付いたものであり、甲斐・駿河両国の混乱が続いた。

こうした過程を経て、義元は、長年の対立関係にありつつも政変を通して共通の利害関係を持った信虎に接近していく。『勝山記』には、天文六年（一五三七）二月十日に信虎の息女が義元と婚姻したところ、北条氏綱がそれを妨害し、駿河国興津（静岡市）まで侵攻してきたことが記されている。この時、信虎は氏綱の軍勢を牽制するため、駿河国の須走口（小山町）に出陣したという。また義元と氏綱との間で争われた合戦も継続していた。

この時、駿河国に侵攻した氏綱は、富士川以東の河東地域を占領した。『快元僧都記』同年三月四日条によると、出陣中の氏綱に巻数を届けに出立した飛脚が駿河国吉原（富士市）から戻り、「富士河東郡」を占領した旨が書かれた氏綱の返書を持参したという。同書の中で、快元は武蔵・甲斐両国の敵軍は撤退して、分国中が静謐となったと評している。

こうして、天文五年（一五三六）六月の花蔵の乱を契機に、翌天文六年二月、武田信虎と今川義元との同盟が成立し、北条氏綱と対立する構図が出来上がった。『勝山記』天文七年（一五三八）条によると、甲斐・相模両国との合戦が継続し、十月十二日夜には「須走殿」と「ハカ殿」（垪和殿）が談合して上吉田へ夜討ちをかけた。また五月十六日夜には新宿にも夜討ちがあり、吉田宿の人々は下吉田の河原に避難を余儀なくされたという。

信虎と氏綱との争乱は、翌天文八年（一五三九）にも収まる気配がなかったが、信虎は天文九年（一五四〇）五月より信濃国に侵攻して一日に城郭を三十六か所陥落させ、佐久郡を掌握した（『勝山記』）。この時には、信虎の命令により重臣の板垣信方が大将となり、臼田城・入沢城を攻略し、前山城に在陣したという（『塩山向嶽禅庵小年代記』）。

こうして、信虎は戦果を挙げたものの、その軍勢に属した寄子たちは出陣が頻繁であることに難渋していたらしい（『勝山記』）。一方、信虎は娘を諏方頼重に嫁がせて、信濃国方面でも、新たな同盟関係の構築に成功した。

駿河追放

信虎の「外交」は、さらに拡大していく。同年二月二十七日、一向宗の拠点である摂津国の石山本願寺（大阪府）に、「甲斐武田」（信虎）の書状が届けられた。本願寺十世の証如は、下間光頼の取次により、三月二十七日に返書と進物を信虎に送っている（『証如上人日記』）。さらに九月二日には、信虎より先の返書に対する返事の書状が商人を介して本願寺に届けられ、また翌天文十年（一五四一）二月一日に、信虎の家中に属する「板垣」（板垣信方）より、返礼として染革五枚とともに書状が到来した。信方は、武田家中における本願寺との取次を担当することになったという（同）。

こうした本願寺との突然かつ頻繁な音信は、信虎がこの時期に畿内への関心を急激に高めていったことをうかがわせる。その目的は明確ではないが、今川・諏方両家との連携が深まったことを受けて、以前にも計画していた上洛の実現を図ったのではなかろうか。

しかし、信虎の前途は、天文十年六月に大きく変わることになる。『勝山記』によると、この年の春には、前年の災害に伴う飢饉により、餓死者が続出した。そして六月十四日、「武田大夫殿様」（晴信）が信虎を「悪行」により駿河国に追放する事件が起きた。この晴信の決起に対して、地家（地下）・侍・僧侶・男女ともに歓喜したという。この結果、信虎は出家して駿河国に滞在することになった。

この事件は、甲斐国内に伝わる他の記録にも表されている。『塩山向嶽禅庵小年代記』によると、この年に信虎・晴信父子が信濃国の海野氏の所領に侵攻し、六月四日に帰陣した直後、悪逆無道な行為が目立った信虎は、今川義元が信虎の娘を娶った関係により、突如として六月中旬に駿府を訪問した。この際、晴信は人民の苦悩を晴らすため、足軽を甲斐国と駿河国が接する河内の境界に派遣して帰路を封鎖し、信虎の追放に成功したという。また『王代記』には、六月十四日に信虎が駿河国へ出向し、同十七日に代わって晴信が甲斐武田家の屋形に移り、甲斐国は平穏となったとあり、さらに『甲陽日記』には、五月二十五日に海野平で勝利した信虎が、六月十四日に甲府を出立して駿府に出向したところ、十六日に甲府で信虎追放が実行され、二十八日に晴信が甲斐武田家の家督を継承したという。

それぞれ、内容は少しずつ異なるが、天文十年の政変が、戦乱と飢饉で苦しむ甲斐国の人々に歓迎されたことが記されている。信虎追放の原因は、甲斐国の人々が抱えた社会への不満が限界に達し、戦乱と飢饉を為政者の失政に帰する、いわゆる徳政思想に基づき、人々が変革を求めたことによるのではなかろうか。永正十六年にも同様の事態が起き、信虎は甲府への拠点の移転という「変革」で乗り切った。しかしながら、今回は甲斐武田家を維持するために、信虎自身が甲斐国を去ることによって、「変革」の実現を示さなければならなくなったのであろう。駿河国に追放された信虎に対して、晴信が隠居料を賄っていること、また信虎が駿河国にて出家し、甲斐国への復帰をめざす活動を見せていないことから、この「追放劇」は、信虎・晴信双方ともに納得して実行されたと考えられている。

なお、同年七月十七日には、信虎と再三にわたり争った北条氏綱が没し（『勝山記』）、天文十年は東国の戦乱の主役たちが入れ替わる、世代交代の年ともなった。

畿内周辺における活動

こうして、天文十年に息子の晴信によって駿河国に追放された信虎は、甲斐国から側室たちと子の信友を迎え、晴信から賄料（隠居料）が支出されるとともに、今川義元からも駿河国安東荘（あんどうのしょう）内に所領を与えられて生活を送った（丸島和洋「追放後の武田信虎とその政治的地位」）。そして、国主の時期には遂にかなわなかった、畿内への旅を実現させている。

天文十二年（一五四三）六月二十七日、信虎が京都の南方の所々を訪問していることを聞きつけた本願寺の証如は、書状と進物を信虎に届けるため使者を派遣した。その後、七月三日に信虎の返礼が証如のもとに届けられたという（『証如上人日記』）。

信虎の旅の主な目的は、紀伊（きい）国（和歌山県）の高野山（こうやさん）への参詣であった。これは、義元に嫁いだ娘の定恵院殿および孫娘の隆福院殿の死去にともなう供養であったと考えられている（丸島前掲論文）。

同年八月九日、高野山参詣の帰りに信虎は奈良に立ち寄り、三十日間ほど逗留するとの風聞が立っている（『多聞院日記』）。しかしながら、実際には同十五日に、信虎は駿河への帰国の途に付いた（同）。

次に信虎が畿内周辺に現れるのは、弘治四年（一五五八）三月である。公家の山科言継が記した日記である『言継卿記』によると、三月二十二日に山科言継が飛鳥井雅教の邸宅に向かった際、途中で知恩寺四足門の築地を奉公衆の動員により築いている様子を見物したところ、「甲州之武田入道」（信虎）も築地普請を支援していたという。いつ信虎が上洛したのかは定かではないが、駿河国に関連する史料上で信虎の名を確認できなくなる時期から、弘治元年（一五五五）から翌年頃と推測されている（丸島前掲論文）。

そして、翌永禄二年（一五五九）八月一日、言継が「武家」（将軍足利義輝）に御礼のため将軍御所に参上した際、公家では広橋大納言（国光）・右衛門督（高倉永相）・内蔵頭等が、また武家では「外様」の「甲州武田入道」（信虎）のほか、「御供衆」の大館上総介（晴光）・上野与三郎・伊勢守（伊勢貞孝）・同兵庫頭（伊勢貞良）等が居合わせたという。信虎は外様衆という幕府の家格に列し、将軍御所に伺候していたことがわかる。

また、同年十二月一日に言継が勧修寺一位（尹豊）に同行して、義輝を訪問して対面を遂げた際にも、立ち会った武家側の筆頭として、「甲州武田入道」（信虎）が「御伴衆」より上位に名を列している。

この時期の信虎は、公家との交流が盛んであった。永禄三年（一五六〇）正月八日、言継は奈良から進物として届いた油物等を、「五辻」とともに「甲州之武田入道方」（信虎）へ贈っている。また翌九日には、言継が五摂家の一条家や近衛家、左大将の菊亭晴季に嫁いでいる。同年二月一日には、「甲州武田入道」（信虎）の娘が、また将軍義輝の邸宅等に参上した後、二条家・花山院家・入江家・滋野井家・三条家等の公家と並んで、「甲州之武田入道」（信虎）の邸宅にも挨拶に訪れている。この三年後の永禄六年（一五六三）正月にも、言継は上御霊社に参詣した帰途に、「甲州武田陸奥守入道」（信虎）を訪問している。

そして、永禄七年（一五六四）十月に言継が勧修寺一位と三条中納言（正親町三条実福）と同行して、義輝の許に参上した際には、将軍御所に伺候していた武家の筆頭として、「大名武田陸奥守入道」（信虎）が記され、「外様」の山名与五郎、「御供衆」の上野民部大輔（信孝）・大館伊予守（晴忠）・畠山次郎・一色播磨守・細川兵部大輔（藤孝）、「御部屋衆」の三淵伊賀入道ほかの上位に列している。

すなわち、幕府内における信虎の家格は、それまでの「外様」から「大名」へと向上を遂げたことがうかがわれる。この変化については、弘治三年（一五五七）に晴信の子義信が准管領の身分を認められたことが関係しているとする考え方もあるが（丸島前掲論文）、この場合、信虎の上洛当初より何故「大名」として扱われなかったのか疑問が残る。むしろ、永禄二年九月に信虎の娘が菊亭晴季に嫁いだことが、直接影響しているのではないだろうか。

いずれにしても、信虎は京都で「甲州武田入道」等と呼ばれているように、京都では信虎の存在が、甲斐武田家の一族と見做されており、「外様」から「大名」への変化は、甲斐武田家の家格の向上を表わしていると考えられる。これは政治的には実態が無いものであったが、足利将軍家を頂点に武家間の家格秩序を支配体制の根幹とする室町幕府においては、甲斐武田家にとって一定の権威の向上に寄与するものであったと言えよう。そして信虎の存在は、在京の大名が不在となっていた当時の幕府にとっても、形式的ではあるものの、足利将軍家と諸大名との主従関係を誇示するものとして、一定の意義があったのではないだろうか。翌永禄八年（一五六五）五月、義輝は三好義継、松永久秀等によって殺害されるが、その直前の幕府内に、信虎は形式上、甲斐武田家の勢力拡大を背景に自らの地位を確立し、また甲斐武田家も信虎の存在を通して、家格の向上を実現したのである。

その後、『言継卿記』において、京都における信虎と公家衆等との交流は永禄十年（一五六七）四月まで確認できる。その翌年の永禄十一年（一五六八）九月に織田信長が故義輝の弟義昭（よしあき）を奉じて岐阜から上洛を遂げる直前に、信虎の在京活動の具体的な活動が見られなくなるのは、時代の変遷を表しているとも言えるだろう。

その後、信虎は元亀四年（一五七三）二月に信長と決別した将軍義昭に呼応して、近江国甲賀郡で挙兵を試みたが失敗し、京都から甲斐武田家の領国に逃れる事態を迫られたという（丸島前掲論文）。この結果、信濃国高遠に迎えられ、孫の勝頼（かつより）と対面し、天正二年（一五七四）三月五日に息を引き取った（『武田御位牌帳』）。信虎の人生は、まさに戦国大名化した甲斐武田家の台頭を体験し、その発展を見届けたものであったと言えよう。

武田信玄・勝頼による武田氏の再編と滅亡

信虎から信玄・勝頼へ

ここまで、武田信虎に至る甲斐武田家の展開について論じてきた。本節では、武田信玄（一五二一～一五七三、俗名晴信、本節では信玄に統一する）・勝頼（一五四六～一五八二）期における、戦国大名として領国の支配を確立した甲斐武田家の状況について対象とする。

大永元年（一五二一）十一月、父信虎と母大井氏（瑞雲院殿、長禅寺殿）との間に生まれた信玄は、天文十年（一五四一）六月、信虎を駿河国（静岡県）に追放して甲斐国の国主に就いた。それ以降、信玄は、翌天文十一年六月に信濃国（長野県）諏訪郡に侵攻したことを皮切りに、信虎の政治路線を継承して信濃国への領国拡大を図り、諏方頼重、小笠原長時、村上義清らを相次いで滅亡・追放して、同国の広域を掌握した。

そして、天文十四年（一五四五）十月に、駿河国の富士川以東の支配権をめぐって争っていた今川義元と北条氏康、ならびに山内上杉憲政との和睦を調停したことをきっかけに、天文二十一年（一五五二）十一月における信玄の嫡子義信と義元の娘（嶺松院殿）との婚姻、ならびに天文二十三年（一五五四）十二月における氏康の嫡子氏政と信玄の娘（黄梅院殿）との婚姻により甲相駿三国同盟を締結し、これを足がかりとして、越後国（新潟県）の長尾景虎（上杉政虎、輝虎、謙信）と北信濃の領有をめぐる紛争（川中島合戦）を戦うとともに、西上野（群馬県）にも進出した。

図34　絹本著色武田晴信像
（高野山持明院蔵）

この間、天文十六年（一五四七）五月には、分国法である「甲州法度之次第」が制定され、当初の二十六か条が同二十三年（一五五四）五月には五十七か条へと整備された。また、天文十八年（一五四九）四月に発生した大地震の被害を受け、同年十一月には棟別銭の臨時的な追加課税として、過料銭が郷村の指導的階層である地下衆を対象に賦課されたが、棟別銭の未納拡大にともない、天文末から弘治年間（一五五五〜一五五八）にかけて、調衆により春・秋の年二回徴収された、新たな棟別銭賦課体制が成立した（拙稿「天文十八年地震と税制―戦国大名武田家の事例を中心に―」）。

この一方、三国同盟は、永禄八年（一五六五）十一月に信玄の子勝頼と尾張国（愛知県）の織田信長の養女との婚姻により成立した信玄と信長との同盟、ならびに永禄十年（一五六七）十月の義信死去、また同年十二月における今川氏真（義元の嫡子）による上杉謙信への接近をきっかけに崩壊に向かい、永禄十一年（一五六八）十二月には、信玄が三河国（愛知県）の徳川家康と連携して駿河国に侵攻し、戦国大名今川氏を滅亡させた。その後、対立関係に転じた北条氏康・氏政、上杉謙信、そして徳川家康といった大名間による武田包囲網（越相同盟等）に対して、織田信長の外交的な支援を受けつつ、甲越和与と呼ばれる謙信との停戦実現により乗り越えて、駿河国の領国化を進めるとともに、氏政との和睦を進め、元亀二年（一五七一）十二月、甲相同盟を復活させた。

その後、信玄は、足利義昭の支援要請を受けて信長との対立を深め、元亀三年（一五七二）十月には甲府を出陣して遠江（静岡県）・三河両国に侵攻するとともに、美濃国（岐阜県）にも軍勢を派遣し、同年十二月の三方原合戦（静岡県浜松市）では、家康の軍勢および信長が派遣した援軍に勝利を納めた。しかしながら在陣中に発病し、翌元亀四年（一五七三）四月、甲斐帰国の陣中に没した。

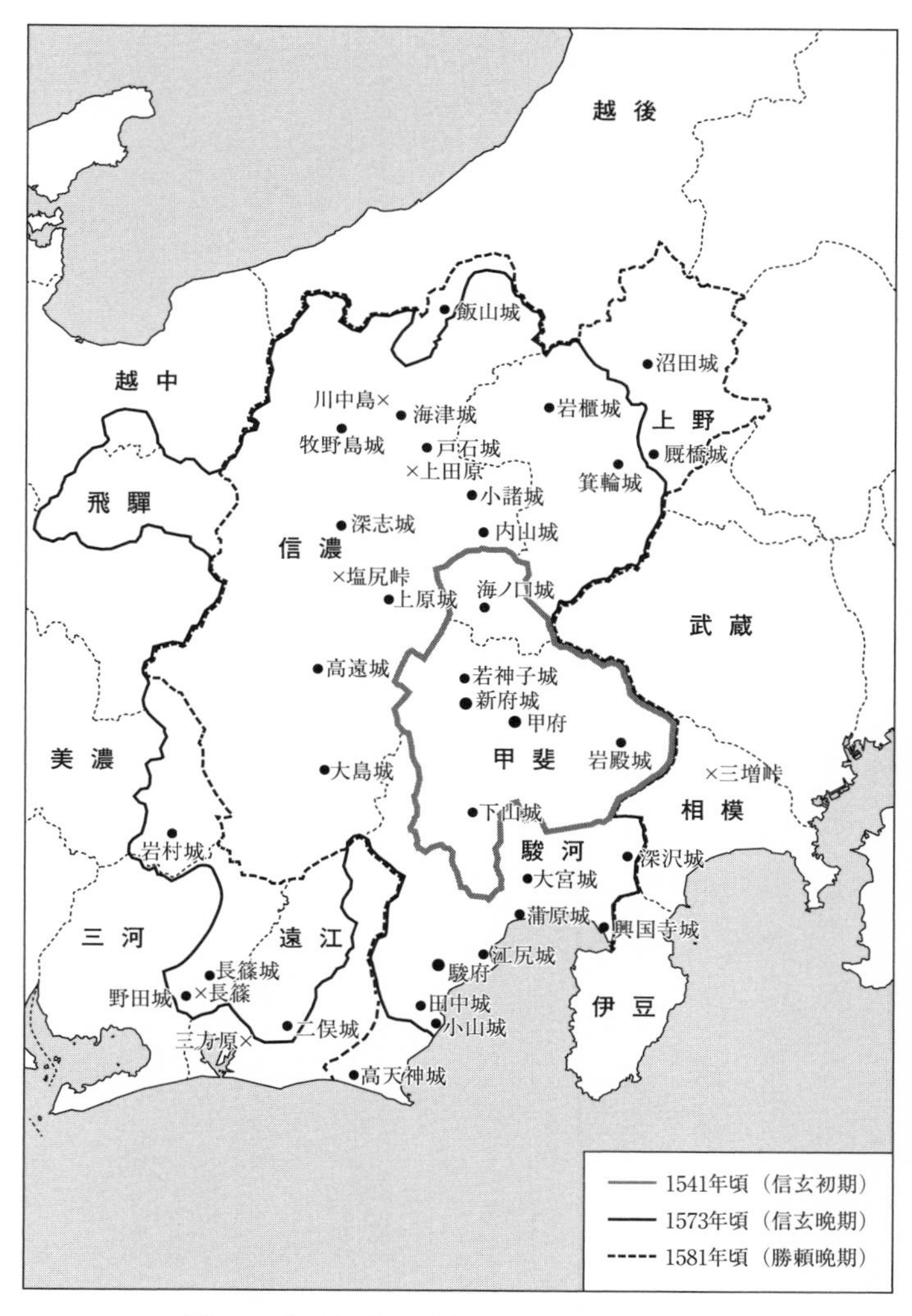

図35　武田信玄・勝頼の行動と領国（地図）

続いて、信玄の跡を引き継いだ勝頼は、信玄と同様に遠江・三河両国への侵攻を繰り返したが（鴨川達夫『武田信玄と勝頼―文書にみる戦国大名の実像』）、天正三年（一五七五）五月の長篠合戦（愛知県新城市）で信長・家康の連合軍に敗北した。この後、勝頼は、京都を追われた義昭を保護する安芸国（広島県）の毛利輝元と対信長を目的とした同盟を天正四年（一五七六）に結んだほか、天正五年（一五七七）には氏政の妹（桂林院殿）と婚姻し、北条氏との甲相同盟を強化した。

この一方、天正六年（一五七八）三月の謙信没後に、その後継者をめぐって景勝・景虎の二人の養子が争った御館の乱に介入し、景勝と和睦したことにより、信濃国飯山と上野国における上杉領国の割譲を得たが、景虎の実兄である北条氏政との対立が生じ、天正七年（一五七九）九月には武田・北条両氏の紛争に突入した。同月に氏政が家康との同盟を締結した一方、勝頼も同時に妹の菊姫と景勝との婚姻により甲越同盟、さらには常陸国（茨城県）の佐竹義重との間で甲佐同盟を成立させた。

しかしながら、西の信長・家康、東の氏政という両面の敵方への対応を迫られた勝頼は、劣勢に立たされ、天正九年（一五八一）三月の遠江国高天神城（静岡県掛川市）落城をきっかけに領国内に動揺が広がった。勝頼は同年十二月、新たに築城した甲斐国新府城（山梨県韮崎市）に拠点を移し、体制の立て直しを図ったが、天正十年（一五八二）一月の木曽義昌の謀叛を受けた信長・家康の武田領国への侵攻により、家臣団の離反が相次ぎ、同年三月、甲斐国田野（山梨県甲州市）で自害し、甲斐武田家は滅亡した。

こうした、戦国大名として数か国に及ぶ領国を支配した信玄・勝頼期の歴史は、政治的な動向や家臣団編成、領国支配体制など様々な分野から研究されているが、ここでは、本書における考察の基本的な指針である、源義光の系譜を引いた源氏門葉の意識、ならびに日本列島東西の政治体制の境界に位置する甲斐国の地域性という視点から、信玄・勝頼期の甲斐武田家について論じたい。

由緒の継承

平山優氏は、信玄が甲斐武田家を清和源氏の名族とする強い自意識を持ち、当主によって支えられた「御当家」（甲斐武田家）が「国家」（武田領国）より上位の地位を占め、「国家」の安寧を実現する存在であると認識していたこと、また、源義光を祖とする甲斐源氏直系の子孫である信玄が、後三年合戦の故事にならい、義光の兄義家の子孫である室町将軍足利家を援助する意識を持ち、幕府が置かれた京都を志向していたことを指摘している（平山優『武田信玄』）。それでは、信玄が強く意識した「家」とは、どのような家であったのであろうか。

天文十四年（一五四五）、信玄は、近江国の多賀大社（滋賀県多賀町）に対して、二十五歳となった自らへの厄災の除去と長寿、そして文徳と武運を祈願する願文を納めた（「武

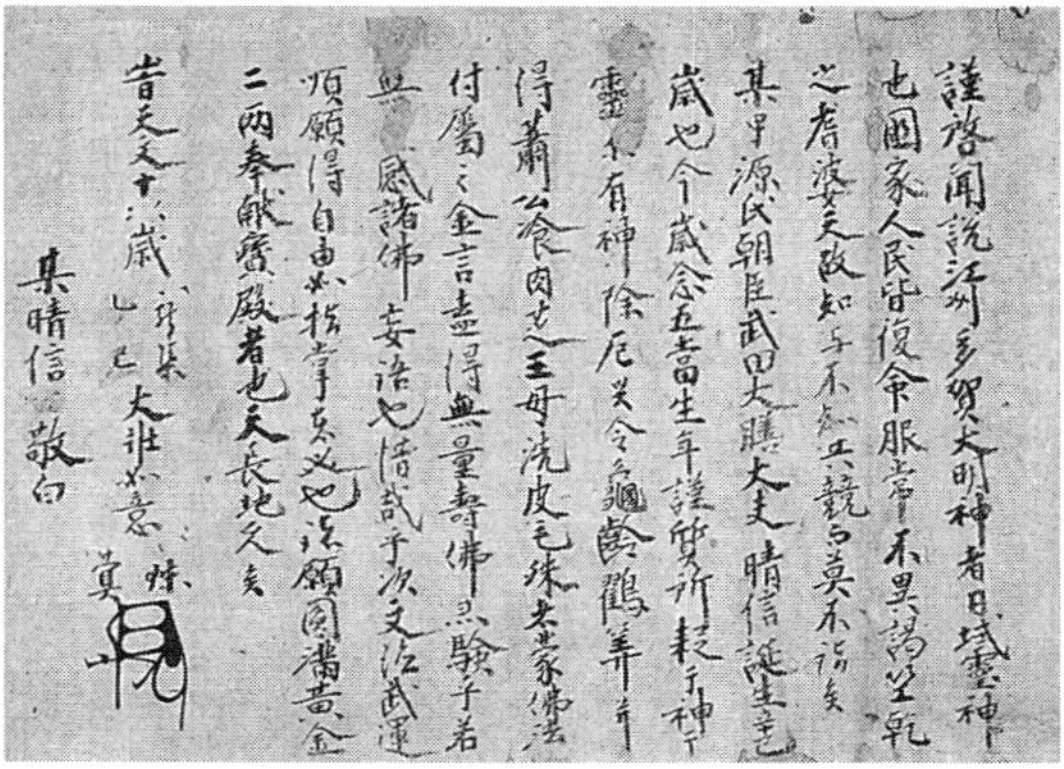

図36　武田晴信願文（多賀大社文書，多賀大社蔵，山梨県立博物館提供）

田晴信願文」多賀大社文書）。この中で、信玄は自らの名前を「某甲源氏朝臣大膳大夫晴信」と表記している。

また、永禄三年（一五六〇）七月十二日、信玄は高野山成慶院（和歌山県高野町）に対して、「逸見冠者義清以来」の所縁により、「当国武田之武門」ならびに「貴賤之民族」が成慶院を高野山の宿坊とすることを許可しており（「武田信玄判物」成慶院文書）、信玄が甲斐武田家の当主および甲斐国の国主として、平安時代に常陸国（茨城県）から甲斐国に初めて移った先祖義清の由緒を継承するとともに、甲斐武田家の由緒を広く甲斐国の「貴賤之民族」に適用することを世に示そうとした。

したがって、これらの古文書から、信玄自身が自らを甲斐源氏・武田氏の末裔とする意識を強く持っていたことは明確である。さらに、こうした信玄の意識は、甲斐国を離れた同族にも向けられていた。

秋山敬氏によると、信玄の官途名は、天文八年（一五三九）九月には左京大夫を称し、父信虎の官途を継承していたが、同十一年（一五四二）九月頃に大膳大夫となり、同十九年（一五五〇）十一月までには信濃守を兼任した。また、弘治四年（一五五八）一月には、将軍足利義輝により義信が准管領の待遇を認められたのと同時に、信玄は信濃国守護に補任されている。

このうち大膳大夫への任官について、信玄が従四位下相当の左京大夫を捨て、正五位下相当の大膳大夫を称したのは、天文十年（一五四一）に駿河国に追放した父信虎と異なる政治路線を採ることの意思表示であるという（秋山敬「政権を執る」）。なお、大膳大夫は、左京大夫・右京大夫・修理大夫とともに「四職大夫」と総称され、京極・六角・赤松等の家格の高い特定の大名家に限定して補任されていたという（木下聡『中世武家官位の研究』）。

また、平山氏は、大膳大夫は若狭武田家が世襲した官途であり、信玄がこれを称したことは、室町将軍と若狭武田家との密接な関係を考慮し、室町幕府との連携強化による勢力の拡大を図ったことを指摘している（平山優『武田信玄』）。実際に、若狭武田家と信虎までの甲斐武田家の歴代当主の官職を比較すると、次のようになる。

【若狭武田家】

信栄（治部少輔）
信賢（治部少輔→大膳大夫→陸奥守）
国信（治部少輔→大膳大夫）
元信（伊豆守→大膳大夫、従三位）
元光（伊豆守→大膳大夫、贈従三位）
信豊（伊豆守、従三位）
義統（治部少輔→伊豆守→大膳大夫）
元明（孫八郎）

【甲斐武田家】

信成（刑部大輔→安芸守）
信春（兵庫助→修理亮→伊豆守→陸奥守）
信満（安芸守）
信元（信濃守→陸奥守）
信重（刑部大輔）
信守（刑部大輔）
信昌（刑部大輔）
信縄（左京大夫・陸奥守）
信虎（左京大夫→陸奥守）

若狭武田家は、永享十二年（一四四〇）、将軍足利義教の命による信栄の一色義貫討伐や、応仁元年（一四六七）、細川勝元との連携による信賢・国信の応仁の乱への参戦など、足利将軍家・細川京兆家（管領家）と緊密な間柄を維持していた。信栄は斯波義淳の管領在任期（永享元～四年、一四二九～一四三二）に将軍足利義教の近習として相伴衆に列しており、また信賢は文安期（一四四四～一四四九）に外様大名衆、長禄期（一四五七～一四六〇）に国持衆に列し、長禄期には国信も義政の御供衆に加えられている。そして元信も文亀二年（一五〇二）九月九日に相伴衆となり、幕府内の家格においても厚遇されていた（河村昭一『若狭武田氏と家臣団』）。

特に十五世紀末から十六世紀前半の元信・元光は、数少ない在京守護として細川政元・高国政権を支援しており、また義統は将軍足利義晴の婿となっていた。この縁により、永禄九年（一五六六）に兄義輝を松永久秀らに殺害された義秋（義昭）が、身の安全と再起を図るため、一時的に若狭国への避難を実行したという（同）。

信玄が若狭武田家を意識していたことは、次の史料からもうかがうことができる（「武田信玄書状写」、朝倉家文書）。

幸便の条啓札せしめ候、同名大膳大夫他界候以後、孫犬丸幼少の故、親類・被官恣の擬、剰さえ逆意を企て国中錯乱、既に孫犬丸の名代断絶眼前に候の処、貴国にあい招かれ、種々御悃意を加えらるるの由、御哀憐誠に奇特に候、向後いよいよ引き立てられれば、信玄において祝着たるべく候、委曲信興口上申し含み候の間、具にあたわず候、恐々謹言、

六月十五日　信玄（花押影）

朝倉左衛門督殿

この史料は、元亀元年（一五七〇）と推定されている六月十五日付で、信玄が越前国（福井県）の戦国大名である朝倉義景に送った書状の写である。史料中には、武田義統（大膳大夫）の没後、義景が若狭国に侵攻して、義統の遺児元明（孫犬丸）を越前国に連行したことを、若狭国内の争乱に遭遇した元明への義景による保護とみなし、信玄が家臣の小笠原信興を通して謝意を表明している。このように、信玄は、実態がなくとも若狭武田家を自らの一族として扱い、その差配（元明の身柄に関する朝倉家への委任）を行っているとの立場を世に示そうとしたことがうかがわれる。

このように、信玄は甲斐源氏の末裔としての強い意識を持つとともに、若狭武田家を一族とみなし、自らの政治対応に利用したことがわかる。信玄自身、父信虎を駿河国に追放することにより甲斐武田家の当主の地位を継承した経緯から、領国を統治するにあたり、その正統性を示す必要があった。そこで、足利将軍家と近しい若狭武田家の歴代当主が任官してきた官職を用いることによって、足利将軍家の権威を踏まえて自らの地位の保証を図ったのである。

新たな権威

しかしながら、信玄は、平安・鎌倉時代以来の甲斐源氏の伝統をそのまま継承したわけではなかった。先述した官途についても、祖父信縄、父信虎が称し、北条氏綱や伊達稙宗といった東国の大名に共通する左京大夫を棄て、足利将軍家と近しい若狭武田家が用いた大膳大夫を称したように、東国の政治体制を離れ、室町幕府による畿内の政治体制の中に自らを位置付けている。

ここで、信玄の仮名と諱に注目すると、『勝山記』天文三年（一五三四）条に「当国ノ屋形　源　大良殿」とあるように、信玄は「太郎（大良）」を仮名として称していた。一方、甲斐武田家では、信武が孫六、信成が次郎、信春が三郎、信満が次郎、信重が三郎、信守が弥三郎の仮名をそれぞれ称して以降、信玄の曽祖父信昌、祖父信縄、父信虎の三代にわたる戦国時代の歴代当主は、「伊沢（石禾・石和）五郎」を称した先祖信光にあやかり、「五郎」を称した（「武田源氏一統系図」）。

また、信玄の諱は「晴信」であるが、これは室町幕府十二代将軍である足利義晴の偏諱を受けたものである。なお、信玄の長男である義信は、信玄同様に「太郎」を仮名とするとともに、天文二十二年（一五五三）七月二十三日に十三代将軍の足利義輝より偏諱を受けている（『甲陽日記』）。さらに、四男の勝頼の場合も、信玄と織田信長との対立により実現こそしなかったが、元亀元年（一五七〇）と推定される四月十日、信玄が十五代将軍足利義昭の側近一色藤長に対して、「愚息四郎」（勝頼）の官途と「御一字」（将軍義昭の偏諱）を要請している（「武田信玄条目」玉英堂古書目録、『山梨県史』資料編5中世2下収録）。

このように、信玄の代に至るまで、甲斐武田家歴代当主は、通字の「信」を諱の頭に用いることが慣例化していたが、信玄以降、足利将軍家から偏諱を受けることに強い関心を持っていたことがわかる。

応永二十四年（一四一七）二月に武田信満が上杉禅秀（ぜんしゅう）の乱の余波で自害して以降、享禄五年（一五三二）九月に信虎が甲斐国の再統一を果たすまでの間、甲斐武田家当主による甲斐国統治は混乱を極めた。信玄自身も、天文十六年（一五四七）六月一日に制定された『甲州法度之次第』第二十六条に、「晴信行儀その外の法度以下において、旨趣相違の事有らば、貴賤を撰ばず、目安をもって申すべし、時宜によりその覚悟を成すべし」と記されている通り、自らの行為や法度等に間違いがあれば、身分を問わず目安状を提出して申告するよう指示しており、その権力は家中や領国内の人々によって制限されていた。

こうした状況を経た世代である信玄とその子供たちが、甲斐武田家当主として家中における自らへの求心力を維持するためには、これまでの甲斐武田家の歴代当主と一線を画し、武田一族を含む国人層を超越した家格の保持を誇示する必要があった。そこで、彼らは信昌以降の甲斐武田家当主が用いてきた先祖信光に由来する仮名を改めるとともに、足利将軍家からの偏諱を通して、歴代の甲斐武田家当主とは異なる権威の獲得を図ったのである。

さらに信玄は、弘治四年（一五五八）一月十六日までに、嫡子義信が将軍足利義輝より准管領の待遇を受けることで（「今井昌良書状」木村家文書）、甲斐武田家が三管領の細川・

斯波・畠山といった足利一門の大名に准ずる家格を獲得することに努めた。室町幕府における武家の家格秩序や序列において、武田氏は非足利一門に属しており、文書の様式である書札礼では、足利一門の今川氏より低い処遇を受けていたが（谷口雄太『〈武家の王〉足利氏　戦国大名と足利的秩序』）、このことにより信玄は、甲斐武田家の足利一門化による家格の向上を図ったといえる。

　また、信玄は甲斐武田家における家中の再編にも取り組んだ。『甲陽軍鑑』巻八には「甲州武田法性院信玄公御代惣人数事」と題して、甲斐武田家家中の分類ごとに一族・家臣の名前を書き上げているが、その筆頭に御親類衆があげられている。

　御親類衆は全体で十二名から成り、「武田てんきうさま（典厩様）」（武田信豊、甥）、「勝用軒（逍遙軒）様」（武田信廉、弟）、「勝頼様」（武田勝頼、四男）、「一条右衛門大夫殿」（一条信龍、弟）、「武田兵庫殿」（武田信実、弟）、「武田左衛門佐殿」（武田信尭、甥）、「仁科殿」（仁科盛信、五男）、「望月殿」（望月信頼、甥）、「かづら山殿」（葛山信貞、六男）、「板垣殿」（板垣信安）、「木曽殿」（木曽義昌、婿）、「穴山殿」（穴山信君、甥・婿）の名前が見える。

　このように、御親類衆は、板垣信安以外の全員が、信玄の兄弟・子息・娘婿・甥という構成である。また、一条家の名跡を継いだ弟の信龍、於曽家の出身で板垣信憲の名跡を継いだ家臣の信安、穴山家の当主である信君のように、甲斐源氏・武田氏の一族が含まれている。

しかしながら、油川（あぶらかわ）・岩出・松尾・勝沼ほか祖父信縄・父信虎の兄弟から分流した各家や、大井・栗原・今井の各家のように甲斐国内の有力な国衆であった一族は、御親類衆から除外されている。この一方、諏方（勝頼）・仁科（盛信）・望月（信頼）・葛山（信貞）という、信玄の子息や甥が名跡を継承した信濃（長野県）・駿河（静岡県）両国の国衆が、御親類衆に包含されている。

すなわち、御親類衆とは、甲斐武田家歴代の同族集団ではなく、信玄を中心に新たに創出された一族集団であったといえる。この背景には、信縄・信虎・信玄の三代の間に、甲斐武田家当主の権力や国内諸勢力の統合をめぐって、甲斐武田家の同族内で対立が繰り返されてきたことが影響しているのではないだろうか。

信玄の仮名と諱、ならびに御親類衆の構成を通して考えると、信玄は、甲斐武田家に関わる甲斐源氏および武田氏の伝統をそのまま継承したのではなく、戦国大名としての自己の権威の向上と家中の統制を踏まえて、それを再編成したと考えられる。

信仰と神格化

信玄による権威の向上への関心は、法名である「信玄」を称した後にも引き継がれていた。そもそも、「晴信」の諱を改めて「信玄」を称するようになった初見は、永禄二年（一五五九）五月吉日、信濃国佐久郡の新海松原神社（長野県小海町）に同国奥郡・越後国境への出陣の勝利を祈願する際、願文に「釈信玄」と署名したこととされている（「武田信玄願文写」畠山家文書）。

信玄が法名を称した理由は定かではないが、先述したように弘治四年（一五五八）一月十六日までに、嫡子義信が将軍足利義輝より准管領の待遇を受けたことにともなうものであったと推測される。その前年の弘治三年（一五五七）十二月二十八日、晴信（信玄）・義信父子が連名で向嶽寺の塔頭である東陽軒に、中牧（山梨市）のうち宝珠寺領を寄進した（「武田晴信・同義信連署判物」真如苑所蔵文書）。こうして信玄は、義信を自身の後継者として世に知らしめる意図から、形式上、俗界を離れて法名を称したのではないだろうか。平山氏は、当時の武田領国では深刻な飢饉が発生しており、信玄は義信への家督継承を考慮せず実権を掌握したまま、代替わりに近い演出効果を上げる手段として出家したことを、ほぼ同時期にあった今川義元・北条氏康の隠居と関連づけて推測している（平山優『戦史ドキュメント川中島の戦い』下）。なお、信玄は永禄二年（一五五九）に「徳栄軒」、また同十二年（一五六九）には「法性院」の軒号・院号を称している（平山優『武田信玄』）。

そして、元亀三年（一五七二）七月二十六日、天台座主であった曼殊院門跡の覚恕法親王の斡旋により、信玄は僧正の地位を得た。この時、信玄は庁務法眼に「門主」（覚恕法親王）より受けた「僧正」任官を謝し、慈光坊に自分の意向を伝えることを表明している（「武田信玄書状」曼殊院文書）。ここに触れられている信玄の意向とは、「僧正」任官に当たり、正親町天皇の綸旨の発給を要請したことを指すと考えられる（「武田信玄条目」延暦寺文書）。その後、壬申（元亀三年）十月三日、信玄は慈光坊に、信玄の「僧正」任官の礼として遠江国（静岡県）に所領を与えることを約束した（「武田家朱印状」延暦寺文書）。また、庁務法眼にも「僧正」任官の手配を謝し、信玄出陣中のため来春に返礼する旨を伝達している（「僥倖軒宗慶書状」曼殊院文書）。

信玄の僧正任官は、前年の元亀二年（一五七一）九月に織田信長が比叡山延暦寺を焼き討ちした後、延暦寺の僧侶を信玄が保護したこと等を踏まえて、同寺の復興をめざす比叡山側が信玄の支援を期待しての方策であったとも考えられる。しかしながら、信玄が天皇の綸旨発給を要請するとともに、覚恕との取次にあたった関係者に所領を与えることを約束していたことから判断すると、信玄自身も積極的に僧正の地位を要求していたことがうかがわれる。

信玄の僧正任官の背景として、甲斐源氏と天台宗との伝統的な関係が指摘されている（平山優『武田信玄』）。『甲陽軍鑑』品第四「信玄公発心之事」には、「我が家そのかみはてんだいしう（天台宗）ときく、この二、三代以前より、ぜんしう（禅宗）、そうとうじう

（曹洞宗）也」とあり、信玄は武田氏の宗派がかつて天台宗であったが、二、三代以前より禅宗（臨済宗）および曹洞宗に帰依するようになったと述べたという。このことを踏まえると、武田氏と天台宗との関係の深さが裏付けられる。

しかしながら、信玄による僧正任官の直接的な目的は、その直後に始まった信玄による西上作戦を有利に進めるために、延暦寺の再興を大義名分とする手段であったとも考えられている（秋山敬「政権を執る」）。当時、京都に滞在してキリスト教の布教活動を行っていたイエズス会の宣教師ルイス・フロイスが、フランシスコ・ガブラルに宛てた一五七三年四月二十日付の書簡（『日本耶蘇会年報』）には、「信玄の主たる目的、即ち口実は、来りて、信長が焼却破壊したる比叡の山の大学及び僧院、ならびに坂本の山王を再建するにあり」と記されていることからも、この見解は妥当なものであろう。

図37　木造武田不動尊像（恵林寺蔵）

さらに信玄は、自らを不動明王に擬して人々の崇拝の対象となるよう、自身の神格化を図った。信玄が没して三年後の天正四年（一五七六）四月二十六日、臨済宗の恵林寺（甲州市）において、勝頼が催した信玄七周忌（予修）の法要に関する法語を収録した『天正玄公仏事法語』（恵林寺蔵）には、円光院（甲府市）住持の説三恵璨による法語として、次のような一節が記されている。

> 恵林寺殿機山玄公大居士、仁義を攸（悠）（はる）かに致し、文武を兼ねて全うす、院を築き法性と号し、軒を築き徳栄と称す、点額宸翰今帝（正親町天皇）に賜る、鉀（牌）を刻み、恵林に安んじ、不動にあい擬して刻む、治国の宝剣を左辺に呈す。

これによると、説三恵璨は法語の中で、信玄が仁義に厚く、文武に優れた人物であり、信玄自身の姿を不動明王に擬した彫像に表わしたという。この像が、現在も恵林寺に祀られている「木造　武田不動尊像」であるが、二〇二一年に本像を調査したところ、像内の頭部に「七条大仏大弐法印　康住造　元亀三年　四月□日」と記された銘が確認されており（鈴木麻里子「武田不動尊像の制作と安置」）、本像は、信玄生前の元亀三年四月、京都七条の大仏師康住によって造立されたことが明らかとなった。

一方、領国内の寺社に対する信玄の対応を見ると、弘治三年以降、信玄は甲斐国の国中地域における寺社の統制を進め、永禄三年（一五六〇）から翌年にかけて府中八幡宮の勤番制度を成立させた一方（西田かほる『近世甲斐国社家組織の研究』）、同国の郡内地域や甲斐国外の神社については、願文の奉納を通して信玄の特定の政策を実現させるための祈願所として掌握した（拙稿「武田信玄の願文奉納をめぐって―宗教政策の一側面―」柴辻俊六編『新編　武田信玄のすべて』）。

さらに、信玄は永禄八年（一五六五）十二月および翌永禄九年（一五六六）九月に『諏訪上下社祭祀再興次第』（諏訪大社上社蔵）を作成し、信濃国一宮で同国内に広く信仰圏を持っていた諏訪社の神事や祭礼、神領、造営の状況を記録したほか、永禄元年（一五五八）九月には善光寺（長野市）の本尊である阿弥陀如来像を甲府に移し（『塩山向嶽禅庵小年代記』、『王代記』）、翌永禄二年（一五五九）二月に甲斐国内に善光寺（甲府市）を建立して入仏を行うなど（『王代記』）、神仏の保護を通して信濃守・信濃国守護となった自身の信濃国支配の正当化を図った。

こうして信玄は、自らの地位や行動の正統（正当）化とともに、世俗を超越した権威の向上を図るため、神仏との関係を利用したのである。このことは、戦国時代のみならず後世にも影響を及ぼした。武田不動尊像の影響を受け、近世になると不動明王の姿に模した表情で描かれた武田信玄像が数多く作成されるようになった。特に、江戸幕府五代将軍徳川綱吉の側近として幕閣に抜擢され、宝永元年（一七〇四）十二月に甲府城および甲斐・駿河両国内一五万一二〇〇石余を所領として与えられ（翌年に甲斐国山梨・八代・巨摩郡一円に知行替え）、甲府藩主となった柳沢吉保（やなぎさわよしやす）は、戦国時代に武田氏庶流一条氏の末裔を称した甲斐国北西部の土豪集団「武川衆（むかわしゅう）」の末裔を出自としていた。吉保は、宝永二年（一七〇五）四月十二日に恵林寺で営まれた信玄の百三十三回忌の法要に際して、同年二月二十八日に信玄佩用と伝えられた「太刀　銘来国長（らいくになが）　附（つけたり）糸巻太刀拵（いとまきのたちごしらえ）」を「法性院殿影前」、すなわち本像に奉納した（同太刀の内箱銘）。

また、吉保は宝永六年（一七〇九）六月に隠居した後、自らの「寿像」を「信玄公尊像遺し置かるるの地」である恵林寺に安置することを希望したが（「柳沢保山（吉保）書状」恵林寺文書）、恵林寺に伝来する「木造　柳沢吉保像」の像内銘には、「宝永七庚寅十一月大吉日　京七条大仏師流レ　甲陽城下住ス、大下浄慶（おおしたじょうけい）・同治郎右衛門（じろうえもん）・同杢右衛門（もくえもん）これを造る」と記されており、吉保が武田不動尊像を造った仏師と同じ七条大仏師の流れを汲み甲府城下に居住した大下浄慶らに依頼して本像を造ったことがわかる。すなわち、信玄の権威に依拠することにより、吉保は「甲斐国主」としての地位の正統性を示すことを図ったことがうかがわれる。

限界と矛盾

ここまで述べてきたように、自らの権威の向上を図るとともに、領国の拡大や統治を進め、全国有数の戦国大名として評価されている信玄であったが、その権力は限界や矛盾をはらんでいた。『甲州法度之次第』を通して、信玄の権力が甲斐武田家の家中や領国内の人々によって制限されていたことを先に触れたが、とりわけ、甲斐国の河内・郡内両地域をそれぞれ拠点とした穴山家および小山田家という国衆との合意形成は重要であった。

天文十八年と推定されている八月十二日付で、龍淵斎に宛てた信玄の書状には、「例式豆州は大酒振舞までに候間、何事も談合調わず候、また小山田をば佐久郡へ差し遣わし候、彼是もって一向不如意、迷惑に候」と記されており（「武田晴信書状写」磯部家文書）、信玄が「豆州」（穴山信友）と「小山田」（小山田出羽守信有）に相談したい案件があったものの、いつもの通り信友が大酒を飲んで酔っぱらってしまい、信有は佐久郡に派遣されていて留守であったため、何事も相談することができなかったことを悔やんでいる。

また、跡部景家を討ち、室町幕府により規定された甲斐国の統治体制を打破することによって、戦国大名への道を歩んできた甲斐武田家は、守護職が持つ権威を維持する一方、その統治体制は、独自に形成された当主の側近たちを中心に運営されていた。このことは、当主と嫡子それぞれの側近たちによる主導権争いを引き起こし、永禄八年十月における飯富虎昌らに擁立された嫡子義信と信玄との対立、そして永禄十年十月における東光寺（甲府市）に幽閉された義信の死去の原因となった。この結果、信玄は家中が認める後継者を失うことになり、甲斐武田家の継承を不安定化させた。

一方、信玄は父信虎の方針を受け継ぎ、信虎の代に結ばれた今川義元との同盟に加えて、北条氏康とも同盟を締結することで、信濃国への侵攻を進めたが、同国の安定した領国化のために、隣国の美濃国（岐阜県）を支配下においた織田信長と永禄八年十一月に同盟を結んだ。しかしながら、このことが、桶狭間合戦で父義元を信長に討ち取られた今川氏真との関係に対立を生じさせ、永禄十一年十二月に信玄が駿河国に侵攻したことにともない、これまでの信玄による外交政策の基本路線であった甲相駿三国同盟の崩壊を招く結果となった。

先述したように、信玄はこの危機を信長の支援を受けて乗り越え、駿河国の領国化と北条氏政との甲相同盟の再締結により、事態を収拾したが、今度は足利義昭の意向や徳川家康への対処をめぐって、信長との対立へと向かっていった。

こうした信玄の課題は、戦陣における信玄の死去により解決されないまま、次代の勝頼へと受け継がれていったのである。

家督継承への模索

信玄が元亀四年四月に没した後、その地位を継承したのは、四男の勝頼であった。諏方氏（乾福寺殿）を母として天文十五年（一五四六）に生まれた勝頼は、諏方頼継の名跡を嗣いで、信濃国高遠城（長野県伊那市）に在城し、信玄によって再編成された甲斐武田家の御親類衆として遇された。

高遠領の領主として勝頼は、永禄十一年（一五六八）十一月一日、高野山（和歌山県高野町）における甲斐国の宿坊であった成慶院を新たに高遠領の人々の宿坊と定め、甲斐国への帰属意識を表わしている（「諏方勝頼朱印状」成慶院文書）。また、武田信重、信昌、信玄をはじめとする甲斐武田家を中心とした人々の供養について記された『武田御日牌帳』（成慶院蔵）のうち「三番」と記された日牌帳には、天文二十一年（一五五二）八月十六日に没した諏方頼継や、永禄十二年（一五六九）七月十三日に行われた母諏方氏の供養等について記されている。特に、勝頼の祖母の逆修（生前の供養）に関する箇所に「信州高遠諏方勝頼様之御祖母」とあることから判断すると、高遠諏方家を継承した勝頼は、同家を甲斐武田家の一族として位置付け、両者の一体化を図ったことがうかがわれる。

図38　『長篠合戦図屛風』に描かれた武田勝頼（長浜市長浜城歴史博物館蔵）

　こうした勝頼が、甲斐武田家において一躍存在感を高めたのが、永禄八年十一月における織田信長の養女（遠山氏）との婚姻、並びに永禄十年十月における義信の死去であった。とりわけ、信玄と正室の三条氏（円光院殿）との間に生まれ、嫡子として甲斐武田家内外に認められた義信が信玄と対立の末に死去したことは、甲斐武田家の家中と領国をまとめるために、家督継承を円滑に進め、その権威の維持を図ってきた信玄の計画に大きな誤算を生じる結果となった。

この結果、勝頼が信玄の後継者として見做されるようになり、先述したように元亀元年四月には、信玄が足利義昭の側近一色藤長に対して勝頼の任官と義昭の偏諱を要請している。また同年の十二月十四日には、本願寺法主の顕如が信玄の正室三条氏の死を悼み、信玄に音物を贈ってきたが、翌十五日に顕如は勝頼にも音物を贈っている（「本願寺顕如書状案」龍谷大学所蔵『顕如上人御書札案留』）。これらにより、元亀元年中に勝頼は信玄の躑躅ケ崎館に迎えられ、信玄の後継者と見做されたことがうかがわれる。

しかしながら信玄は、永禄十年に生まれた勝頼の子信勝（幼名武王丸）を嫡孫と定め、勝頼については信勝が十六歳になり家督を継承するまでの陣代とし、武田氏伝来の御旗や、信玄が用いた孫子の旗を勝頼に譲らず、高遠以来の大文字の小旗の使用と諏訪法性の兜の譲渡のみを許したと伝わっているように（『甲陽軍鑑』品第六）、勝頼の地位は必ずしも保証されたものではなかった。そして、その処遇が定まらない間の元亀四年四月十二日に、信玄が没したのである。

その後、勝頼は三年間にわたり信玄の死を秘匿して、信玄が病気のため隠居し、勝頼が甲斐武田家の家督を継承したことを表明した。しかしながら、甲斐武田家の家中における勝頼の立場は確立しておらず、同年四月二十三日には勝頼が、上野国箕輪城代の内藤昌秀（修理亮）に対して、佞人による讒言があっても糾明を遂げ、昌秀の無実が判明すれば、佞人の身柄を引き渡し、処分を一任する等を記した起請文を作成し、血判の上で提出している（「武田勝頼起請文」京都大学総合博物館蔵）。このことから、勝頼の家督相続にあたって、家中の編成や序列に変化が起こり、分裂が生じつつあったこと、また勝頼と宿老との間に隔絶が生じたことが指摘されている（柴辻俊六『武田勝頼』）。

こうした家中の状況の上で甲斐武田家の当主となった勝頼は、敗北した長篠合戦の翌年にあたる天正四年（一五七六）に信玄の死を公表し、恵林寺において四月十六日に葬儀を催し、同二十六日には予修となる七回忌の法要を挙行した。その法語をまとめた『天正玄公仏事法語』（恵林寺蔵）の「散説」を見ると、勝頼は「大日本国甲信上駿遠五州太守源府君」と称され、甲斐・信濃・上野・駿河・遠江の五か国を統治する源氏の国主として位置付けられている。

また、法語には、「義光公貞任を討つより信武公に至り、代々将軍家に大功あれば、当家に過ち有ること無し、信武公より恵林寺殿機山玄公大居士に至る十代、当府君勝頼公に至る十一代、代々なおさかんなるは、いわゆる天王衛護の力に向かう也、ただに天王衛護の力のみにあらず、大居士即ちこれ天王の化現也」と記されている。これによると、甲斐武田家は天部の住人である「天王」、すなわち不動明王、降三世明王、軍荼利夜叉明王、大威徳夜叉明王、金剛夜叉明王、持国天王、増長天王、広目天王、多聞天王、五王四天の加護を受けているため勢力が盛んなのであり、信玄自身も「天王」が現世に出現した存在とされている。

このように法語からは、信玄没後も勝頼によって信玄の神格化は進んでおり、その加護を受けて勝頼の国主の座は守られているという認識が作られたことがうかがわれる。

一方、勝頼自身についてはどのように評していたのだろうか。法語には、勝頼の傑出した点として、①孝の心により仏教に帰依し、仁の心により家を嗣ぎ、軍法を伝え、五か国を平穏に統治していること、②三十三年前（実際は三十五年前）に追放された祖父の信虎（大泉寺殿）が余生を領国内に戻って過ごすことを許したこと、③深く仏道を信じ、賢明な家臣を重んじ、小心者を遠ざけて領国の興隆を図ったこと、以上の三点をあげている。

すなわち、孝や仁といった徳目による領国の安定化と、信虎の帰国による家督継承の正統化、そして家中の秩序維持を掲げることによって、勝頼は国主の地位の保証を得て、自らの求心力を保つことを図ったのではないだろうか。

こうした勝頼の方針は、領国内に大きな影響力を持った神社の造営への関与にも見られる。天正六年（一五七八）十二月、勝頼の主導により、駿河国一宮の富士山本宮富士浅間大社（富士大宮）において遷宮が挙行された（「富士浅間社遷宮入物覚」富士家文書）。また、同年二月から翌天正七年（一五七九）二月にかけて、信濃国一宮の諏訪大社上下社の造営帳が作成され、信濃国の郷村にその費用が賦課されており（「上諏訪造営帳」諏訪大社上社蔵ほか）、天正七年二月十六日には武田家が上社の「大宮御宝殿」ほか社殿の造営を、神長官の守矢信真、有力社家衆の諏方頼豊（越中守）等に指示している（「武田家朱印状」諏訪家文書）。

御館の乱への介入により甲斐武田家の転機が訪れた時期、勝頼は領国を代表する神社の造営を図ることで、領国を統治する国主として寺社を保護する責務を果たしていることを世に示し、自らへの求心力の維持を図ったのである。

「当家興亡の一戦」

勝頼が生きた十六世紀後半、戦国時代の争乱は、領国となった国郡の境界をめぐる戦国大名間の紛争へと発展し、激しさを増していった。そして、この状況に対応するため、戦国大名は領国をあげた総力戦体制の構築を模索するようになった。

甲斐武田家においても、信玄以来、軍役の規定を記した定書が作成されたが、勝頼の代になって、特に天正三年（一五七五）五月の長篠合戦の敗北後、軍役の賦課が一層強化された。同年十二月十六日に小泉昌宗（こいずみまさむね）（総三郎（そうざぶろう））に命じた軍役定書には、鉄砲の用意の奨励や、討死した家臣の家督後継者が幼少の場合に十八歳まで陣代を配置すること等の規定が見えるが、その一部には次のように記されている（「武田家朱印状写」『続錦雑誌』七）。

一、来る歳は無二に尾濃三遠に至るの間、干戈を動かし、当家興亡の一戦を遂ぐべきの条、累年の忠節この時に候間、或いは近年隠遁せしむるの輩、或いは不知行ゆえ蟄居せしむる族の内、武勇の輩を撰び出し、分量の外人数を催し出陣有り、忠節の戦功を抽きんぜらるべき儀、年内油断無く支度肝要の事、

この文書によると、勝頼は、織田信長および徳川家康の領国となっていた尾張、三河（愛知県）、美濃（岐阜県）、遠江の五か国への出陣を、「当家（甲斐武田家）興亡の一戦」として捉え、この戦いに臨むに際して、隠遁者や不知行者のうち武勇に優れた者を、割り当てられた人数を超えて動員するよう、小泉昌宗に指示している。

ここでは、甲斐武田家の興亡をかけた合戦への出陣を大義名分にして、家中の武士たちに動員への協力を働きかけていることが注目される。

また、天正五年（一五七七）と考えられる閏七月五日付で、駿河国の三浦員久（みうらかずひさ）（右馬助（うまのすけ））に宛てられた軍役定書の抜粋には、次のようにある（「武田家朱印状写」国立公文書館

所蔵〈内閣文庫〉『諸家文書纂』一一）。

一、来る調儀当家を守り、興亡の基にあい企つる旨候条、領中の貴賤十五以後六十以前の輩悉く申し付けられ、廿日の滞留を以て出陣頼み入り候事、

付、廿日以後は、下知を得るに及ばず、軍役衆の外は、指し返されるべきの事

この文書では、勝頼が、次の合戦が甲斐武田家を守るため、興亡をかけた大本であることを強調し、領国内の十五歳以上、六十歳以下の者を対象に二十日間の動員を依頼する内容が記されており、二十日間以降は、軍役衆以外の者は指示を受けず帰国することを了承している。こうして勝頼は、甲斐武田家の領国内に居住する人々を、年齢により一律に徴兵することを定め、人々に対して動員に応じるよう依頼したのである。

先の文書と同じく、ここでも勝頼は甲斐武田家の興亡を強調しており、信玄の代と比べて一層、甲斐武田家という「家」の維持を領国の維持と同一視して訴える姿勢を示している。このことは、先述した通り、甲斐武田家の正統な家督継承者として、必ずしも十分に認識されてこなかった勝頼自身が、その払拭のために殊更「家」を重視した立場を反映した措置であったのではないだろうか。

滅亡と東国惣無事

先述したように、天正七年（一五七九）九月に始まった北条氏政との対立以降、勝頼は上野国・伊豆国方面では氏政、また遠江国方面

では氏政と同盟を結んだ徳川家康との抗争を繰り広げた。この間、領国の東西における抗争を余儀なくされた勝頼が、新たに同盟関係を結んだ佐竹義重(さたけよししげ)を介して模索したのが、丸島和洋氏によって明らかにされた織田信長との和睦、いわゆる「甲江和与」である（丸島和洋「武田氏の対佐竹氏外交と取次」同『戦国大名武田氏の権力構造』）。

同年十一月十八日、勝頼は九月に同盟関係を結んだ上杉景勝の求めに応じて、景勝の使者の眼前で血判の上、榊を用いて誓詞(せいし)を認め、今後は景勝と慎重に相談するので「御同意」を期待することを伝えた（「武田勝頼書状」米沢市上杉博物館所蔵　上杉家文書）。そして翌々日の二十日に勝頼は、「甲・江和平の儀、佐竹義重媒介の事」等を了承事項として、「春日山」（景勝）に示した（「武田勝頼条目写」米沢市上杉博物館所蔵『歴代古案』巻一四）。ここに、勝頼は景勝の同意を得て、本格的に甲江和与の調整に乗り出したのである。

この甲江和与は、日本列島東西の政治体制の境界に位置した甲斐国を拠点とする甲斐武田家が、天文九年（一五四〇）五月に信虎が信濃国佐久郡に侵攻して以降、もっぱら京都を中心とした政治体制を重視し、甲斐国の西方へと領国の拡大を続けてきた外交戦略を転換して、北条氏政との抗争を基本路線と定めるものであった。そして、佐竹義重との甲佐同盟、また義重を介して天正九年（一五八一）十月に結ばれた安房国(あわ)（千葉県）の里見義頼(さとみよしより)との同盟を中心に、改めて東国の政治体制の中に自らを位置付け直そうとする試みであったと考えられる。甲江和与の交渉に合わせて、勝頼と遠山氏（信長養女）との間に生まれた嫡子の武王丸が同年末に元服して信勝と名乗るとともに、翌年初頭にかけて重臣たちに新たな官途・受領名が与えられ、甲斐武田家の「代替わり」が図られたことが指摘されているが（丸島和洋「武田勝頼と信勝」『戦国遺文』武田氏編五月報）、この際、御親類衆のうち、ともに勝頼の従兄弟である武田信豊（叔父信繁の子）が左馬助から相模守に、また穴山信君（伯母南松院殿の子、姉見性院殿の夫）が玄蕃頭から陸奥守に、それぞれ改められている。相模守・陸奥守は、鎌倉幕府の執権・連署が用いた先例のある受領名であり、勝頼が東国の政治体制を意識して、信豊・信君両名を処遇していたことがうかがわれる。

しかしながら、甲江和与の交渉は進展しなかった。天正八年（一五八〇）と考えられる三月十八日付で、勝頼側近の跡部勝資が景勝の家臣新発田長敦に送った書状には、甲江和与が成立して甲斐武田家の人質となっていた織田信房（源三郎）が勝頼から信長に引き渡されたとの情報に接した景勝が、事前報告をしなかった勝頼への不信感を表明したことに対して、この情報が誤報であるとし、義重が甲江和与を仲介しているけれども進展なく、また義重の要請に応じて信房の身柄を引き渡したことが記されている（「跡部勝資書状写」米沢市上杉博物館所蔵『歴代古案』巻二）。

こうした状況において、勝頼は甲斐武田家の新たな拠点となる新府城の築城に取り組ん

図39　新府城跡（韮崎市教育委員会提供）

だ。天正九年（一五八一）とされる正月二十二日付で武田家家臣の真田昌幸（さなだまさゆき）が記した書状には、「上意につき啓せしめ候、よって新御館に御居を移され候の条、御分国中の人夫をもって、御一普請に成し置かるべく候」とあり、勝頼の指示によって「新御館」（新府城）への移転が決定し、領国内に居住する者に普く人足等の工事の負担が課される「御一普請」と定められた（「真田昌幸書状写」長野県立図書館所蔵『君山合偏』二二）。

また、同年の十一十日付で勝頼が景勝に送った書状には、「新館の普請出来せしむるの旨、聞こし召さるるに及び、祝詞として三種ならびに柳五十を贈り給わり候、誠に御入魂の至り、謝すところを知らず候、内々近日移居すべき心底に候」とあり、新府城の竣工を聞き祝儀の品々を贈り届けてきた景勝に対して、勝頼は礼を述べ、近日中に甲府から新府へと移転することを伝えた（「武田勝頼書状」米沢市上杉博物館所蔵　上杉家文書）。

新府城の特徴は、従来の甲斐武田家の本拠であった甲府の武田氏館（躑躅ヶ崎館）の郭全体をそのまま山上に展開する構造を持った「館造り」にあったとされ（萩原三雄・本中眞監修、山梨県韮崎市・韮崎市教育委員会編『新府城の歴史学』）、勝頼は天正四年（一五七六）から同七年（一五七九）にかけて行われた信長による安土城の築城を知り、防御上・戦略上・領国経営上等の観点から新府城の築城に至ったことが指摘されている（山下孝司「武田勝頼と新府城」）。

このことに関して、当時の勝頼の行動を見ると、天正八年八月以降もっぱら上野国への出陣が中心を占めており、新府築城に着手した天正九年正月段階における勝頼の関心は、徳川勢に包囲されて孤立した遠江国高天神城への救援よりも、関東の一角を占める上野国全域を平定し、自らの威勢を誇示することにあった様子がうかがわれる。したがって新府築城の目的は、西方の信濃国諏訪郡方面や南方の駿河国方面への備えとともに、北方の信濃国佐久郡を経由して上野国方面へと出陣する便宜を図った側面も推測され、この築城は勝頼による甲斐武田家の新たな基本路線を実現するための一環でもあったと考えられよう。

しかしながら、勝頼の救援が及ばないまま、天正九年三月に遠江国高天神城（静岡県掛川市）が落城すると、甲斐武田家の家中の間で領国の維持に係る勝頼への信頼は急速に失われた。そして、翌天正十年正月の木曽義昌（よしまさ）の離反を契機に、信長から家督を継承した織田信忠（のぶただ）が信濃国、また徳川家康が駿河国へと侵攻すると、二月に家康を介して信長への服属を表明した穴山信君（梅雪斎不白）を始めとして、家中の武士たちの離反が相次いだ。

一方、同年二月二十日に勝頼は、義昌の逆心を伝え聞き懸念を示した景勝に対して、事態を掌握していることを主張しつつも、援軍の派遣を要請している（「武田勝頼書状」米沢市上杉博物館所蔵　上杉家文書）。しかし、もはや混乱を収束することができなかった勝頼は、新府城を放棄して、甲斐国東郡の田野に進み、同年三月十日にこの地で織田家家臣滝川一益の攻撃を受ける中、信勝らとともに自害した。

その約一か月後の同年四月二十五日、穴山信君が母南松院殿の十七年忌の法要を営んだ。その香語には、「本州太守頼勝（勝頼）公、その位に在りてすでに十歳、常に讒人を用い、乱りにして親族の諫めを聴かず、去る歳秋の孟、古府を壊し新府を築かんと欲す、古府すでに破れ、新府未だ成らず、今ここに春の季、敵軍の雲遍く四辺に起こる、ああ天か命か、一族士卒干戈を動かさず一時に離散し、守また出奔す」と記されている（『南松院殿十七年忌香語』南松院蔵）。すなわち、新たな政権構想をも見据えた勝頼による新府築城が、かえって勝頼の滅亡を正当化する口実として利用されたのである。また、讒言を行う家臣を重んじたとする勝頼への批判は、先述した「賢明な家臣を重んじ、小心者を遠ざけて領国の興隆を図る」とした『天正玄公仏事法語』に見える勝頼の政治姿勢を真っ向から否定するものであった。

こうした勝頼の滅亡をもって、甲斐武田家の歴史は終焉を迎え、その領国は織田政権に引き継がれた。信長は重臣の滝川一益を「目付（めつけ）」「東国御警固」として上野国に配置し、東国支配に着手したが、この事実を踏まえ、織田政権側および東国諸領主側の双方が、甲斐武田家の滅亡をもって、信長による「東国御一統」「惣無事（そうぶじ）」が達成されたと認識し、織田政権が緩やかながらも事実上東国を統一したことが指摘されている（竹井英文「織豊政権の東国統一過程—『惣無事令』論を越えて—」）。

日本列島東西の政治体制の境界に位置する甲斐国を地盤とした甲斐武田家の滅亡は、畿内周辺に拠点を置いた政権が東国の支配を実現する契機となり、戦国の争乱が統一政権の成立へと動き出す、まさに中世から近世への新たな時代の起点となったのである。

由緒の成立と継承

武田氏系図の成立

武田氏系図を探る

武田氏は、新羅三郎と称された源義光を祖とし、平安時代末期の十一世紀前半に常陸国から甲斐国に移って、甲府盆地一帯に拠点を広げた甲斐源氏の一族であり、戦国時代の十六世紀には、甲斐国を統一して巨大な領国を築きあげた。

武田氏を含む甲斐源氏の系譜については、これまでもっぱら平安・鎌倉時代について検討されてきた（彦由一太「甲斐源氏と治承寿永争乱」ほか）。しかし、南北朝・室町時代以降に編纂された武田氏の系譜や、系図自体がどのように作成されたのかという課題については、十分に検討されてきたとは言い難い。この背景には、戦国大名の甲斐武田家が滅亡し、家に伝来した系図が残されていないため、もっぱら近世に編纂された系図をもとに考察しなければならず、史料的な限界から研究対象とされてこなかったと考えられる。

室町時代以前に成立した武田氏系図の中で、最も広く紹介されているのは、『尊卑分脈』に「頼義次男賀茂二郎義綱・三郎義光流」として掲載された系図である。本書「武田信武と安芸・甲斐武田家の成立」で触れたように、この系図には、南北朝時代の武田信武の子のうち安芸武田家の祖となった氏信および直信が記載されている一方、甲斐国に在国した信成・信明・義武が記されていないことから、この系図は氏信周辺から『尊卑分脈』の編纂者である洞院家に提出されたと推測される。

それでは、『尊卑分脈』には反映されていない、信成の子孫である甲斐武田家の系図はどのように作成され、伝来したのであろうか。本節では、近世初頭の十七世紀前半までに編纂されたと考えられる系図をもとに、戦国時代の武田信虎・信玄・勝頼へとつながる甲斐武田家の系図編纂の状況を探ることにする。

一蓮寺過去帳に見る系図表記

現在、甲斐武田家の系図が初めて作成された時期を特定することはできないが、正和元年（一三一二）、武田氏庶流の一条時信によって創建された時宗寺院の一蓮寺（山梨県甲府市）に伝来する過去帳には、次のような注目される表記がある。

宝治二戊申年八月十九日　武田太郎駿河守信義子　伊予守
重阿弥陀仏　石和五郎信光
射礼楯無し相伝
甲州石和荘を賜わると　系図にあり

（省略）

信時の嫡子　綱 時繩 系図
声阿弥陀仏　伊予守

一蓮寺過去帳（かこちょう）は、男性の時衆を寛永十一年（一六三四）まで記載した僧帳、女性の時衆を寛文三年（一六六三）まで記載した尼帳、その後、男女合わせて宝永二年（一七〇五）まで記載した新帳の三冊から構成されているが、引用した記載内容は、僧帳のうち一蓮寺を創建した時信の曽祖父にあたる武田信光（のぶみつ）と、その曽孫時綱（ときつな）について表記した箇所である。

僧帳の冒頭には「当寺八代これを誌す」、尼帳の冒頭には「当寺第七世これを誌す」と記されているが、僧帳の表紙の表記は「七」を「八」と書き替えた痕跡が認められており、僧帳・尼帳ともに一蓮寺七代住持の法阿弥陀仏によって作成されたと考えられている（『山梨県史』資料編6中世3上）。僧帳によると、法阿弥陀仏の没年は文安五年（一四四八）であり、十五世紀前半には一蓮寺過去帳のうち僧帳と尼帳が作成されたと判断される。この記載内容を見ると、いずれも信光・時綱の阿弥号を記すとともに、諱と官途名、父の名などを注記している。信光の注記にある「射礼・楯無し相伝」とは、武田氏に伝来した弓術の礼法と、先祖である源義光が着用し、武田氏の家督相続に際して惣領から嫡子へと相伝されたと伝えられる楯無鎧と称される甲冑を信光が継承したことを表しているが、これらの注記について、僧帳の編者である法阿弥陀仏は、系図を参照して記載したことがわかる。

では、僧帳の作成にあたり、法阿弥陀仏が参照した系図とはどのような系図であったのだろうか。僧帳のうち南北朝時代に甲斐国守護となった武田信春の表記をみると、「護国院殿華峯玄清　寿阿弥陀仏　武田陸奥守　当寺七世之慈父也」と記されている。僧帳と尼帳を作成した法阿弥陀仏は信春の子であり、甲斐武田家の出身であった。このことから、僧帳作成にあたり自らの先祖の系譜を注記するために、法阿弥陀仏が参照した系図は、十五世紀前半までに甲斐武田家に伝来した武田氏系図であったと推測される。

僧帳の注記のもとになった武田氏系図を、現在確認することはできないが、注記の内容の特徴などから同類の系図を探してみよう。

僧帳の作成に際して参照された武田氏系図は、「射礼・楯無し相伝」の表記が見られることを特徴としている。また、『尊卑分脈』では信光・時綱の官途を伊豆守としているが、一蓮寺過去帳の表記では、伊予守と表記している。

武田氏の諸系図の中から、これらの条件を満たす系図を検索すると、照合するのが紀伊国新宮城主水野忠央の旧蔵書として伝来した、武田源氏一統系図（国立国会図書館蔵、以下「一統系図」という）と呼ばれている武田氏系図である。一統系図に記載された信光の注記には、「石和五郎、伊与守　射礼楯無相伝」とあり、また時綱の注記には「六郎、伊与守」とあって、いずれも一蓮寺過去帳の表記と一致する。

一統系図の最終的な成立時期は、後述するように寛永年間（一六二四～四四）の後半頃と推定されているが（『山梨県史』資料編6中世3下）、鎌倉時代に活動した信光や時綱の記載に該当する部分の祖本がかつて存在し、十五世紀前半、法阿弥陀仏が一蓮寺過去帳の作成に際して、この祖本を参照したのであろう。

　それでは、一統系図はどのように作成されたのであろうか。まずは、その内容について説明したい。一統系図は、冊物の形態をとっており、概ね次のような構成で清和源氏（河内源氏）の一族が書き上げられている。

武田源氏一統系図

①清和天皇から源頼義、義家を経て鎌倉将軍家に至る系図
②義家の子義国から義康、義兼を経て室町将軍家に至る足利氏の系図
③頼義の子義光から義清、清光を経て信義（武田）、遠光（加賀美）など甲斐源氏の一族に至る系図
④③に引き続き遠光の子長清から始まる小笠原氏の系図
⑤③に引き続き信義の子信光を経て信長から始まる一条氏の系図
⑥③に引き続き信義の子信光を経て信隆から始まる一宮氏（『尊卑分脈』では岩崎氏）の系図
⑦③に引き続き信義―信光―信政―信時―時綱―信宗―信武と続く武田氏（信時流武田氏）の系図
⑧⑦に引き続き信武―信成―信春―信満―信重―信守―信昌―信綱（信縄）―信虎―晴信―勝頼―信勝と続く甲斐武田家の系図
⑨⑦に引き続き信武の子信明に始まる大井氏の系図

⑩⑦に引き続き信武の子氏信に始まる安芸・若狭武田家の系図
⑪⑧から分かれて信成の子武続に始まる栗原氏の系図
⑫⑧から分かれて信成の子満春に始まる布施氏の系図
⑬⑧から分かれて信春の子信継に始まる下条氏の系図
⑭⑧から分かれて信満の子信景に始まる今井氏の系図
⑮⑧から分かれて信重の子信介に始まる穴山氏の系図
⑯⑧から分かれて信昌の子信恵に始まる油川氏の系図
⑰⑧から分かれて信綱の子信友に始まる勝沼氏の系図
⑱⑧から分かれて信虎の子信実に始まる川窪氏の系図
⑲系図に続いて、「古時覚書之写　甲斐国住根本之事」との表題が付され、武田信長の活動を記した奥書
⑳奥書の頭注に付された上杉禅秀（氏憲）、足利持氏、武田信長、古河公方家の系譜

このうち、⑲は応永二十四年（一四一七）、上杉禅秀の乱に際し、武田信満が縁戚関係を持つ禅秀に味方して鎌倉公方足利持氏と戦い、甲斐国木賊山（山梨県甲州市）で自害した後、嫡子の信重（三郎入道道成）が高野山へと亡命するなか、弟の信長が甲斐国に留まり、持氏の被官逸見有直や守護代の跡部駿河守と抗争を続けた事績が記されている。この

中には、「三郎入道道成は両公方の御定めもなし、先祖の譲りもなし、軍の功もなし、右馬助信長は両上様の仰せも定り、先祖代々のてつぎも有り、戦の功も有り」とあり、幕府の後援により守護となった信重に対して、信長による甲斐武田家継承の正統性を主張している。

ここで、本系図の作成に関する『山梨県史』の解釈をまとめると、⑧の武田信長の注記にある「八郎、右馬助、上総国において逝去　重書の筆者道存但又」という文言に注目して「重書」を「裏書」、「但又」を「祖父」と解釈し、一統系図の祖本は、信長の孫である道存が、信長の子孫（上総武田家）を甲斐武田家嫡流の正統な家系と主張するために巻子本の形態で系図を作成し、紙背に⑲を裏書したと指摘している（『山梨県史』資料編6中世3下）。史料中には「道存ハ晴氏ノ時也」という注記があり、これにしたがえば、奥書を記した道存は、古河公方足利晴氏（生年不詳～一五六〇）が生きた十六世紀半ば頃の人物ということになる。

また、⑱の川窪氏の系図において、信実の孫信雄の注記に寛永九年（一六三二）の記事が記載され、その子が仮名のみを記していることから、一統系図の最終的な成立は寛永年間（一六二四～四四）の後半頃としている（同）。

そして、これらを踏まえた結果、一統系図の成立について、a裏書をともなう原本（戦国時代初頭以前に成立)、b戦国時代以降を加えた段階、c川窪氏の系図を追加した段階(寛永年間後半頃)という三段階を推定するとともに、一統系図の内容は、鎌倉時代までは『尊卑分脈』、室町時代以降は後に紹介する円光院(えんこういん)武田系図に近似することを指摘している(同)。

しかしながら、改めて一統系図を見直すと、⑲のように信長の子孫を正統化する奥書がある一方、系図本体には信長の子孫である上総武田家の系譜が一人として紹介されておらず、明らかに系図と奥書との間に矛盾が見られる。一統系図が最終的に十七世紀前半に編纂された系図であることを考慮すれば、系図と奥書とは本来全く別に存在し、一統系図の編纂に際して一括された可能性も排除できない。そして、奥書(裏書)が系図とは別に成立したと考えると、奥書の成立をもとにしてa段階を一統系図の祖本の成立時期であると判断することは困難である。

また、『山梨県史』では、一統系図の鎌倉時代の表記箇所は『尊卑分脈』に近似することが指摘されているが、『尊卑分脈』に記された「頼義次男賀茂二郎義綱・三郎義光流」の系図に記載された人名と一統系図に記載された人名とを比較した結果が表1である。

表1の通り、一統系図には、『尊卑分脈』に記載のある人名に加えて、一統系図のみに独自に見える人名が複数認められる。また、先述した射礼と楯無鎧の相伝の注記は、『尊

卑分脈』と異なる一統系図の特徴となっている。したがって、一統系図の鎌倉時代の表記箇所は、『尊卑分脈』をもとにしているのではなく、別に祖本が存在したと考えられる。

では、一統系図の鎌倉時代の表記箇所に該当する祖本は、どのような系図であったのだろうか。系図表記の特徴から検討しよう。

楯無鎧の相伝記事

先述の通り、一統系図は、射礼と楯無鎧の相伝により家督相続を表現している点に特徴が見られる。このうち楯無鎧の相伝に関する注記をたどると、南北朝時代の信武に至るまで、信時流武田氏ではなく、一条氏に相伝されたという。鎌倉時代、甲斐守護職には二階堂氏が補任される一方、信時流武田氏は、「鎌倉中」と呼ばれ鎌倉に居住する上層御家人の地位を占めていたことが指摘されている（網野善彦「鎌倉時代の甲斐守護をめぐって」）。そして、建治二年（一二七六）、蒙古襲来に際して、信時が異国警固のため安芸国地頭・御家人を動員することを幕府から命じられるなど、その活動は、信光が守護に補任された安芸国関係でもっぱら記録されている。

この一方、鎌倉時代に甲斐国に在国した武田氏については、『尊卑分脈』に一条時信が甲斐守護職および甲斐守に補任されたという表記が見られる。また、正中三年（一三二六）三月二十五日に鎌倉幕府が柏尾寺（大善寺）の紛失文書の内容を確認するため、地元の深沢郷地頭武田助政（⑥にある一宮信隆の子孫）や武田政泰（③のうち平井清隆の子孫）

両方に記載	『尊卑分脈』のみに記載
信義 【信義子】忠頼，兼信，有義，信光 【信光子】朝信，信忠，信政，信長，信隆，信基，光経（光信） 【信政子】信時，政綱，信泰，信綱 【信時子】時綱，政頼，貞頼 【時綱子】信宗 【信宗子】信武 【信武子】氏信	【信光子】信継，光性 【朝信子】信幸（末流），【信政子】信村（末流） 【信時子】時頼，【政綱子】信家（末流），【信泰子】宗泰（末流），【信綱子】長綱，信広 【信武子】直信
【信義子】忠頼	【忠頼子】飯室禅師，行忠（末流）
【信義子】兼信	【兼信子】頼時，頼重（末流）
【信義子】有義	【有義子】有信（末流），信盛（末流）
【信光子】信長 【信長子】義長，頼長，信経，信行 【信経子】時信 【時信子】義行，貞連，時光，信方（『尊卑分脈』では義行子）	【信長子】信久 【信経子】宗信（末流），【信行子】行時（末流），泰行，隆行 【時信子】信重（末流），宗景，貞家，信泰，源光，信源 【義行子】頼行（末流），行貞，【時光子】経光
【信光子】信隆，信基，光経（光信） 【信隆子】政隆，時隆，信賢（信方） 【光経子】貞経（『尊卑分脈』信隆子） 【貞経子】信経	【信光子】信継 【政隆子】政嗣（末流），【時隆子】宗光（末流）

義から『尊卑分脈』の下限である氏信までの世代を対象とした．
することを意味する．

表１　一統系図と『尊卑分脈』の比較

名字	一統系図のみに記載
武田	【信光子】信平，信快 【信政子】信成，政長 【信時子】信実，時平，光時 【信武子】信成，信明，公信，義武
一条	
板垣	
逸見	
一条	【信長子】光家 【時信子】白次，慶良吉，牧原，鳥原，両境 【信方子】信武（末流）
一宮（岩崎）	【信賢子】泰嗣（末流）

（注１）武田氏系図の比較に限定するため，信
（注２）「末流」は，当該人物の子孫全てが該当
（注３）（　　）内は，『尊卑分脈』の人名．

らを尋問しており（「関東下知状」、大善寺文書）、一宮氏（岩崎氏）や平井氏（二宮氏）が甲斐国内で活動していたことを確認できる。

そのほか、⑦のうち信時の弟にあたる政綱には、『尊卑分脈』によると政綱—信家—貞信—政義という系統があり、石和流武田氏と称されている。このうち政義は、元弘元年（一三三一）に甲斐国および一族の御家人を動員して、上洛する鎌倉幕府の軍勢に加わっていたことが確認されており、同時期における守護であったと指摘されている（佐藤進一

『室町幕府守護制度の研究—南北朝期諸国守護沿革考証編—』上)。

一統系図にある楯無鎧の相伝記載に注目すると、一統系図の鎌倉時代の表記箇所に該当する祖本は、本来、安芸国に関係した信時流武田氏の系図でなく、信光—信長—信経(のぶつね)—時信—義行(よしゆき)と続く甲斐国に在国した一条氏の系図を記載したものであったと考えられる。ところが、南北朝時代に信時流武田氏の信武が、安芸・甲斐両国の守護職を兼任し、その子信成が甲斐国に在国する段階に至り、一条氏の系図を継承して、信時流武田氏のうち甲斐武田家に伝わった武田氏系図が作成されたと推測される。

では、一条氏と武田氏(信時流武田氏・甲斐武田家)とを結びつける接点は、何処にあったのであろうか。この課題について、注目される史料が次の一蓮寺寺領目録(一蓮寺文書)である。

甲斐国一条道場一蓮寺領目録事

　合拾七町七段　屋敷二所

一、同国一条郷蓬沢内田地壱町七段

　武田惣領源信武寄進

　貞和二年十月十三日

一、同郷内石坪井尻女子跡弐町斎藤彦三郎之継沽却
　　武田次郎信成寄進
　　　暦応四年八月十七日
一、同郷内道場西屋敷一宇
　　弾正少弼信明寄進
　　　貞治二年七月廿日
一、同郷内一条七郎入道跡壱町犬熊女子沽却
　　一条甲斐太郎信方寄進
　　　暦応二年二月三日
一、同郷内壱町
　　一条八郎六郎入道女子尼本阿寄進
　　　文和三年八月廿九日
一、同郷内壱町三段
　　佐分弥四郎入道観阿寄進
　　武田刑部大輔信成重寄進
　　　暦応二年六月日

一、同郷内朝毛弐町
　一条甲斐守信方寄進
　　文和三年七月十七日
一、同郷内壱町七段
　一条十郎入道道光寄進
　　正慶元年三月十日
一、同郷内持丸壱町五段
　二階堂出羽七郎入道敬阿寄進
　一条八郎入道源阿重寄進
　　正慶二年四月十五日
（省略）
一、同郷内堀内三段
　武田又次郎入道道成寄進
　　康永二年三月七日
（省略）

一、経田九段　五段惣社宮経田平井
　　　　　　　四段二宮経田小石和
　　　　　　　　一条甲斐守信方後家現阿寄進
　　　　　　　　　貞治二年七月十日

（省略）

　　　　　　　　　　貞治三年二月十五日

この史料は、貞治三年（一三六四）二月十五日、一蓮寺の寺領合計十七町七段と屋敷二所の内訳を書き上げた目録である。史料の通り、正慶元年（一三三二）から貞治二年（一三六三）にかけて、一蓮寺は信時流武田氏（甲斐武田家）と一条氏の双方から度々寺領を寄進されたことがわかる。この状況を編年にまとめ直したのが表2である。

一蓮寺は、正和元年（一三一二）、一条時信によって創建された時宗寺院であるが、南北朝時代、安芸守護職に加えて甲斐守護職に補任された信武と、甲斐国内に在国した子の信成は、一条氏ゆかりの一蓮寺に数回にわたり寺領を寄進した。さらに、この寄進地の多くは、鎌倉時代以来、一条氏の名字の地であった一条郷内に所在しており、安芸国から甲斐国に拠点を移した信時流武田氏（甲斐武田家）の勢力が同郷に浸透していた様子をうか

寄進寺領	備　考
一条郷１町７段	
一条郷持丸１町５段	二階堂出羽七郎入道敬阿寄進を再寄進
一条郷１町	一条七郎入道跡犬熊女子沽却
一条郷１町３段	佐分弥四郎入道観阿寄進を再寄進
一条郷石坪井尻女子跡２町	斎藤彦三郎継沽却
一条郷堀内３段	
一条郷蓬沢内田１町７段	
一条郷朝毛２町	
一条郷１町	
経田９段	５段　惣社宮経田　平井 ４段　二宮経田　小石和
一条郷道場西屋敷１宇	

がうことができる。

このように、一蓮寺が、一条氏と信時流武田氏とを結びつける接点の役割を果たしていたと考えられる。そして、一蓮寺七代住持で甲斐武田家の出身であった法阿弥陀仏によって、一蓮寺過去帳作成のために一統系図の鎌倉時代の表記箇所に該当する祖本が参照されたことを考慮すると、一蓮寺に伝来した一条氏の系図が甲斐武田家に伝来した武田氏系図に受け継がれたと推測できる。

系図の比較

ここまで、一統系図の鎌倉時代の表記箇所に該当する祖本について探ってきた。一方、室町時代の表記箇所については、先述したように円光院武田系図と呼ばれる武田氏系図に近似するとの指摘がある。

円光院武田系図は、甲府五山の一つで武田信玄の正室円光院殿（三条夫人）の菩提寺である円光

表２　武田氏・一条氏による一蓮寺への寺領寄進

年　代	西暦	武 田 氏	一 条 氏
正慶元. ３.10	1332		一条十郎入道道光
正慶２. ４.15	1333		一条八郎入道源阿
暦応２. ２. ３	1339		一条甲斐太郎信方
暦応２. ６.	1339	武田刑部大輔信成	
暦応４. ８.17	1341	武田次郎信成	
康永２. ３. ７	1343	武田又次郎入道道成	
貞和２.10.13	1346	武田惣領源信武	
文和３. ７.17	1354		一条甲斐守信方
文和３. ８.29	1354		一条八郎六郎入道女子尼本阿
貞治２. ７.10	1363		一条甲斐守信方後家現阿
貞治２. ７.20	1363	弾正少弼信明	

院（甲府市）が所蔵する系図であり、部分的ではあるが戦国時代以前に成立していたと考えられている（『山梨県史』資料編６中世３上）。

ここで、一統系図に記載のある人名と円光院武田系図に記載のある人名とを比較した結果が表３である。

表３の通り、信武から四代目にあたる信重から信守、信昌を経て信縄に至るまでの甲斐武田家の世代について、一統系図と円光院武田系図に記載された人名が、ほぼ完全に一致する。特に、信重および信守の兄弟の記載に、「女子太多」という表現を双方ともに使用しており、一統系図と円光院武田系図の当該箇所が同一の内容であることを裏付けている。このことから、一統系図の信重—信守—信昌—信縄と続く系図は、円光院武田系図を祖本として作成されたと判断される。

したがって、一統系図の鎌倉時代の表記箇所に該当する祖本、すなわち一条氏系図を継

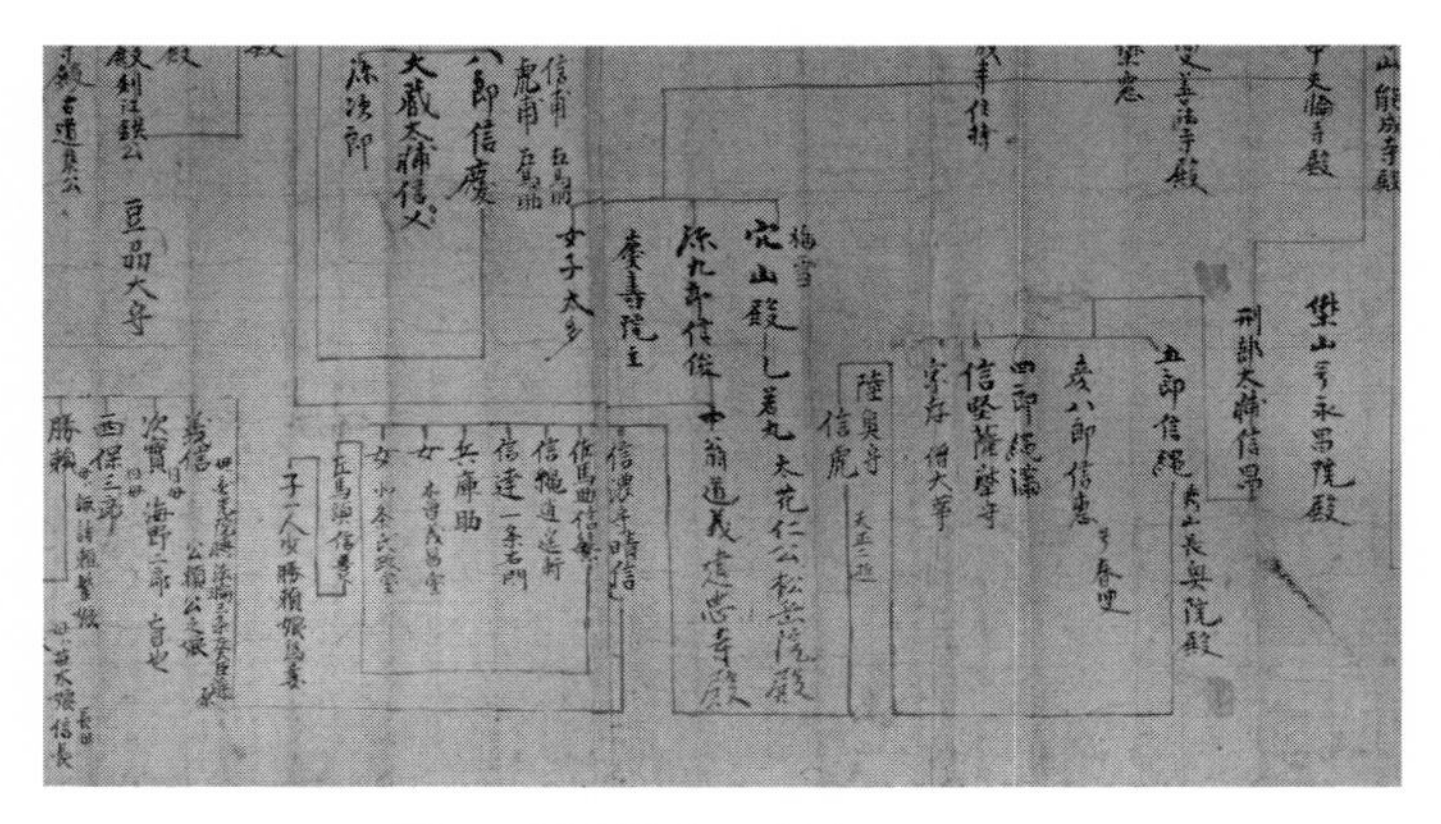

図40　円光院武田系図（円光院蔵）

承して作成された武田氏系図には、信重の父である信満の世代以前が記載されていたと推測される。先に紹介したように、この系図を参照して一蓮寺過去帳の注記を記載した法阿弥陀仏は、信満の父信春の子、すなわち信満の弟で信重には叔父にあたる人物である。このことからも、一統系図の鎌倉時代の表記箇所に該当する祖本は、信満の世代で終了していたと考えられる。

　では、何故、信満と信重との世代の間で、一統系図の祖本が異なっているのであろうか。この問題については、応永二十四年（一四一七）、上杉禅秀の乱に際し、甲斐守護であった信満が、縁戚関係を持つ前関東管領の上杉禅秀に味方して鎌倉公方足利持氏と対立し、甲斐国木賊山で自害したことが影響していると考えられる。

　信満の自害後、信重は持氏の追及を逃れるため紀伊国の高野山に赴いた。そして、将軍足利義教と持氏との対立を背景に、室町幕府の支援のもと信重が甲斐守護職に補任されて、永享十年（一四三八）八月に帰国を果たすまで二十一年間、甲斐国は事実上守護不在となり、甲斐武田家も断絶している状態にあった。

このため、一統系図の鎌倉時代の表記箇所に該当する祖本は信満の世代で終了し、それ以降の世代の表記は、新たに信重から信縄に至る円光院武田系図が一統系図の祖本となったと考えられる。

なお、円光院武田系図を所蔵する円光院は、三条夫人の菩提寺となるまで成就院と称し、もとは信重の菩提寺として甲斐国小石和（山梨県笛吹市）にあった信重の居館跡に所在していた（現在も同地に成就院は存続している）。このため、一統系図の編纂において、信重以降の系図を記載する際に信重ゆかりの円光院武田系図が祖本として採用されたのであろう。

一統系図の編纂時期

こうした来歴を持つ一統系図は、最終的にいつ編纂されたのだろうか。寛永二十年（一六四三）、江戸幕府は諸大名・旗本の系図を提出させ、『寛永諸家系図伝』を編纂した。この中に、「清和源氏庚八冊之内、義光流之内武田流」として、信玄の弟信実に始まる旗本川窪（河窪）氏の系図が掲載されている。川窪氏系図は義光から始まるが、一統系図の義光以降の系図と比較した結果が表4であ

両方に記載	円光院武田系図のみに記載
信義 【信義子】忠頼，有義，兼信，信光 【信光子】信忠，信政 【信政子】信時，政綱(信綱) 【信時子】時綱(円光院武田系図　信綱子) 【時綱子】信宗	【信義子】米倉弥太郎，神宮寺六郎，一宮七郎，早川八郎信安，奈胡九郎 【信光子】武田
【信宗子】信武 【信武子】信成，信明(大井殿)，氏信(氏清)，公信，義武(穴山) 【信成子】信春，武続(栗原殿)，満春 【信春子】信満(満信)，成春，満春(春信)，信継，信久，法阿弥陀仏	【信成子】下条殿 【信春子】遠大西堂，女子太多
【信満子】信重，信長(信義)，信康(信泰)，宗印(仁勝寺殿)，信景，信賢(信堅)，信広，信安，弥阿(弥阿弥陀仏)，女子太多 【信重子】信守，信介(兵部少輔)，永信，基経(基信)，賢信(賢範)，周檜(周快)，以珍，又三郎，女子太多 【信守子】信昌 【信昌子】信綱(信縄)，信恵，綱美(縄満)，信賢(信堅)，宗存	【信重子】其阿弥陀仏
【信綱子】信虎 【信虎子】晴信，信繁，信連(信縄)，信実(兵庫助)，信龍(信達) 【晴信子】義信，勝頼，龍芳(次宝)，盛信(仁科五郎)，義久(葛山七郎)，北条氏政妻子(円光院武田系図　信虎子)，穴山妻女，木曽妻女(円光院武田系図　信虎子) 【勝頼子】信勝，女子一人(長尾景勝室)	【晴信子】西保三郎，望月六郎，女
【信義子】有義	【有義子】有信(末流)，信盛
【信武子】信明(大井殿)	
【信武子】氏信(氏清)	

表３　一統系図と円光院武田系図の比較

名　字	一統系図のみに記載
武田 信義〜信宗	【信光子】朝信，信長(一条氏末流)，信隆(一宮氏末流)，信平，信基，信快，光経(末流) 【信政子】信成，政長，信泰，信綱 【信時子】信実，時平，政頼，貞頼，光時
武田 信武〜信満	【信成子】基信，武春 【信春子】法久
武田 信重〜信縄	
武田 信虎〜信勝	【信綱子】信友(勝沼氏末流)，小山田出羽守妻 【信虎子】今川氏真母，穴山伊豆守妻，信基，弥々，浦野母，於亀，信是，下条母，宗智，祢津神平母，菊亭大納言廉中 【晴信子】新館比丘尼 【義信子】女子一人
逸見	
大井	【信明子】春明(末流)，信丁，光善寺(末流)，明仲
安芸武田	【氏信子】信在(末流)

る。表4のとおり、川窪氏系図の内容は、一統系図にほぼ完全に包摂される。ただし、信俊の妻となった松尾信是の娘や信雄の兄弟について、一統系図にない内容も見られる。なお、信俊と信是の娘との婚姻について、元亀二年（一五七一）三月十三日、信玄は弟である信是（民部少輔）の遺領を、同じく弟の川窪信実（兵庫助）の息子（信俊）が相続することを認め、従兄弟にあたる信是の娘が信俊と婚姻するよう指示している（「武田信玄判

【信武子】公信	
【信成子】武続（栗原殿）	
【信成子】満春	
【信春子】信継	
【信満子】信景 【信景子】信経 【信経子】信慶 【信慶子】信是	【信景子】慈聖，彦六，信幸 【信経子】信乂，弥次郎 【信慶子】平三，源三，信意，虎意，新九郎，武田越前守，与左衛門
【信重子】信介（兵部少輔） 【信介子】信縣（信俊） 【信尭子】信友 【信友子】信君	【兵部少輔子】穴山殿（末流），慶寿院主，女子太多 【信俊子】一株松公，実山仁公 【信君子】勝千代丸
【信重子】賢信（賢範）	
【信昌子】信恵	
【信昌子】綱美（縄満）	
【信虎子】信繁 【信繁子】信豊	【信豊子】子一人少
【信虎子】信連（信縄）	
【信虎子】信実（兵庫助）	

を対象とした．
ことを意味する．

公信流	【公信子】武明(末流)
栗原	【武続子】信通(末流)
布施	【満春子】頼武，満頼(末流)，大廈和尚
下条	【信継子】信久(末流)
今井	【信是子】信元(末流)，信隣(末流)
穴山	【信縣子】信釆，信尭，信風 【信尭子】源隣和尚 【信友子】信邦
賢信流	【賢信子】信興(末流)
油川	【信恵子】信貞(末流)，信友(末流)
岩出	【綱美子】信勝，信行
信繁流(吉田)	【信繁子】仁科妻子，信頼
信廉流	【信連子】小笠原掃部太夫妻女，仁科五郎妻女
川窪	【信実子】信俊(末流)

(注1) 武田氏系図の比較に限定するため，信義以降
(注2)「末流」は，当該人物の子孫全てが該当する
(注3)(　　)内は，円光院武田系図の人名.

物」、陽雲寺文書)。

一方、一統系図に記載された武田氏の庶流にあたる各氏の系図は、川窪氏系図では基本的に三代まで記載された後、四代目以降が省略されており表記がない。また、円光院武田系図と一統系図に見られる「女子太多」表記が、川窪氏系図には記載されていない。

したがって、川窪氏系図は、一統系図の表記を整理・統一したうえで、川窪氏関係の内

両方に記載	川窪氏系図のみに記載
義光 【義光子】義業，義清 【義清子】清光 【清光子】信義，遠光，光長，義定，清隆(末流)，長義，義行(行義)(末流)，義成，源尊，信清(末流) 【信義子】忠頼，兼信，有義，信光 【信光子】朝信，信忠，信政，信長，信隆，信平，信基，信快，光経(末流) 【信政子】信時，政綱，信成(信盛)，政長，信泰，信綱 【信時子】時綱，信実，時平，政頼，貞頼，光時 【時綱子】信宗 【信宗子】信武 【信武子】信成，信明，氏信，公信，義武 【信成子】信春，基信，武春，武続，満春 【信春子】信満，成春，満春，信継，信久，法阿弥陀仏，法久 【信満子】信重，信長，信康，宗印，信景，信賢，信広，信安 【信重子】信守，信介，永信，基経，賢信，周檜，以珍，又三郎 【信守子】信昌 【信昌子】信綱，信恵，綱美(末流)，信賢，宗存 【信綱子】信虎，信友 【信虎子】晴信，今川氏真母，穴山伊豆守妻，信繁，信基，弥々(諏訪頼重妻)，浦野母，信連(末流)，於亀(大井次郎妻)，信是，下条母，宗智，信実，信龍，禰津神平母，菊亭大納言廉中 【晴信子】義信，勝頼，龍芳，盛信，義久，北条氏政妻子，穴山妻女，木曽妻女 【勝頼子】信勝	
【義光子】義業	
【清光子】遠光 【遠光子】光朝，長清，光行，光経，光俊 【光朝子】光定，【長清子】長経，清胤，阿一，長光，長家，時長，円清，長隆，清時，行長，朝光，朝長	
【信光子】信長 【信長子】光家，義長，頼長，信経，信行 【信経子】時信 【時信子】義行	
【信光子】信隆 【信隆子】政隆(正隆)，時隆，信賢 【信賢子】泰嗣	
【信武子】信明 【信明子】春明，信丁，光善寺，明仲(川窪氏系図では光善寺と同一人物) 【春明子】信家，高算，【光善寺子】昌盛(昌義)(川窪氏系図　信丁子)，信直(川窪氏系図　信丁子)，信弘(川窪氏系図　信丁子)	

表4　一統系図と川窪氏系図の比較

名　字	一統系図のみに記載
武田	【信満子】弥阿，女子太多 【信重子】女子太多 【信綱子】小山田出羽守妻 【晴信子】新館比丘尼 【義信子】女子一人，【勝頼子】女子一人
佐竹	【義業子】義盛(末流)
加賀美	【長経子】長忠(末流)
一条	【時信子】白次，慶良吉，牧原，貞連，時光，信方(末流)，鳥原，両境
一宮(岩崎)	【泰嗣子】信泰(末流)，長重
大井	【信家子】信世，信房(末流)

【信武子】氏信 【氏信子】信在 【信在子】信守	
【信武子】公信 【公信子】武明 【武明子】満信	
【信成子】武続 【武続子】信通 【信通子】信明	
【信成子】満春 【満春子】頼武，満頼，大廈和尚 【満頼子】信清	
【信春子】信継 【信継子】信久 【信久子】信元	
【信満子】信景 【信景子】信経 【信経子】信慶	
【信重子】信介 【信介子】信縣 【信縣子】信釆，信尭，信風	
【信重子】賢信 【賢信子】信興 【信興子】信文	
【信昌子】信恵 【信恵子】信貞，信友 【信友子】信連(彦三郎)	
【信綱子】信友	
【信虎子】信繁 【信繁子】仁科妻子，信豊	
【信虎子】信是	【信是子】 女子

安芸武田	【信守子】信繁（末流）
公信流	【満信子】持信（末流），時明（末流）
栗原	【信明子】信遠（末流）
布施	【満頼子】海洞寺法性 【信清子】信住（末流），駒王常喜，心山懌公，信棟，善佐蔵主，信繁，広蕙首座，女子太多
下条	【信元子】信遠（末流）
今井	【信慶子】信是（末流）
穴山	【信堯子】信友（末流），源隣和尚
賢信流	【信文子】信白
油川	【信貞子】信名
勝沼	【信友子】信原（末流）
信繁流	【信繁子】信頼
松尾	

【信虎子】信実 【信実子】信俊 【信俊子】信雄 【信雄子】信貞，信安，御伊勢（女子）	【信俊子】 信種，信房， 信宅，信次， 信通，信本， 女子，女子

容を追加して作成されたことが確実である。また、この結果により、一統系図は、系図中に表記がある寛永九年（一六三二）から『寛永諸家系図伝』が編纂された同二十年までの間に成立したことを確認できる。

このように、一統系図は川窪氏系図と密接なつながりがあり、川窪氏系図を幕府に提出するに際して、同氏のもとに一統系図が存在していたと考えられる。おそらく一統系図は、甲斐武田家の後裔を自任する川窪氏の周辺で作成されたのではなかろうか。

以上のように考察すると、一統系図は基本的に次のような段階を経て、寛永九年から同二十年までの十二年間に編纂されたと考えられる。

ａ　一条氏系図を継承した武田氏系図（信満以前）が成立

ｂ　円光院武田系図（信重—信守—信昌—信縄）が成立

ｃ　戦国時代の甲斐武田家歴代（信虎以降）をａ、ｂに追加し、先述した①、②、④、⑥、⑨～⑱の系図や⑲、⑳の

川窪	

（注１）川窪氏系図と比較するため，一統系図は義光以降を対象とした．
（注２）「末流」は，当該人物の子孫全てが該当することを意味する．
（注３）（　　）内は，川窪氏系図の人名．

奥書の祖本と一括して一統系図を編纂

このうち、円光院武田系図の成立については、続けて考察することにしたい。

円光院武田系図

円光院武田系図は、巻子本の形態をとっており、五紙にわたって概ね次のような構成で書き上げられている。

① 清和天皇から源頼義、義家を経て頼朝の曽孫若宮別当に至る鎌倉将軍家の系図
② 義家の子義国から義康、義兼を経て義政に至る室町将軍家足利氏の系図
③ ②から分かれて、尊氏の弟直義から基氏を経て政氏に至る鎌倉公方家足利氏の系図
④ 頼義の子義光から義清—清光—信義—信光—信政—信綱（ママ）—時綱—信宗—信武—信成—信春—満信（信満）—信重—信守—信昌—信縄—信虎—晴信—勝頼—信勝と続く武田氏（信時流武田氏・甲斐武田家）の系図

⑤④から分かれて、信義の子有義(ありよし)に始まる逸見氏の系図
⑥④から分かれて、信満の子信景に始まる今井氏の系図
⑦④から分かれて、信重の子兵部少輔(ひょうぶのしょう)（信介）に始まる穴山氏の系図

円光院武田系図の成立時期については、②の足利義政(よしまさ)の注記に「当上様成為」とある一方、③の足利持氏と子の成氏、孫の政氏との間で記載方法に差異が生じていることに注目し、義政の時代に成立した系図に、成氏・政氏が追加されたと考えられている（『山梨県史』資料編6中世3上）。また、④のうち信守までは、円光院の前身である成就院が所蔵する成就院武田系図とも、内容・記載方法に基本的に差異は見られないとし、この部分までは戦国時代以前に成立したと推測されている（同）。

ここで、円光院武田系図における人名と注記の表現方法に注目すると、先の七構成ごとに基本的に次のような傾向を読み取れる。

①官途名（または仮名(けみょう)）・諱…例「八幡太郎義家(はちまんたろう)」
②諱＋官途名（または法号など）…例「尊氏　仁山義公・等持寺殿(とうじじでん)」
③諱＋官途名（または法号など）…例「直義　錦小路殿(にしきこうじ)・大休寺殿(だいきゅうじでん)」
④―1（信宗以前）官途名（または仮名）・諱…例「武田太郎信義」
④―2（信武～信縄）官途名（または仮名）・諱＋法号…例「刑部太輔信重(ぎょうぶだいふ)　功岳成就(こうがく)

院殿」

④―3（信虎・晴信）　官途名・諱…例「信濃守晴信」

④―4（勝頼・信勝）　諱＋母の出自…例「勝頼　母ハ諏訪頼繁娘」

⑤官途名（または仮名）・諱…例「逸見兵衛有義」

⑥官途名（または仮名）・諱…例「兵庫助信経」

⑦官途名（または仮名）・諱（または法号）＋法号…例「玄番頭信君　霊泉寺殿、古道集公」

また、系図の筆跡に注目すると、全体的に同筆で記されているが、④信縄の弟宗存と子の信虎以降、⑥信是の兄弟、⑦勝千代丸の人名が、明らかに異筆で記されている。

以上のような表記方法と筆跡の傾向を踏まえて、円光院武田系図がどのような段階を経て作成されたのかを考えてみよう。

まず、①、④―1、⑤はいずれも鎌倉時代以前の人物であるとともに、官途名（または仮名）・諱という共通の表記を使用しており、一体の系図であったと考えられる。それに対して、②、③は、諱＋官途名（または法号など）という独自の表記を使用しており、足利氏系図として別に存在していたと考えられる。

続いて、④―2、⑦は室町・戦国時代に該当するとともに、官途名（または仮名）・諱＋

法号という共通の表記を使用しており、一体の系図であったと考えられる。

また、⑥は、室町・戦国時代において独自の表記方法がされており、今井氏系図として別に存在していたと考えられる。

最後に、④―3、④―4は、室町・戦国時代において独自の表記方法がされるとともに、異筆で記されており、①、②、③、④―1、④―2、⑤、⑥、⑦の系図が円光院系図としてまとめられた後に、追加されたと考えられる。

以上をまとめると、円光院武田系図は次のような段階を経て成立したと推測される。

a　鎌倉時代以前における清和源氏（河内源氏）、武田氏、逸見氏の系図が成立

b　十五世紀後半までの足利氏（室町将軍家・鎌倉公方家）の系図が成立

c　南北朝時代に甲斐守護職となった信武から信縄に至る甲斐武田家の系図に、信君までの穴山氏の系譜を追加した系図が成立

d　今井氏の系図が成立

e　以上をまとめて円光院武田系図が成立

f　信虎―晴信（信玄）―勝頼―信勝と続く戦国時代の甲斐武田家歴代と穴山勝千代、今井信是兄弟の表記を追加

このうち、eの円光院武田系図が成立した時期については、cの穴山信君の没年が天正

十年（一五八二）であり、追加されたfの穴山勝千代（信君の子）の没年が天正十五年であることから、この五年間の間に成立したと考えられる。

以上のように、円光院武田系図の成立は、十六世紀後半の特定の期間に求められ、この段階における武田氏の系図は、信縄の世代で終了していたことが明らかとなった。

円光院と穴山氏・今井氏

先に紹介したように、一統系図と円光院武田系図の内容が一致するのは信重から信縄に至る世代に限定されることも、円光院武田系図が当初、信縄の世代までしか記載されていなかったことを反映していると考えられる。

このような円光院武田系図における最大の特徴は、穴山氏・今井氏という甲斐武田家庶流の系図が、信虎・信玄・勝頼という戦国時代の三代の名が系図に追加される以前に記載されている点である。何故、穴山氏・今井氏の系図が円光院武田系図に反映されているのであろうか。

まず、穴山氏・今井氏とはどのような家系であるのかを説明しよう。穴山氏は、信武の子義武が甲斐国穴山郷（山梨県韮崎市）を本拠とし、郷名を名字としたことに始まる。義武の後、武田信春の子満春、武田信重の子信介が名跡を嗣ぎ、代々甲斐武田家当主の親族が穴山氏を継承してきた。

特に、戦国時代の信友は、武田信虎の次女である南松院殿を妻とし、「河内」と呼ばれる甲斐国南部の富士川流域を支配した。さらに信友と南松院殿との子である信君（梅雪斎不白）は、武田信玄の甥であるとともに、自らも信玄の次女見性院殿を妻とし、甲斐武田家の「御親類衆」において中心的な地位を占めていた。

天正十年（一五八二）三月、武田勝頼が織田信長・徳川家康の軍勢により滅亡した際、信君は家康を介して信長に服属し、河内地域の支配を維持したが、同年六月の本能寺の変直後、滞在先であった和泉国堺（大阪府）からの帰路、山城国田原郷（京都府綴喜郡宇治田原町）で殺害された。その後、信君の子勝千代（信治）が穴山氏を継承し、家康の配下に属することになったが、勝千代も天正十五年（一五八七）に没し、穴山氏の家系は断絶した。

一方、今井氏は、武田信満の子信景が甲斐国今井郷（甲府市）を本拠とし今井氏を称したが、その子孫は「逸見」と呼ばれる甲斐国北部の八ヶ岳山麓を支配し、逸見氏・浦氏とも呼称された。

戦国時代になり、武田信虎が甲斐国統一に向けて国内の国衆と抗争を繰り広げると、今井氏は信虎に対抗する有力な国衆として登場する。永正十六年（一五一九）、甲府に居館を移転し、国衆たちに甲府への集住を強制した信虎に対し、翌十七年、東郡（甲府盆地東部）の栗原氏、西郡（甲府盆地西部）の大井氏とともに今井氏が抵抗したが、都塚合戦（笛吹市）および今諏訪合戦（南アルプス市）に敗北し、信虎に降伏している。

さらに享禄四年（一五三一）、信是の子信元は信濃国諏訪郡の諏方頼満に加勢を頼み、信虎との抗争のため甲府へと進軍したが、河原辺合戦（韮崎市）で敗北した。翌享禄五年（天文元年・一五三二）、信元は居城に籠城し抵抗を試みたが、甲斐国内の軍勢を結集した信虎に降伏し、居城を明け渡している（秋山敬「国人領主逸見氏の興亡」同『甲斐武田氏と国人―戦国大名成立過程の研究―』）。

このように、穴山氏・今井氏は甲斐武田家の一族であるとともに、河内・逸見を支配する有力な国衆であったが、戦国時代において対照的な系譜をたどった。しかし、穴山・今井両氏ともに、円光院武田系図を所蔵する円光院と関係を持っていたことが確認できる。

円光院は、先述した通り信玄の正室円光院殿（三条夫人）の菩提寺であるが、信玄と円光院殿との間に生まれた次女が見性院殿であり、穴山信君夫人となっている。また、元亀元年（一五七〇）に没した円光院殿の葬儀における法語を記した「円光院殿仏事香語」（円光院蔵）によると、穴山信友の菩提寺円蔵院（山梨県南巨摩郡南部町）の住持である桂岩徳芳が、葬儀において起龕を務めている。

なお、円光院と穴山氏との関係については、慶応四年（一八六八）七月に南松院が作成した「明細由緒書」（『甲斐国社記・寺記』二）によると、元亀元年、信君の母（信玄の姉）南松院殿（穴山信友夫人）の菩提寺である南松院（山梨県南巨摩郡身延町）に二代住持として入山した明院祖芳は、円光院開山の説三恵璨を法嗣として天正三年（一五七五）に上洛したという。

このように、円光院は穴山氏と深い関係を持っていた。おそらく、円光院が穴山氏の菩提を弔うため、信縄の世代まで記載した甲斐武田家伝来の武田氏系図に、穴山氏歴代の系図を追加し、円光院武田系図を作成したのであろう。

先述したように、円光院武田系図は、信君が没した天正十年（一五八二）から、勝千代が没した天正十五年（一五八七）までの五年間に成立したと推定されるが、天正十年三月に武田勝頼が滅亡した直後の四月二十五日、信君が母南松院殿の十七年忌の法要を営んだ際に作成された『南松院殿十七年忌香語』（南松院蔵）には、「武田中興吾門大檀、他時異日将軍の命を承り、吾邦府君と称するは蹻足これを俟つのみ」と記されており、信君自身による甲斐武田家の継承を主張している。実際には、信君は同年六月に死去したため、その遺児である勝千代が甲斐武田家の名跡を継承することとなったが、円光院武田系図の作成には、こうした穴山信君の意向が影響していたと考えられる。

なお、系図中、信友の父一株松公や叔父実山仁公の諱が表記されていないのは、過去帳などを参照して系図を作成したためであったと推測される。

一方、今井氏と円光院との関係については、次の「武田家朱印状（しゅいんじょう）」（円光院文書）を取り上げる。

定

御西御菩提のため、当寺を建立し牌所（はいじょ）に定めらる、若神子（わかみこ）の内返田参拾俵の所、寺産たる上は、自今以後（じこんいご）いよいよ御相違有るべからざるの旨、仰せ出さるる者也、よってくだんの如し、

天正三年乙亥
正月廿三日（龍朱印）跡部大炊助これを奉る
西昌院

この文書によると、武田信虎の側室であった今井氏出身の御西の菩提を弔うため、勝頼が西昌院（さいしょういん）を天正三年（一五七五）正月に創建し、寺領として若神子（山梨県北杜市）のうち返田三十俵を寄進したことが記されている。文書の宛所である西昌院（甲府市）は円光院の末寺であったため、文書が円光院に伝来したと考えられる。すなわち、円光院は末寺

図41　絹本著色穴山勝千代像（最恩寺蔵，山梨県立博物館提供）

の西昌院を介して、今井氏と関係を持っていたことがわかる。このため、円光院武田系図に今井氏の系図が記載されたのであろう。

以上のように、円光院武田系図は、信縄の世代までを記載した甲斐武田家伝来の武田氏系図に、円光院と関係が深い穴山氏・今井氏の系図を追加して成立したと考えられる。当初、円光院武田系図に、戦国時代の信虎―晴信―勝頼―信勝と続く系図が記載されなかった理由は明確でないが、天正二年（一五七四）に没した信虎に先駆けて、信玄が元亀四年（一五七三）に死去したことや、天正十年（一五八二）の勝頼の滅亡により甲斐武田家が断絶し、系譜が途絶えてしまったことが影響しているのではないだろうか。

系図編纂と武田氏の継承

最後に、本節で扱った武田氏系図の成立過程についてまとめる。

①一統系図のうち、武田信満以前の武田氏歴代を記載した祖本は、一条氏の系図を継承して十五世紀前半までに成立していた武田氏系図であ

った考えられる。

②この祖本を信満の弟で一蓮寺七代住持となった法阿弥陀仏が参照し、一蓮寺過去帳の注記を記載したと考えられる。

③この祖本は、応永二十四年（一四一七）、信満の自害による甲斐武田家の一時断絶により、信満の世代で表記が終了したと考えられる。

④この結果、一統系図では、信満の子信重から信縄の世代に至る甲斐武田家の系図を記載するため、信重の菩提寺成就院の後身である円光院が所蔵する武田氏の系図を祖本として参照したと考えられる。

⑤円光院武田系図は、信縄以前の武田氏（信時流武田氏・甲斐武田家）の系図に、円光院と関係を持った穴山氏・今井氏の系図を追加して、天正十年（一五八二）から同十五年（一五八七）までの間に成立したと考えられる。とりわけ、この成立には、甲斐武田家の継承を主張した穴山信君の意向が影響していた。

⑥円光院武田系図には、戦国時代における信虎以降の甲斐武田家歴代の表記が系図成立後に追加されているが、当初、彼らの表記が記載されなかったのは、天正十年に甲斐武田家が滅亡し系譜が絶えてしまったことなどが影響している可能性がある。

⑦寛永九年（一六三二）から同二十年（一六四三）までの間に、甲斐武田家の後裔を主張

した旗本川窪氏の周辺で、十五世紀前半までに成立していた武田氏系図と円光院武田系図を祖本とし、信虎以降の武田氏歴代と川窪氏一族の記載を独自に加えて、一統系図が編纂されたと考えられる。

⑧寛永二十年、一統系図を整理して『寛永諸家系図伝』掲載の川窪氏系図が作成された。

このように、甲斐武田家に伝来した武田氏系図の成立時期は、第一段階として十五世紀前半以前（武田信満以前の歴代を記載した祖本）、第二段階として十六世紀後半（円光院武田系図）を設定することができる。そして、第三段階として十七世紀前半、それ以前に成立した系図を祖本として一統系図が編纂された後、それをもとにした『寛永諸家系図伝』所収の川窪氏系図が幕府に提出されたことにより、現在流布している武田氏系図が成立を見たと考えられる。

こうした武田氏系図の成立過程からは、戦乱を契機とした武田氏の系譜の不連続性を読み取れる一方、制作意図が異なる複数の系図を統合することにより、各時代に甲斐武田家の後継者を主張した一族が、同家の由緒の継承を図った状況がうかがわれる。

武田氏の一族が、時代を越えて平安時代以来の系譜を強く意識し、この観念を具体化するために創出したのが、武田氏系図であったといえよう。

楯無鎧の伝承をめぐって

中世の武士と鎧

　私たちが中世の武士を象徴する武具を考える際、鎧を連想することは、少なからず経験するだろう。平安時代末期の保元元年（一一五六）七月に京都で勃発した保元の乱の際、河内源氏の惣領源為義は、「先祖より相伝して、塵もすえず、夜ひる（昼）守り、いと憑み候つる着長（大鎧・式正の鎧）」八領を所持していたというように（『保元物語』上巻）、中世当時にも同様の認識が存在していたものと考えられる。

　また、元亨元年（一三二一）十月二十四日、信濃国志久見郷（長野県下水内郡栄村付近）の地頭市河盛房は、「こさくらをとし（小桜威）のきせなか（着長）・重代のよろいひたゝれ（鎧直垂）」を六郎（嫡子の助房）に、「まつかわをとし（松皮威）のはらまきよろい（腹

図42　国宝　小桜韋威鎧　兜・大袖付（菅田天神社蔵，甲州市教育委員会提供）

巻）」を八郎に、「こさくらをとし（小桜威）のよろい」を九郎（倫房）にそれぞれ相続することを表明しているが（「市河盛房自筆置文」市河文書）、ここでも鎧が武士の家の中で、相続の対象とされていたことが判明する。特に盛房の嫡子である助房には、別名「きせなか」と呼ばれる大鎧が盛房より相続されていることから、大鎧は他の鎧とは異なり、家督継承の象徴として認識されていたのである。

さらに、林原美術館が所蔵する「紺糸威胴丸　兜・大袖付」は、興国三年（一三四二）六月から翌年冬にかけての戦乱の恩賞として、南部政長が後村上天皇より太刀粟田口国安とともに拝領した鎧として、陸奥国糠部郡（青森県・岩手県）八戸を本拠とする根城南部家（八戸家）に伝来してきたが、同家では、正月十一日の元朝祝儀列座の席において鎧と太刀を披露したという（「八戸家伝記」南部家文書）。すなわち、鎧は武家の惣領に継承され、一族の結集を図る儀式に際して、家の象徴として使用されたのである。

ところで、山梨県甲州市塩山の菅田天神社に伝来する国宝の「小桜韋威鎧 兜・大袖付」は、武田氏の家宝楯無鎧として広く世に知られている。この一方、本鎧の伝来については、二〇〇〇年代に至るまで十分な考察がされてこなかった。次に紹介するのは、従来、本鎧に関する代表的な見解となっていた『日本の美術』二四「甲冑」の概要である。

○甲斐源氏の始祖源義光以来、武田氏の重宝として相伝された「楯無」と号する鎧。

○信玄の時代、鬼門鎮護のため甲府の北東の方角にあたる於曽村（甲州市塩山）の菅田天神社に納められた。

○武田氏滅亡の際、勝頼の家臣である田辺左衛門尉が向嶽寺（甲州市塩山）の大杉の下に埋めたが、徳川家康が見つけ出し、再び同社に納めた。

○本鎧は、江戸時代に盗難にあい大破したが、寛政十年（一七九八）に江戸で修復し、さらに文政十年（一八二七）に補修した。

○昭和二十七年（一九五二）、国宝に指定された。

このように、本書には本鎧の由来がまとめてられているが、こうした由来がどのような過程を経て編纂されてきたのかは、必ずしも明らかとはなっていない。そこで本節では、中世および近世における楯無鎧の伝承を通して、本鎧がどのように伝来されてきたのかを考察し、改めて楯無鎧の歴史的な位置づけを探りたい。

図43　小桜韋威鎧　兜・大袖付　復元品（山梨県立博物館蔵）

山梨県は、二〇〇五年十月に開館した山梨県立博物館の展示にあたって、小桜韋威鎧　兜・大袖付の当初の姿を考証して復元品を製作することとなり、『集古十種』『甲斐国志』等の文献史料を参考にすると

小桜韋威鎧　兜・大袖付の調査

ともに、二〇〇四年に菅田天神社で本鎧の調査を実施した。この結果は、二〇〇七年に『小桜韋威鎧　兜・大袖付　復元調査報告書—楯無鎧の謎を探る—』として同館より刊行されているが、調査の結果を踏まえた本鎧の製作時期に関する概要を以下にまとめる。

○鉄十枚張りの厳星兜鉢、「花先形」をした大袖の冠板、伝世の鎧では最大規模である脇楯の壺板は、平安時代後期に製作された。

○鎧の本体を構成する小札の大部分は、鉄および革を材質として鎌倉時代前期から中期にかけて製作された。当時の絵韋は、「花欅霰地獅子丸」文様であったと考えられる。

○鎌倉時代後期から戦国時代にかけて、兜の鍬形台、絵韋（藻獅子韋）、花菱紋の紋鋲、据物金物が追加、改装された。

○江戸時代後期の破損により、胸板や肩上、威韋の大部分、絵韋（「牡丹獅子」文様）、金物等が大幅に修復された。

○黄色く見える威韋は、藍色の小桜韋をキハダの染料によって染め重ねられており、いわゆる「黄返し」であった。

このように、現状の本鎧は、鎧を構成する各部分ごとに製作時期が異なっている。平安時代後期に遡るのは、兜の鉢、大袖の冠板、脇楯の壺板という鉄製の部品のみであり、鎧本体の小札の大部分は鎌倉時代前期から中期にかけて製作されていることが判明した。したがって、本鎧は平安時代後期の鉄製の部品を再使用して、本体が鎌倉時代前期から中期にかけて製作されており、鎌倉時代後期から戦国時代にかけて、武田氏の家紋である花菱紋を象った紋鋲や据物金物等により改装や補修が加えられたと考えられる。

この結果、本鎧は室町時代末期から戦国時代まで部分的に幾度か補修されながらも、甲斐武田家滅亡の時点、さらに江戸時代の中期頃までは、鎌倉時代様式の大鎧として、ほぼ完存した状態を保っていたと見られ、数度の修理、改装がなされているが、平安、鎌倉時代の大鎧として甲冑史上、美術史上、貴重な遺品として高く評価されている（竹村雅夫・西岡文夫「小桜韋威鎧調査報告」山梨県立博物館『小桜韋威鎧 兜・大袖付 復元調査報告書―楯無鎧の謎を探る―』）。

一蓮寺過去帳に見る楯無鎧

この一方、楯無鎧を紹介した記録のうち中世まで遡る史料として、文安五年（一四四八）までに武田信春の子で一蓮寺住持となった法阿弥陀仏によって作成された一蓮寺過去帳のうち僧帳があげられる。すなわち、宝治二年（一二四八）八月十九日に死去した「重阿弥陀仏」として記載されている武田信光（石和五郎）について表記した脚注には、「射礼楯無し相伝、甲州石和荘を賜わると系図にあり」とあり、信光が射礼（弓の礼法）とともに楯無鎧を相伝したことが記されている。

また法阿弥陀仏は、この脚注の執筆にあたり、系図を参照したことがわかるが、この系図は、表記の一致から武田源氏一統系図（以下「一統系図」という）と呼ばれる武田氏系図のうち、武田信満以前の世代に該当する箇所であった。系図中、江戸幕府の旗本であった川窪信雄の脚注に、寛永九年（一六三二）の年記がある。また、一統系図は寛永二十年

（一六四三）に編纂された『寛永諸家系図伝』に収録されている川窪氏系図の原本と考えられることから、一統系図は寛永九年から同二十年までの十一年間に編纂されたことがわかる。

それでは、一統系図において、楯無鎧の相伝がどのように記されているのかを見てみよう。図の通り、楯無鎧は源頼義から甲斐源氏の祖とされる源義光に伝わり、その後、義光—義清—清光—信義—信光と相伝されている。

ところが信光以降になると、信光—信政—信時—時綱—信宗—信武と続く、いわゆる信時流武田氏の系統に相伝したのではなく、信光—信長—信経—時信—義行と続く武田一族の一条氏の系統に相伝されたことがわかる。そして、「楯無在所を知る」という脚注のある義行の代に、一条氏による楯無鎧の相伝が途絶え、それ以降、「楯無出来折持（所持カ）」という脚注のある信武から、その子信成の子孫である甲斐武田家に相伝されている。

ここで、改めて信時流武田氏について概略すると、建治二年（一二七六）、蒙古襲来に際して、信時が異国警固のため安芸国地頭・御家人を動員することを鎌倉幕府から命じられるなど、この系統は、鎌倉時代に安芸国でもっぱら活動していた。そして、南北朝時代の信武が安芸・甲斐両国の守護職を兼任するに至って、甲斐国における足跡を残している。

一方、一条氏は、『尊卑分脈』によると、時信が甲斐国守護職および甲斐守に補任され

図44　『武田源氏一統系図』に見る楯無鎧・射礼の相伝

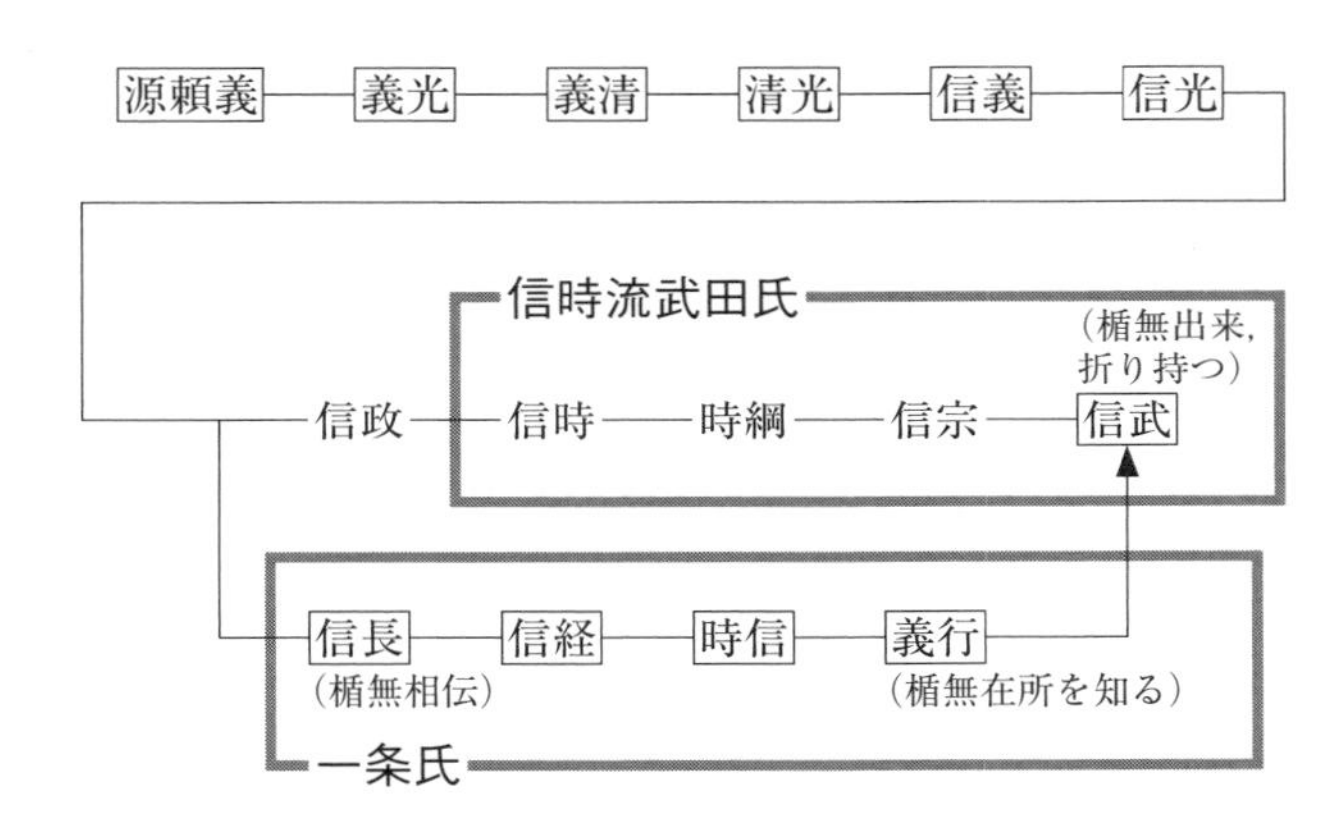

ており、鎌倉時代に甲斐国における活動がうかがわれる。

このように楯無鎧は、一統系図によると鎌倉時代に甲斐国に在国した一条氏に相伝され、信武の代に至って甲斐国に戻ってきた信時流武田氏（甲斐武田家）のもとに移っているのである。おそらく、南北朝時代以降、甲斐国守護職を世襲した甲斐武田家が、甲斐国支配を正当化し、自らを武田氏の惣領とする立場を誇示するため、一条氏に相伝された楯無鎧を受け継いだのではないだろうか。少なくとも、十五世紀前半までには、甲斐武田家の家督相続にともなって、楯無鎧が嫡子に相伝されるという伝承が成立していたと考えられる。

先述したように、小桜韋威鎧　兜・大袖付が、平安時代後期の鉄製の部品を再使用して鎌倉時代前期から中期にかけて製作された鎧であり、鎌倉時代後期から戦国時代にかけて花菱紋を象った紋鋲等の改装や補修が加えられたという調査結果は、楯無鎧が鎌倉時代に一条氏に伝来していた鎧であり、南北朝時代以降に甲斐武田家に引き継がれたという、文献史料から判断される結論と矛盾しない。

したがって、小桜韋威鎧 兜・大袖付が武田氏伝来の楯無鎧であるという通説は、改めて証明されることとなったと言えるだろう。

生島足島神社起請文に見る楯無鎧

一蓮寺過去帳に続き、楯無鎧に関係する中世の史料として、生島足島神社（長野県上田市）に伝来する甲斐武田家の家臣たちによる起請文があげられる。

起請文は、現在同社に八十三通伝わっており、永禄九年（一五六六）から十年にわたって、二百三十七人の家臣たちが、武田信玄への忠誠などを誓う内容を記している。

このうち、「御親類衆」の武田信廉（逍遙軒信綱、信玄の弟）および甲斐衆の長坂昌国、浅利信種、両角昌守、鮎沢虎盛の五人の起請文に、楯無鎧の記載が見える。次にあげるのは、武田信廉の起請文である。

敬白起請文の事

一、これ以前捧げ奉り候数通の誓詞、いよいよ相違致すべからざるの事、
一、 信玄様に対し奉り、逆心・謀叛等あい企つべからざるの事、
一、長尾輝虎として、敵方より如何様の所得をもって申す旨候とも、同意致すべからず候事、
一、甲・信・西上野三ヶ国諸卒、逆心を企つといえども、某においては無二 信玄様の御前を守り奉り、忠節を抽きんずべし、
一、今度別して人数を催し、表裏無く、二途に渉らず、戦功を抽きんずべきの旨定め在るべきの事、
一、家中の者、或いは甲州御前の悪儀、或いは臆病の意見申し候とも、一切に同心致すべからず候事、
右の条偽り候はば、 上は梵天・帝尺・四大天王・閻魔鳳王・五道冥官・泰山府君・熊野三所大権現・住吉・日吉大明神・弓矢八幡・御簱楯無・甲州 一二三大明神・飯縄・戸隠 大権現等を罷り蒙り、今生においては黒白癩病に付き、来世においては阿鼻無剣堕罪を致すべき者也、よって起請文くだんの如し、

八月七日　　刑部少輔信廉（花押・血判）

吉田左近助殿
浅利右馬助殿

この文書において、信廉は兄信玄への忠誠、及び長尾輝虎（上杉謙信）への同調拒否などを甲州一二三大明神（一宮浅間神社、二宮美和神社、三宮玉諸神社）ほかの神々に誓っているが、この中に「御籏楯無」が含まれている。武田氏伝来の御旗（甲州市塩山の雲峰寺に伝来する日の丸の御旗とされる）と並んで楯無鎧が、信廉をはじめ甲斐出身の甲斐武田家家臣の間で神格化され、誓約の対象となっていたことを確認できる。

『甲陽軍鑑』品第十四によると、天正三年（一五七五）の長篠合戦の際、織田信長と徳川家康の連合軍を前にして、家臣たちが撤退を主張するなか、武田勝頼が長坂釣閑斎（長坂昌国の父）の意見を採用して交戦を主張し、「御旗楯無」に誓約した。当主が御旗と楯無鎧に誓約したことは改変できないことが、甲斐武田家の家中における作法として定められていたため、勝頼の主張に反対していた家臣たちも勝頼の命令に従ったという。

生島足島神社起請文をふまえると、『甲陽軍鑑』の記述は、戦国時代当時、甲斐武田家の家中における楯無鎧への崇拝を的確に表していると考えられる。

近世における楯無鎧の記録

近世になると、楯無鎧に関する記録は、軍学書や甲斐国を扱った地誌など、様々な刊本の中で紹介されるようになる。この代表的なものをまとめたのが、表5である。

このうち、江戸時代初頭まで遡るのは、天正五年（一五七七）、信玄、勝頼二代にわたって海津城代（長野市）を務めた香坂（春日）虎綱が口述し、彼の甥である春日惣次郎ほかが書き継いで、最終的には甲州流軍学を確立した幕臣小幡景憲によって元和七年（一六二一）までに編纂された『甲陽軍鑑』（番号1）である。

『甲陽軍鑑』によると、武田信虎が、自分の馬を所望した嫡子勝千代（後の信玄）に、「義広の御太刀」「左文字の刀脇指」「二十七代までの御旗楯無」を家督相続の際に譲渡するので、馬を諦めるよう諭したという（品第三）。楯無鎧は「新羅三郎御具足」、御旗は「八幡太郎義家の御幡」と説明されている。

続いて信玄の代になると、山下伊勢という家臣が「御旗楯無」の別当に任じられ、御旗と楯無鎧を管理したという記載がある（品第十七）。

勝頼の代には、先述した長篠合戦の際、勝頼が「御旗楯無」に誓約したという記載のほか、天正十年三月、織田信長、徳川家康の軍勢に侵攻され、甲斐武田家が滅亡するに際し、勝頼が子の信勝に「御旗楯無」を持って戦場を脱出するよう指示している（品第五十七）。

『甲陽軍鑑』から、楯無鎧が武田氏を始めとする甲斐源氏の先祖源義光の鎧として崇拝され、先の生島足島神社起請文と同様、御旗とともに「御旗楯無」と呼ばれて、武田氏の家督相続の際に嫡子に継承されたという伝承が、十七世紀初頭には存在したことを確認できる。

また、『甲陽軍鑑』とともに編纂されたと考えられている『甲陽軍鑑末書』（番号2）によると、信玄の曽祖父信昌（のぶまさ）が跡部上野介景家（あとべこうずけのすけかげいえ）と対戦した際、楯無鎧を着用していた景家が矢に当たって討死した。ところがその後、信昌が鎧を着て矢を射させても全く通さなかったという。これは、寛正六年（一四六五）に信昌が景家を滅ぼした事件に該当するが、この事件をもとに、十七世紀初頭、楯無鎧が霊験あらたかな鎧として伝承されていたことがうかがわれる。

続いて、天明二年（一七八二）、国学者萩原元克（はぎわらもとえ）によって編纂された甲斐国の地誌『甲斐名勝志（かいめいしょうし）』（番号6）を見ると、菅田天神社の神殿に、源頼義が後冷泉（ごれいぜい）天皇から下賜され、武田氏累代の宝器となった楯無鎧が祀られているとの記載がある（巻之二）。管見する限り、『甲斐名勝志』の記載が、菅田天神社に楯無鎧が存在することを記した最も古い記録である。

また、文化十一年（一八一四）、甲府勤番支配を務めた松平定能（まつだいらさだまさ）によって編纂事業が行

内　容
＊武田信虎が勝千代（信玄）に，「義広の御太刀」「左文字の刀脇指」「二十七代までの御旗・楯無」の相続を約束．楯無は「新羅三郎御具足」，御旗は「八幡太郎義家の御幡」．（品第三） ＊天正３年（1575），武田勝頼が長篠合戦で，軍勢の突撃を御旗・楯無に誓約．当主が御旗・楯無に誓約したことは改変できないことが武田氏の作法と認識され，家臣も従う．（品第十四） ＊御旗・楯無の別当を山下伊勢が命じられる．（品第十七） ＊天正10年（1582），武田氏滅亡に際し，勝頼が子息信勝に，御旗・楯無を持って脱出するよう指示．（品第五十七）
＊武田信昌の幼少時，跡部上野介が信昌の陣代を務めたが，信昌成長後も上野介が政権を返さなかったために合戦となる．この時，上野介が楯無鎧を着用したが，矢が貫通し討死した．その後信昌が着て矢を射させたが，全く通さなかったという．（以下，下巻上　九本之四） ＊御旗と楯無は，帝王より拝領した霊験あらたかな品であり，武田氏が滅亡しても，敵は三年後までにおおかた矢箭により滅亡する．
＊源義光が父頼義に従い，奥州で（安倍）貞任を討った時，功により天皇から旗と無楯（ママ）を拝領した．（以下，上巻之十八） ＊武田信昌の幼少時，跡部上野介が陣代を務めた．信昌が上野介を討った時，上野介は無楯を着ていて，この際の矢の跡が残っている．無楯の威力がないことを嘆いた信昌は，取り戻した鎧を自ら着て矢で射させたが，無楯は矢を通さなかった．
＊『甲陽軍鑑』に，楯無は新羅三郎の鎧，旗は八幡太郎の旗であり，武田氏代々の家宝であると記載されているが，間違いである．源義朝が所持していた重代の鎧八領のうちに楯無があり，平治の乱の際，義朝が敗北のため放棄した楯無を，伊沢信景が甲斐国に持ち帰り武田氏に伝来したという． ＊『甲陽軍鑑末書』によると，武田信昌の幼少時，跡部上野介が信昌を補佐したが，やがて上野介が信昌に反逆し楯無を奪ったため，交戦となった．上野介は楯無を着ていたが，矢が通り討死した．
＊源頼義が前九年合戦の軍功により，後冷泉天皇から御旗と割菱の金具が付いた鎧を下賜される． ＊御旗・鎧は頼義から義光に相続され，武田氏の重宝となる．武田氏は割菱を家紋とし武田菱となる． ＊武田信昌と跡部上野介が合戦．楯無鎧を着た上野介を信昌の軍勢が射抜き，鎧を取り戻す．信昌の後，信虎が「御旗」「楯無の鎧」「諏訪法性の兜」「義弘の太刀」「左文字の刀」「同短刀」を相続する．
＊菅田天神社の神殿の内に，源頼義が後冷泉天皇から下賜され，武田家累代の宝器である楯無鎧が存在する．（巻之二「菅田天神社」項）

われ、幕府に献上された甲斐国の地誌『甲斐国志』（番号9）には、楯無鎧に関する様々な伝承が紹介されている。

『甲斐国志』によると、前九年合戦の際、源頼義が住吉明神に祈願し楯無鎧を拝領した。そして、頼義の子義光から子孫の武田氏に伝来し、軍神として崇拝されたという（巻之百十九）。このため、楯無鎧は甲府の鬼門の方角にあたる菅田天神社の宝殿に納められ、地元の領主於曽氏に預けられて大事の時に出納したとのことである（巻之五十七）。

また、向嶽寺（甲州市塩山）の大杉の下に義光が楯無鎧を埋めたという伝承や、上杉禅秀の乱後に武田信重が甲斐国を出奔の際、楯無鎧を木の下に埋めたという伝承が存在した

表5　書籍に見る楯無鎧の伝承

	書名（編者）	作成年代
1	甲陽軍鑑（香坂虎綱他著，小幡景憲編）	17世紀初頭
2	甲陽軍鑑末書（香坂虎綱他著，小幡景憲編）	17世紀初頭
3	信玄全集末書（小幡景憲編?）	17世紀後半？
4	甲陽軍鑑弁疑（不明）	宝永2（1705）
5	兜嵓雑記（不明）	寛保年間（1741～1744）以降
6	甲斐名勝志（萩原元克編）	天明2（1782）

＊武田信昌と跡部上野介が石和で合戦．楯無鎧を着た上野介を信昌の軍勢が射抜き，鎧を取り戻す．信昌の後，信虎が「御旗」「無楯（ママ）」「諏訪法性の甲」「義広の太刀」「左文字の刀」「同短刀」を相続する．「御旗・無楯」は，義光が後冷泉天皇から下賜されたもの．
＊甲冑九に「甲斐国菅田天神社蔵武田家楯無甲冑図」を掲載 ＊甲冑の図面を寛政４年（1792）に某所において写したこと，同５年に俗工がみだりに修復したため，かつての状態が失われたことを指摘．
＊楯無は，清和源氏重代の鎧八領の１つとして源義朝に相続される．一方，義光に伝来した楯無は，「武田系図」「甲陽軍鑑」のみに記載がある．小笠原氏の軍記によると，義朝が所持していた楯無を伊沢信景が甲斐に持ち帰り，その後，武田家に伝来したという．（以下，巻之百十九） ＊菅田天神社社司土屋将良によると，楯無は武田家滅亡の際に同社に秘め置かれたが，盗難にあい大破． ＊寛政３年（1791）～４年，江戸で甲冑師の明珍宗政，宗妙により修復． ＊寛政４年12月に寺社奉行の内覧．翌５年１月に将軍家斉に上覧．６月に甲斐に戻る． ＊古伝によると，前九年合戦の際，源頼義が住吉明神に祈願し，楯無を得る．頼義以降，義光から武田家に伝来し，軍神として崇拝される． ＊武田家滅亡の際，田野にあった勝頼着用の鎧を菅田天神社に納め，楯無と称した．長年鎧櫃に収蔵されていたが，元文年間（1736～1741），青木文蔵による調査後，見物人が増加した． ＊楯無は，新羅三郎義光以来，武田氏軍陣守護神として崇拝された．そのため甲府の鬼門の方角にあたる菅田天神社の宝殿に納められ，於曽氏に預けられて大事の時に出納した．（巻之五十七「菅田天満宮」） ＊向嶽寺の大杉の下に新羅三郎義光が楯無を埋めたという．また武田信重が出奔の際，鎧を木の下に埋めたとも伝わる．武蔵国瀧山の山田某が鎧を探索したという．（巻之七十五「向嶽寺」）
＊菅田天神社の神宝に武田氏累代の重器である楯無鎧がある．（巻之五「菅田祠」） ＊『甲陽軍鑑弁疑』によると，楯無鎧は新羅三郎の鎧，旗は八幡太郎の旗であり武田氏代々の家宝である．（以下，巻之五「御旗楯無鎧略説」） ＊『甲陽軍鑑』によると，「御旗楯無照覧あれ」と誓えば改変できない古格がある．また，御旗楯無別当は山下伊勢守とあり，御旗楯無と射礼は，代々武田氏の惣領家に相伝したという． ＊『甲陽軍鑑末書』によると，武田信昌が幼少の頃，跡部上野介が武田氏に反逆し楯無鎧を奪った．跡部氏の滅亡後，信昌が鎧を取り戻して秘蔵し，重宝としたという． ＊武田氏滅亡後，楯無鎧は菅田祠に収蔵された．
＊源義光が，後冷泉天皇から「御旗」「無楯冑（ママ）」「諏訪法性之甲」「義広之太刀」「左文字之刀」といった様々な家宝を下賜される．

7	甲斐国歴代譜（不明）	天明年間（1781～1789）以降
8	集古十種（松平定信編）	寛政12（1800）
9	甲斐国志（松平定能編）	文化11（1814）
10	甲斐叢記（大森快庵編）	嘉永元（1848）
11	峡中旧事記（不明）	年不詳

ことを記載している（巻之七十五）。

そして、天正十年（一五八二）の甲斐武田家滅亡の際には、滅亡の地である田野（たの）（甲州市大和町）にあった勝頼着用の鎧を菅田天神社に納め、楯無鎧と称したという。その後、鎧櫃（よろいびつ）を開けることはなかったが、元文年間（一七三六～一七四一）に青木文蔵（あおきぶんぞう）（昆陽（こんよう））が幕府の命令で甲斐国内の故事を調査した際、菅田天神社で初めて鎧櫃を開いて楯無鎧を確認した。それ以降、楯無鎧の存在が世に広まり、観覧を願い出る人が増加したとしている（巻之百十九）。青木昆陽は、元文五年（一七四〇）に寺社奉行の配下で甲斐・信濃・武蔵（むさし）・相模（さがみ）など諸国の古文書の調査を行っているが、『甲斐国志』の記載内容は、この機会を指しているのであろう。

なお、十八世紀後半に、楯無鎧が盗難にあって破損し、江戸で修復を行ったことに関する内容は後述する。

このように、『甲斐国志』の記載は多岐にわたっているが、楯無鎧が戦国時代に甲府の鬼門の方角にあたる菅田天神社の宝殿に納められたという伝承を初めて確認できる。この一方、青木昆陽が調査した元文年間以降に楯無鎧の存在が世に広まったことが記されている。

このことについて、先の『甲斐名勝志』の記載と合わせて考えると、菅田天神社に伝来する小桜韋威鎧が楯無鎧であるという認識は、十八世紀半ば以降に定着したのではないだろうか。

戦国時代以降、菅田天神社は、甲斐国のうち国中地域にある他の神社と同様に、府中(ふちゅう)八幡宮(はちまんぐう)（甲府市宮前町の八幡神社）において交代で祈祷を行う勤番役を勤めてきたが、十八世紀後半から十九世紀前半にかけて、同社は一宮の浅間神社（山梨県笛吹市）や大井俣(おおいまた)窪八幡神社(くぼはちまんじんじゃ)（山梨市）等、戦国時代より特権を有した神社と同様に、勤番役を免除されるよう幕府に働きかけを行い、文化十四年（一八一七）に免除を獲得した。

この間、同社は、江戸における修復時に将軍徳川家斉(いえなり)が楯無鎧を上覧したことをきっかけにして、天正十一年（一五八三）に徳川家康が楯無鎧を上覧し、同社に直接朱印状を与えたという由緒を主張し、府中八幡宮を介して将軍の朱印状を交付されるという勤番役に基づいた由緒から自立したことが指摘されている（西田かほる「近世後期における社家の活動と言説―甲州国中・菅田天神社文書を素材として―」）。

このように、小桜韋威鎧が楯無鎧であるという認識の広がりは、菅田天神社が府中八幡宮の勤番役免除を獲得した動きと連動していたのである。

なお、冒頭で甲斐武田家滅亡の際に、楯無鎧が向嶽寺の大杉の下に埋められたという伝承を紹介したが、『甲斐国志』では、源義光もしくは武田信重が鎧を埋めた話になっている。管見の限り、甲斐武田家滅亡時における楯無鎧の埋納について、江戸時代以前に遡る史料を確認できない。この伝承は、江戸時代以前に存在したいくつかの伝承が組み合わさって、近代以降、新たに創作されたのではないだろうか。

ここで、江戸時代以前における楯無鎧の伝承について考察した概要をまとめておこう。

○南北朝時代以降、甲斐国守護職を世襲した甲斐武田家が、甲斐国の支配を正当化し、自らを武田氏の惣領とする立場を誇示するため、一条氏に相伝された楯無鎧を受け継いだ。そして十五世紀前半までには、武田氏の家督継承にともなって、楯無鎧が嫡子に相伝されるという伝承が成立した。

○戦国時代、御旗と並んで楯無鎧が、甲斐国出身の武田氏親族衆や家臣の間で神格化され、誓約の対象となっていた。
○菅田天神社所蔵の小桜韋威鎧が、武田氏に相伝された楯無鎧として認識されるようになったのは、十八世紀後半以降であり、府中八幡宮の勤番役免除を主張した菅田天神社の活動と連動して、広く世に紹介された。
○江戸時代後期における本鎧の修復事業は、本鎧が楯無鎧であるという認識を全国的に広めるきっかけとなった。

このように、楯無鎧の伝承は、各時代に関係者が置かれた状況を反映して、語り継がれてきた。この過程では、新たに創り出されたと考えられる伝承も見受けられる。この到達点が、冒頭に紹介した『日本の美術』における本鎧の見解に集約されており、現代における楯無鎧の伝承と言ってよいだろう。

江戸時代後期における鎧の修復

続いて、十八世紀後半に行われた、菅田天神社に伝来する小桜韋威鎧の破損と修復事業について取り上げる。

『甲斐国志』巻之百十九には、榊原一学長俊（さかきばらいちがくながとし）（香山（こうざん））が記した小桜韋威鎧の修復に関する記録が掲載されている。榊原香山（一七三四～一七九七）は伊勢貞丈（いせさだたけ）門下の故実家で、有職故実に通じるとともに武具の製作にも造詣が深かったという（『国書人名辞典』第二巻）。彼は寛政三年（一七九一）十二月に菅田天神社神職の土屋左衛門将良から伝聞した内容をもとに修復の過程を記述し、本鎧の伝来について考察している。この記録によると、本鎧は盗難にあい、黄金と間違われた金具を剥ぎ取られ、大破したという。このため、寛政三年に清水平八郎時良と中村八大夫知剛が同志を募って本鎧の修復を企画し、神職の付き添いのもと本鎧を江戸に運んだ。そして、甲冑師の明珍長門宗政と子の主水宗妙により修復が行われた。

香山は修復の最中に本鎧を実見し、図面に記録している。この際、香山は、『平治物語』に記載された源義朝着用の楯無鎧が黒糸威で獅子丸の裾金物である一方、本鎧が小桜革を黄返しにした威で裾金物も存在しないため、武田氏伝来の楯無鎧と源家八領の鎧の一つである楯無鎧は別物であると指摘している。

なお、同じく『甲斐国志』巻之百十九に紹介された菅田天神社神職土屋左衛門将良の自記によると、寛政三年十二月四日、本鎧が江戸に到着し、翌年十二月まで一年間をかけて修復を終了した。この際、将良は寺社奉行に修復の旨を届け出て、奉行の松平右京亮（輝和、上野国高崎藩主）、板倉周防守（勝政、備中国松山藩主）、脇坂淡路守（安董、播磨国竜野藩主）、立花出雲守（種周、筑後国三池藩主）の内覧を受けている。

続いて、十二月十八日、将良は立花出雲守から、将軍徳川家斉による上覧の旨を通達された。このため、本鎧は、寛政五年（一七九三）正月二十七日に江戸城内に運び込まれ、二十三日間城内に保管された。そして二月二十日、将良が召しだされて本鎧を返却されている。

その後、三月八日、将良は寺社奉行衆から白銀七枚を拝領し、六月十三日、本鎧とともに江戸を出発して甲斐国に帰国したという。

このように、寛政三年十二月から同五年六月までの約一年半、本鎧は修復などのため甲斐国を離れて江戸に運ばれていた。この間、将軍家斉や寺社奉行をはじめ、榊原香山のような学者に至るまで、様々な人物により本鎧が検分されていたのである。

なお、幕府老中を務めた陸奥国白河藩主（福島県白河市）松平定信が編纂した『集古十種』には、「甲斐国菅田天神社蔵武田家楯無甲冑図」として、本鎧の各部品を破損した状態のまま写した図面が掲載されているが（『集古十種』第三）、この図面が作成されたのが寛政四年（一七九二）であり、定信もこの修復時期に本鎧の調査を行ったことがわかる。

約一年半にわたる江戸での修復が、多くの人々の関心を呼び、本鎧が武田氏の家宝として伝来した楯無鎧であるという認識を、全国的に広めるきっかけとなったことがわかる。

なお、本鎧の草摺に使用されている威韋の裏に記された墨書銘により、文政十年（一八二七）九月に岩井隆盛によって再度の修復が行われたことを確認できる。

最後に、寛政年間に本鎧の修復を企画した清水平三郎時良と中村八大夫知剛について触れておきたい。まず清水時良（一七四〇〜一七九六）は、宝暦六年（一七五六）に将軍徳川家重（いえしげ）に初めて拝謁し、明和元年（一七六四）閏十二月には書院番となった幕臣で、騎射の芸により度々物を下賜されたという。寛政八年五月には西之丸徒頭（にしのまるかちがしら）となり同年六月に五十七歳で死去した。時良は武具に関心を持ち、『箙矢からみ伝書（えびらのやからみでんしょ）』という書物を著している（『新訂寛政重修諸家譜（かんせいちょうしゅうしょかふ）』第五、『国書人名辞典』第二巻）。

一方、中村知剛（一七四七〜一八四三）は覚太夫（かくだゆう）とも称し、時良と同じく幕臣であるとともに、信家鐔（のぶいえつば）と呼ばれる刀の鐔の収集家・研究者として知られている。『寛政重修諸家譜』には次のような経歴が記されている（『新訂寛政重修諸家譜』第二二）。

○明和六年（一七六九）正月二十六日、御勘定に列す。
○安永四年（一七七五）九月十四日、関東及び甲斐国の河川の普請に勤め、時服二領、黄金二枚を拝領。
○同年閏十二月六日に家督を相続。
○東海道諸国及び関東の河川の普請に従事。
○寛政五年八月九日、先に指示された東海道諸国における河川の普請を怠ったため出仕を停止させられ、九月八日に赦免。

以上の経歴の通り、知剛は、幕府直轄地の代官を支配する勘定奉行の配下で、もっぱら河川の普請事業に携わっており、甲斐国にも関わりを持っていたことがわかる。この過程で菅田天神社の小桜韋威鎧との出会いもあったのであろう。なお、文化三年（一八〇六）から同十一年（一八一四）にかけて、知剛は市川大門村（西八代郡市川三郷町）に置かれた市川代官を務めており、その後も甲斐国と関係を持ち続けている（『山梨県史』資料編8近世1）。

また、寛政五年（一七九三）八月に、知剛は職務怠慢で出仕を停止させられたことが記載されているが、この時期は、寛政三年十二月から同五年六月にかけて本鎧が江戸に運ばれ修復を行っていた時期の直後にあたる。おそらく、知剛の職務怠慢の原因は、本鎧の修復事業に奔走していたためであろう。

一人の幕臣が処分を恐れず職務をなげうって尽力した結果、本鎧は現代に受け継がれ、我々はその姿を通して、はるか中世に繰り広げられた武田氏の栄枯盛衰の歴史に、想いをはせることができるのである。

武田氏像の創出――エピローグ

『甲陽軍鑑』の武田氏観

本書では、平安時代後期の十一世紀における源義光の東国進出に始まり、戦国時代の十六世紀末に武田勝頼が自害し、地域領主としての甲斐武田家が滅亡するまでの約五百年間にわたる武田一族の歴史をたどってきた。とりわけ、彼らが継承してきた「源氏門葉」の由緒と、甲斐国に本拠を置いた地域性という二つのキーワードを踏まえて叙述した。

その視点から、改めてプロローグで触れた『甲陽軍鑑』が描写する武田氏像が、どのように形成されたのかについて考えたい。

『甲陽軍鑑』品第三「信虎公をついしゅつ（追出）」の事」では、信虎が子の勝千代（信玄）に、元服の際には「武田重代の義広の太刀、左文字の刀・わきざし（脇指）、廿七代までの御はた（旗）・たてなし（楯無）」を相続する旨を述べたことに対して、勝千代は、「たてなし」が「新羅三郎の御具足」、「御はた」が「八幡太郎義家の御旌」であり、元服ではなく家督相続時に継承されるべきことを指摘したというエピソードが伝わっている。

ここでは、武田氏（甲斐武田家）の家督継承の象徴として「楯無鎧」と「御旗」があげられ、前者は源義光（新羅三郎）、後者は源義家（八幡太郎）に由来するという由緒が説明されている。すなわち、武田氏は、その直接の先祖である義光のみならず、鎌倉・室町幕府における源氏将軍の先祖である義家の由緒をも、合わせて継承する家格であることが示されているのである。

このことは、「武田源氏一統系図」および「円光院武田系図」という甲斐武田家に関係する武田氏系図において、義光に始まる武田氏の歴代とともに、義家の子孫となる鎌倉幕府の源氏将軍や室町将軍家足利氏の歴代が記載されている点とも矛盾しない。『甲陽軍鑑』および武田氏系図のいずれにも、甲斐武田家は、武家社会の頂点に君臨する鎌倉・室町両幕府の源氏将軍の一族という意識が反映されていることは明白である。

また、『甲陽軍鑑』品第四「信玄公発心之事」には、天文二十年（一五五一）に信玄が出家した際の発言として、武田氏は武勇に優れた家であるので、「公方様御代官」として「御どうざ（動座）」の際に両度にわたって「御陣所」となったため、「武田殿居住の所」

は「御所」同然であるという見解が記されている。

武田氏が「公方様」すなわち将軍の代官であり、将軍が御所を離れた際には、二回にわたりその居所に滞在したという『甲陽軍鑑』の記載内容が、具体的に何を指しているのかを特定することは難しい。しかしながら、応仁の乱が勃発して間もない応仁元年（一四六七）六月二日、興福寺大乗院門跡の尋尊は、「西大将」の山名宗全・畠山義就に対する「東大将」として、細川勝元ではなく、東軍に属した若狭国守護の武田信賢と大和国の成身院光宣の名をあげている（『大乗院寺社雑事記』）。

また、乱の最中の応仁二年（一四六八）九月十日、伊勢国司北畠氏の保護を受けて同国小倭に滞在していた足利義視（今出川殿）を京都に迎えるため、信賢は細川宮内少輔とともに近江国の「浜」に参上し、三井寺（園城寺）に到着した義視に同行して十二日に入京した。義視は将軍足利義政の弟かつ後嗣とされ、勝元らにより東軍の大将に擁立されていたが、十月五日には聖寿寺を居と定めた。その後、義視は東軍を離れ、十一月十三日には比叡山に登り、やがて西軍の山名宗全に迎え入れられているが、この際にも勝元と信賢による相談の上で事が進んでおり、義視の子を信賢が預かり、二十九日に西軍の陣へ送り届けたという（『応仁別記』下、国立公文書館内閣文庫）。この間、信賢が義視の一連の行動に関わっていることから、東軍の陣営において信賢が義視を後見する立場にあったと考えられる。

また、大永七年（一五二七）二月、丹波国の柳本賢治の軍勢が京都西郊の西岡に侵攻すると、同十二日に将軍足利義晴が六条の本国寺に出陣するのに先駆けて、前年十二月二十九日に前管領の細川高国（道永）を支援するため上洛してきた武田元光も出陣したが、翌十三日に元光は桂川付近で賢治、波多野稙通、三好勝長、同政長の軍勢に敗北し、十四日には義晴、高国、元光が京都を出奔して近江国坂本に逃れ、さらに十八日には、義晴、高国らは同国守山に滞在している（『二水記』）。

なお、将軍が動座の際、二回にわたり武田氏の居所に滞在したという『甲陽軍鑑』の記載内容は、享禄元年（一五二八）九月に義晴、また天文二十一年（一五五二）正月以前に子の義輝（義藤）が若狭国に隣接する近江国朽木に居を構えたことを表している可能性がある（『言助往年記』、『言継卿記』）。朽木は京都と若狭国を往来する街道の中継地であり、義晴・義輝は奉公衆朽木氏のみならず、若狭武田家の支援を背景にこの地に滞在したと考えられることから、誤った内容を含み甲斐国に情報がもたらされたのであろう。

こうした若狭武田家と足利将軍家との関係が、『甲陽軍鑑』に武田氏が「公方様御代官」として表現される要因となったのではないだろうか。すなわち、『甲陽軍鑑』の記載内容は、甲斐武田家が足利将軍家と近しい若狭武田家の由緒を継承したものであり、若狭武田家が世襲した大膳大夫を信玄が称し、室町幕府との連携強化による勢力の拡大を図ったとする平山優氏の指摘（同『武田信玄』）とも一致する方針であったのである。

谷口雄太氏は、足利氏を頂点とする秩序意識・序列認識である「足利的秩序」について、南北朝・室町時代の足利一門は、新田氏・新田流を含む「源義国流」の諸氏と「源為義―義朝流」の吉見氏に該当するとし、信玄の曽祖父武田信昌と駿河国守護の今川義忠・氏親（足利一門）との間における書札礼の相違（前者が薄礼、後者が厚礼）等を根拠にして、足利一門が非足利一門に儀礼的に優越するという認識が、当時の武家社会で共有されていたことを指摘している（谷口雄太『〈武家の王〉足利氏　戦国大名と足利的秩序』）。

信玄は、弘治四年（一五五八）一月十六日までに、嫡子義信が将軍足利義輝より准管領の待遇を受け（「今井昌良書状」木村家文書）、甲斐武田家が三管領の細川・斯波・畠山といった足利一門の大名に准ずる家格を獲得することにより、自らの足利一門への編入を図ったが、『甲陽軍鑑』に著された甲斐武田家の由緒は、こうした家格を裏付けるものとして機能したと言えよう。

このように、『甲陽軍鑑』の記載内容は、戦国時代末期、甲斐武田家が自らの足利一門化を演出して、家格の上昇にともなう権威の向上を模索した軌跡の結果であった。本書では、その前提となった武田氏の「源氏門葉」意識と、甲斐国の地域的な位置付けについて探ってきたが、この内容を総括することで、武田氏の歴史的な評価を考えてみたい。

「源氏門葉」の由緒

治承・寿永内乱期より、武田氏は自らが源義光を祖とする河内源氏の一族であるという由緒を重視していた。この由緒は、彼らが源頼朝・義仲や義光流源氏の勢力と対峙・連携するとともに、朝廷と直接交渉できる対象と見做されるのに必要な権威を裏付けるものであった。この結果、内乱の過程において、甲斐国から駿河・遠江両国にかけての地域を基盤として、武田信義・安田義定の一族による「政権」が形成されたが、こうした彼らの自立的な活動や権威は、頼朝や北条得宗家といった鎌倉の政権中枢から警戒されて排除の対象となり、その勢力は鎌倉幕府に吸収されていった。

しかしながら、十三世紀後半以降、幕府内で政権の原初的な統治体制であった源氏将軍回帰への関心が高まる中で、御家人の家格に対する意識の高揚を踏まえて、「甲斐源氏」という同族集団の概念が成立した。そして、十四世紀半ばに室町幕府が成立すると、足利将軍家の権威を高めて幕府開創の正統性を裏付けるために、足利氏に従う「源氏門葉」として、武田氏・小笠原氏の存在は政権の維持のために必要不可欠なものとなった。

十四世紀後半になると、安芸国に在国した信時流武田氏から甲斐武田家が分立するに際して、鎌倉時代の甲斐国に在国していた武田一族である一条氏の由緒が甲斐武田家に継承され、守護職を世襲した同家による甲斐国統治の正統性を示す根拠として利用された。十五世紀は、甲斐武田家が鎌倉公方足利持氏との対立により家の継承の危機を迎えた後、その再建が図られた時代であったが、甲斐武田家のみならず、一条・岩崎両氏の祖でもある鎌倉時代の武田信光の由緒が利用された。

そして、それに続く十六世紀、戦国時代の武田信虎・信玄は、室町幕府の政治体制に接近し、甲斐武田家の権威を向上させることで、甲斐国の統一と領国の拡大を進めた。特に信玄は、足利将軍家と近しい若狭武田家の由緒を利用することによって、甲斐武田家の家督と一体となった甲斐国主の地位を継承する正統化を図った。

やがて甲斐国を越えた領国の拡大にともない、多様な由緒を持った国衆を家中に包摂するとともに、他の大名との交渉や対立が活発化すると、信玄は、甲斐武田家の足利一門化による家格の一層の向上を模索したのである。また武田勝頼は、自らの国主の地位と権力の根拠として、家の存続意識を強調した。

このように、武田氏の一族にとって「源氏門葉」の由緒と家格は、鎌倉時代より武家社会における立場を示す拠り所であり、室町時代になると、甲斐国守護家の地位を維持するためにも、不可欠なものとなった。そして戦国時代には、足利一門化による権威を得るための根拠とされたのである。

こうした特徴を有する武田氏の由緒と家格は、その一族内において継承が図られた。南北朝時代以降、甲斐国守護職を世襲した甲斐武田家が、甲斐国の支配を正統化し、自らを武田氏の惣領とする立場を誇示するため、一条氏に相伝された楯無鎧を受け継ぎ、十五世紀前半までには、武田氏の家督継承にともなって、楯無鎧が嫡子に相伝されるという伝承が成立した状況を指摘した。すなわち、武田氏系図の成立過程の考察からは、実際には戦乱を契機として武田氏の系譜の断絶をともなう不連続性が読み取れる一方、系図上では、制作意図が異なる複数の系図を統合することにより、各時代に武田氏（甲斐武田家）の後継者を自認する一族が、その由緒と家格の継承を図った状況をうかがうことができる。

境界の地 甲斐国と武田氏

六世紀後半から七世紀前半にかけて、古代国家が中華思想（華夷思想）に基づいて東国地域の中に蝦夷世界を設定すると、蝦夷征討の基盤となる地域として「坂東」（現在の関東地方）が成立し（平川南『新しい古代史へ1　地域に生きる人々―甲斐国と古代国家』）、甲斐国はその境界の国となった。この一方、甲斐国は、官道である東海道の支線である甲斐路を経由して、南に隣接する駿河国と結び付くとともに、北に隣接する信濃国との間にも往来があって、行政上東海道に属するにもかかわらず、八世紀後半には東山道に属する認識も存在し、古代には東海道と東山道とを南北に結節する国であった（同『新しい古代史へ3　交通・情報となりわい―甲斐がつないだ道と馬』)。

このように、十二世紀前半に武田氏が常陸国から移郷した甲斐国は、古代において東日本における東西南北の結節地の役割を担っていたが、こうした地域的な特徴が、武田氏の歴史にも大きな影響を及ぼした。

そもそも、源義清(よしきよ)・清光(きよみつ)父子による甲斐国移郷のルートとして、信濃国佐久(さく)郡を経て甲斐国に入ったことが推測されており、東山道に属する上野(こうずけ)・信濃両国との関わりが影響していたという。

そして十二世紀末の治承・寿永の内乱期には、武田信義や安田義定の一族が、信濃国から駿河・遠江両国へと活動の域を広げ、独自の勢力を形成するようになる。彼らがこうした活動を展開することができた要因は、坂東を掌握した源頼朝と信濃国から北陸道(ほくりくどう)へと進んだ源義仲という両勢力の境界に位置し、双方との連携により勢力を維持・拡大してきたことがあげられる。

最終的に武田氏は頼朝に屈して御家人となったが、鎌倉・室町両幕府の下では、鎌倉時代後期・南北朝時代の信時流武田氏と石和(いさわ)流武田氏、また南北朝・室町時代の安芸・若狭武田家と甲斐武田家というように、日本列島の東西に一族が展開した。とりわけ、室町幕府の政治体制下において、西の政権である京都の幕府と、東の政権を自任する関東の鎌倉府に、それぞれ安芸・若狭武田家と甲斐武田家が分立して所属した。このうち甲斐武田家は、鎌倉府の管国に含まれる甲斐国の守護職を継承する一方、室町将軍家の支援を受けた、いわゆる京都扶持衆と見做されており、日本列島東西の政権の境界に位置する甲斐国は、室町幕府と鎌倉府との対立の最前線として、注目される地域となったのである。こうした甲斐国の地理的な位置が、幕府の支援を受けて甲斐武田家の成長の基盤となった一方、十五世紀前半に武田信満が上杉禅秀の乱で自害した後、子の信重が約三十年間にわたり甲斐国に入国できず、甲斐武田家が事実上断絶するなど、政権の介入により家の維持が危機的状況となる事態も発生した。

そして戦国時代、武田信虎・信玄は、室町幕府を中心とした畿内の政治体制に甲斐武田家を位置付け、西方に領国を拡大して日本列島有数の戦国大名となったが、信玄の後嗣となった勝頼は、織田信長・徳川家康・北条氏政と対立して領国の東西に戦線を抱えると、天正七年（一五七九）に信長と和睦の上、氏政と交戦する甲江和与を模索し、甲斐武田家を東国の政治体制に編入する構想を抱いたが、その実現を果たせず、天正十年（一五八二）に甲斐武田家は滅亡したのである。

「源氏門葉」の由緒と家格、そして境界の地であった甲斐国の地域的な特徴、この二つの要素が重なることによって、平安時代後期の十二世紀に武田氏は成立し、戦国時代の十六世紀に至るまで地域を支配する領主として存続してきた。

中世とともに歩んだ武田一族

この観点を踏まえると、甲斐武田家を滅ぼした織田信長が、奥羽（おうう）と関東の大名等に惣無事（そうぶじ）を初めて要求し、日本列島の東西にまたがる統一政権の成立を図ったことは、足利将軍家を頂点に足利一門・非足利一門と続く家格の序列化による大名の統制、また幕府と鎌倉府という日本列島東西における政権の拠点設置に特徴付けられ、十六世紀末になっても各大名間に遺制として残っていた室町幕府の政治体制そのものを否定する目的を持っていたことがうかがわれる。すなわち、甲斐武田家の滅亡は、室町幕府体制の終焉と新たな時代への幕開けを決定付けるものであったのである。

このように武田氏は、十一、十二世紀における荘園公領制の展開という中世社会の幕開けに際して誕生し、また戦国の争乱を経て統一政権の成立へと向かう中世の政治体制の終焉とともに地域を支配する領主としては消滅した。まさに武田氏は、中世という時代を象徴する存在であったと言えよう。

あとがき

「『武田一族の中世』（仮題）という書名により、ご執筆をお願い申し上げます。」

二年ほど前に本書の執筆を依頼いただく書簡を頂戴した時、まずはどうしたものかと考えた。武田氏については、戦国大名の武田信玄を中心として、これまでに数多くの先学による研究成果が刊行されている。また、武田氏に関する研究は、本文中でも述べた通り、治承・寿永の内乱期を中心とした研究と、戦国時代の信虎・信玄・勝頼を対象とした研究の二つに大きく分かれており、その間の時代における研究の蓄積が比較的希薄である。これまでの武田氏に関する研究とは一線を画した新たな視点で、なおかつ中世の幕開けと終焉に近い時代にわたる研究を、共通のテーマのもとに一書にまとめることができるだろうか。

思案したあげく、清和源氏（河内源氏）の一族という武田氏の由緒と、中世の各時代に武田氏がその活動の拠り所とした甲斐国の地域性という二つの軸を設定して、平安時代の源義光に始まる武田氏の成立から、戦国時代の武田勝頼の滅亡まで、約五〇〇年にわたる歴史を論じることにした。このテーマであれば、「源氏門葉」の地位を主張し、源頼朝と対峙した武田信義を始めとする甲斐源氏の一族のみならず、家系への意識を強く持っていたとされる武田信玄や勝頼の世代までを含めて、甲斐国と関連付けながら扱うことができるだろうと考えた次第である。

筆者自身、武田氏を対象とした研究に関わることとなったのは、二〇〇五年に開館した山梨県立博物館の学芸員として建設・運営に携わったことが、もっぱら端緒となっている。それ以前から、中世や近世における山野の資源の利用等について、甲斐国を対象に史料の調査や論文の執筆を進めた経験はあったのであるが、二〇〇六年に開催された開館記念特別展「よみがえる武田信玄の世界」や二〇〇七年のNHK大河ドラマ放映にともなう「風林火山」展を担当した過程において、幅広く武田氏に関する史料に接し、知り得た内容を展示に反映させるとともに、幾本かの論文をまとめることができた。

また、同じ頃に学部・大学院の指導教授であった峰岸純夫先生より、武田氏系図の成立についての論文を執筆する機会をいただいたことも、その後の筆者自身による武田氏に関する研究に大きな影響を及ぼした。武田氏の系図は様々な書籍に掲載され、広く世間に周知されていたが、それらのもとになった祖本となる系図は、どのように編纂されたのかが、未解明のままであった。この原因として、甲斐武田家が戦国時代に滅亡してしまっており、家に受け継がれて伝来してきたものが無いことに加えて、系図は人物を特定するために好都合な史料として利用される機会が多い一方、その真偽が疑われており、史料としての学術的な評価が定まっておらず、本格的な研究がなされていなかったことがあげられよう。

そこで、近世以前に遡る武田氏の系図を比較し、その成立過程を分析することを通して、史実と異なる系図の記載内容であっても、その内容が作成され、伝来するようになった背景を歴史的に考察する作業に取り組んだ。この成果を拙稿「武田氏系図の成立」（参考文献を参照されたい）としてまとめたが、この経験をきっかけにして、中近世における武家の系図編纂や由緒の成立に関する研究を、自分の研究テーマの一つとして始めることとなった。

さらに二〇一〇年には、山梨県立博物館の開館五周年記念特別展として「甲斐源氏　列島を駆ける武士団」を開催することとなり、またもやその担当として、治承・寿永の内乱期における甲斐源氏一族の成立と展開に関する展示に取り組んだ。この過程では、先の系図研究を中心とした武家の由緒に加えて、武士団相互のネットワークに注目し、多くの内容を学ぶことができた。とりわけ、陸奥国の南部氏や阿波国の三好氏、安芸国の武田氏といった甲斐国から遠く離れた地に移り住んだ一族が、甲斐源氏の由緒を後世まで重視した理由を考える中で、「源氏門葉」の家格とともに、馬に関わる武家故実の原点が育まれた甲斐国の地域的な特徴を強く意識するようになった。

こうした筆者自身の関心や経験、またそれにともなう研究の成果が、本書の内容に反映されている。すなわち、その時々において支援いただいた多くの先生方や先輩・同輩の方々との出会い、そして前職において展示の担当という貴重な機会を与えていただいたことが、本書の執筆に結び付いている。この場を借りて、改めて感謝の意を表したい。

また、本書の刊行にあたり、吉川弘文館編集部の堤崇志部長、石津輝真氏、高木宏平氏には、コロナ禍の諸対応で本務が多忙となる中、様々な御配慮をいただいた。改めて御礼申し上げる。この間、家庭に仕事を持ち込みがちであったことを家族にも謝りたい。

最後に本書の刊行が、当該分野の研究の進展や、地域の歴史・文化への理解、そして読者の方々の関心に少しでも応えることができれば、幸いである。

二〇二三年　風薫る季節

西　川　広　平

参考文献

全体を通して

秋山　敬『甲斐武田氏と国人―戦国大名成立過程の研究―』（高志書院、二〇〇三年）
秋山　敬『甲斐源氏の勃興と展開』（岩田書院、二〇一三年）
秋山　敬『甲斐武田氏と国人の中世』（岩田書院、二〇一四年）
柴辻俊六『甲斐　武田一族』（新人物往来社、二〇〇五年）
西川広平編『シリーズ・中世関東武士の研究　第三二巻　甲斐源氏一族』（戎光祥出版、二〇二一年）
山梨県立博物館監修・西川広平編『甲斐源氏―武士団のネットワークと由緒―』（戎光祥出版、二〇一五年）
『山梨県史』通史編2中世（山梨県、二〇〇七年）

『甲陽軍鑑』が語る武田氏像―プロローグ

秋山　敬『甲斐武田氏と国人―戦国大名成立過程の研究―』（前掲）
秋山　敬『甲斐源氏の勃興と展開』（前掲）
金澤正大『鎌倉幕府成立期の東国武士団』（岩田書院、二〇一八年）
酒井憲二編著『甲陽軍鑑大成』第一巻本文篇上（汲古書院、一九九四年）

笹本正治『戦国大名武田氏の研究』（思文閣史学叢書、思文閣出版、一九九三年）
柴辻俊六『戦国大名領の研究―甲斐武田氏領の展開―』（名著出版、一九八一年）
鈴木将典『戦国大名武田氏の領国支配』（戦国史研究叢書一四、岩田書院、二〇一五年）
萩原三雄『戦国期城郭と考古学』（中世史研究叢書三一、岩田書院、二〇一九年）
平山　優『戦国大名領国の基礎構造』（歴史科学叢書、校倉書房、一九九九年）
丸島和洋『戦国大名武田氏の権力構造』（思文閣出版、二〇一一年）
矢田俊文『日本中世戦国期権力構造の研究』（塙書房、一九九八年）
『山梨県史』文化財編（山梨県、一九九九年）

義光流源氏と東国

秋山　敬「新羅三郎義光―甲斐源氏始祖伝説成立の検討を軸に―」（『武田氏研究』三三、二〇〇六年、同『甲斐源氏の勃興と展開』前掲に再録）
網野善彦「甲斐国の荘園・公領と地頭・御家人」（『国立歴史民俗博物館研究報告』第二五集、一九九〇年、同『甲斐の歴史をよみ直す―開かれた山国―』山梨日日新聞社出版部、二〇〇三年に再録）
磯貝正義「甲斐源氏勃興の歴史的背景」（地方史研究協議会編『甲府盆地―その歴史と地域性―』雄山閣出版、一九八四年、同『甲斐源氏と武田信玄』岩田書院、二〇〇二年に再録）
木村茂光「頼朝政権と甲斐源氏」（『武田氏研究』五八、二〇一八年、西川広平編『シリーズ・中世関東武士の研究　第三二巻　甲斐源氏一族』前掲に再録）

五味文彦「甲斐国と武田氏」(『武田氏研究』一九、一九九八年、西川広平編『シリーズ・中世関東武士の研究　第三二巻　甲斐源氏一族』前掲に再録)
近藤暁子「造仏活動に見る甲斐源氏のネットワーク─武田氏所縁、三組の阿弥陀三尊像をとおして─」(山梨県立博物館監修・西川広平編『甲斐源氏─武士団のネットワークと由緒─』前掲)
志田諄一「源義清と武田郷」(『勝田市史』中世編・近世編、一九七八年)
志田諄一「武田義清・清光をめぐって」(『武田氏研究』九、一九九二年、西川広平編『シリーズ・中世関東武士の研究　第三二巻　甲斐源氏一族』前掲に再録)
庄司　浩「新羅三郎源義光─事跡と実像─」(『古代文化』二八巻八号、一九七六年)
高橋　修「『坂東乱逆』と佐竹氏の成立─義光流源氏の常陸留住・定着を考える─」(『茨木県史研究』九六、二〇一二年、西川広平編『シリーズ・中世関東武士の研究　第三二巻　甲斐源氏一族』前掲に再録)
野口　実「源平内乱期における『甲斐源氏』の再評価」(佐伯真一編『中世文学と隣接諸学4　中世の軍記物語と歴史叙述』竹林舎、二〇一一年)
『武田石高遺跡』奈良・平安時代編(ひたちなか市教育委員会・(財)ひたちなか市文化・スポーツ振興公社、二〇〇〇年)
『武田西塙遺跡』奈良・平安時代編(ひたちなか市教育委員会・(財)ひたちなか市文化・スポーツ振興公社、二〇〇二年)
『平成二十八年度韮崎市内発掘調査報告書』(韮崎市教育委員会、二〇一七年)

『山梨県史』資料編7中世4考古資料（山梨県、二〇〇四年）

治承・寿永の内乱と武田信義

秋山　敬「治承四年の甲斐源氏―源頼朝との関係を中心に―」（磯貝正義先生喜寿記念論文集刊行会編『甲斐の成立と地方的展開』角川書店、一九八九年、同『甲斐源氏の勃興と展開』前掲に再録）
秋山　敬『甲斐源氏の勃興と展開』（前掲）
川合　康「中世武士の移動の諸相―院政期武士社会のネットワークをめぐって―」（メトロポリタン史学会編『歴史のなかの移動とネットワーク』メトロポリタン史学叢書1、桜井書店、二〇〇七年、同『院政期武士社会と鎌倉幕府』吉川弘文館、二〇一九年に再録）
金沢正大「治承寿永争乱に於ける信濃国武士団と源家棟梁―特に『横田河原合戦』を中心として―」（『政治経済史学』一〇〇、一九七四年、同『鎌倉幕府成立期の東国武士団』前掲に再録）
金沢（金澤）正大「治承五年閏二月源頼朝追討後白河院庁下文と『甲斐殿』源信義―『吾妻鏡』養和元年三月七日条の検討―」（Ⅰ）（Ⅱ）（『政治経済史学』一六五、一九八〇年／同二二七、一九八五年、同『鎌倉幕府成立期の東国武士団』前掲に再録）
金澤正大「甲斐源氏棟梁一条忠頼鎌倉営中謀殺の史的意義―『吾妻鏡』元暦元年六月十六日条の検討―」（Ⅰ）（Ⅱ）（『政治経済史学』二七二、一九八八年／同四四六、二〇〇三年、同『鎌倉幕府成立期の東国武士団』前掲に再録）
金澤正大「武田信義没年に関する五味文彦氏説に反駁」（『政治経済史学』五四九、二〇一二年、同『鎌

倉幕府成立期の東国武士団』前掲に再録）
金澤正大『鎌倉幕府成立期の東国武士団』（前掲）
清雲俊元「寿永二年十月宣旨前後の甲斐源氏の位置」（『甲斐路』創立三十周年記念論文集、一九六九年）
清雲俊元『甲斐源氏　安田義定』（放光寺開創八百年記念事業奉賛会、一九八四年）
五味文彦「甲斐国と武田氏」（『武田氏研究』一九、一九九八年、西川広平編『シリーズ・中世関東武士の研究　第三二巻　甲斐源氏一族』前掲に再録）
西岡芳文「中世の富士山」（峰岸純夫編『日本中世史の再発見』吉川弘文館、二〇〇三年）
西川広平「甲斐源氏―東国に成立したもう一つの『政権』」（野口実編『中世の人物　京・鎌倉の時代編第二巻　治承～文治の内乱と鎌倉幕府の成立』清文堂出版、二〇一四年）
彦由一太「甲斐源氏と治承寿永争乱」（『日本史研究』四三、一九五九年、西川広平編『シリーズ・中世関東武士の研究　第三二巻　甲斐源氏一族』前掲に再録）
彦由一太「治承寿永争乱推進勢力の一主流―信濃佐久源氏の政治史的考察―」（『國學院雑誌』一九六二年十月・十一月号）
松井　茂「源頼朝と甲斐源氏」（『文化』四二巻一号・二号、一九七八年、西川広平編『シリーズ・中世関東武士の研究　第三二巻　甲斐源氏一族』前掲に再録）
『山梨県史』通史編2中世（前掲）「甲斐源氏の挙兵」秋山敬執筆

鎌倉御家人における武田氏の地位

秋山　敬「安芸逸見氏の系譜」（『武田氏研究』八、一九九一年、西川広平編『シリーズ・中世関東武士の研究　第三二巻　甲斐源氏一族』前掲に再録）

網野善彦「鎌倉時代の甲斐守護をめぐって」（『武田氏研究』八、一九九一年、同『甲斐の歴史をよみ直す―開かれた山国―』前掲に再録）

網野善彦「甲斐国御家人についての新史料」（『山梨県史研究』創刊号、一九九三年、同『甲斐の歴史をよみ直す―開かれた山国―』前掲に再録）

河村昭一『安芸武田氏』（戎光祥出版、二〇一〇年）

黒田基樹「鎌倉期の武田氏―甲斐武田氏と安芸武田氏―」（『地方史研究』二一一、一九八八年、木下聡編『シリーズ・中世西国武士の研究4　若狭武田氏』戎光祥出版、二〇一六年に再録）

佐藤進一『増訂　鎌倉幕府守護制度の研究―諸国守護沿革考証編―』（東京大学出版会、一九七一年）

西川広平「甲斐源氏―東国に成立したもう一つの『政権』」（前掲）

細川重男「得宗専制政治の論理―北条時宗政権期を中心に―」（『年報　三田中世史研究』九、二〇〇二年、同『鎌倉北条氏の神話と歴史―権威と権力―』日本史史料研究会研究選書1、日本史史料研究会企画部、二〇〇七年に再録）

峰岸純夫「鎌倉時代における安達氏と小笠原氏の連携―女性と寺社の視点から―」（『近藤義雄先生卒寿記念論集』二〇一〇年、山梨県立博物館監修・西川広平編『甲斐源氏―武士団のネットワークと由緒―』前掲に再録）

吉井功兒「中世南部氏の世界」（『地方史研究』二〇五、一九八七年）

『青森県史』資料編 中世1 南部氏関係資料（青森県、二〇〇四年）「八戸（遠野）南部氏関係資料」四「解題」斉藤利男執筆

『山梨県史』通史編2中世（前掲）「甲斐の地頭御家人と守護」五味文彦執筆

武田信武と安芸・甲斐武田家の成立

網野善彦「鎌倉時代の甲斐国守護をめぐって」（『武田氏研究』八、一九九一年、同『甲斐の歴史をよみ直す―開かれた山国―』前掲に再録）

江田郁夫『室町幕府東国支配の研究』（高志書院、二〇〇八年）

河村昭一『安芸武田氏』（前掲）

河村昭一『若狭武田氏と家臣団』（戎光祥出版、二〇二〇年）

木村英一『鎌倉時代公武関係と六波羅探題』（清文堂出版、二〇一六年）

黒田基樹「鎌倉期の武田氏―甲斐武田氏と安芸武田氏―」（前掲）

近藤成一『鎌倉時代政治構造の研究』（歴史科学叢書、校倉書房、二〇一六年）

佐藤博信『中世東国の支配構造』（思文閣史学叢書、思文閣出版、一九八九年）

外岡慎一郎『武家権力と使節遵行』（中世史選書18、同成社、二〇一五年）

西川広平「武田氏系図の成立」（峰岸純夫・入間田宣夫・白根靖大編『中世武家系図の史料論』下巻、高志書院、二〇〇七年）

西川広平「南北朝期　安芸・甲斐武田家の成立過程について―由緒とネットワークを中心に―」（『紀要』中央大学文学部　史学第六五号、二〇二〇年）
森　茂暁『鎌倉時代の朝幕関係』（思文閣史学叢書、思文閣出版、一九九一年）
矢嶋　翔「〈史料紹介・翻刻〉東北大学附属図書館狩野文庫所蔵『相国寺供養日記』」（『人文研紀要』一〇〇、二〇二一年）
『広島県史』古代中世資料編Ⅲ（広島県、一九七八年）
『山梨県史』通史編２中世（前掲）「南北朝の内乱と武田守護家の確立」渡邉正男執筆
『山梨考古』第一二五号（山梨県考古学協会、二〇一二年）「連方屋敷の概要・発掘調査の成果から」三澤達也執筆
『山梨考古』第一二五号（前掲）「南北朝から室町中期の連方屋敷を取り巻く歴史環境と周辺文化財について」清雲俊元執筆
『山梨市史』通史編上巻（山梨市、二〇〇七年）「連方屋敷と上野氏屋敷」数野雅彦執筆

室町幕府・鎌倉府の抗争と危機の時代

磯貝正義『武田信重』（中世武士選書1、戎光祥出版、二〇一〇年）
河村昭一『若狭武田氏と家臣団』（前掲）
杉山一弥「室町幕府と甲斐守護武田氏」（『國學院大學大学院紀要』文学研究科三二、二〇〇一年、同『室町幕府の東国政策』思文閣出版、二〇一四年に再録）

杉山一弥「室町期上総武田氏の興起の基底—武田信長の動向を中心として—」（『武田氏研究』二五、二〇〇二年、同『室町幕府の東国政策』前掲に再録）
西川広平「十五世紀前半の東国情勢と甲斐武田家の動向」（『紀要』中央大学文学部　史学第六八号、二〇二三年）

戦国甲斐国の幕開け

秋山　敬「武田信昌の守護補任事情」（同『甲斐武田氏と国人—戦国大名成立過程の研究—』前掲）
秋山　敬「跡部氏の強盛と滅亡の背景」（『武田氏研究』二七、二〇〇三年、同『甲斐武田氏と国人—戦国大名成立過程の研究—』前掲に再録）
秋山　敬「穴山信懸の生涯と事蹟」（原題「穴山信懸」『武田氏研究』三九、二〇〇九年、同『甲斐武田氏と国人の中世』前掲に再録）
家永遵嗣「甲斐・信濃における『戦国』状況の起点—秋山敬氏の業績に学ぶ—」（『武田氏研究』四八、二〇一三年）
数野雅彦「甲斐における守護所の変遷」（金子拓男・前川要編『守護所から戦国城下へ　地方政治都市論の試み』名著出版、一九九四年）
峰岸純夫『享徳の乱　中世東国の「三十年戦争」』（講談社選書メチエ、講談社、二〇一七年）

武田信虎と甲斐国の統一

秋山　敬「武田信虎の生年について」（『武田氏研究』三五、二〇〇六年、同『甲斐武田氏と国人の中

世』前掲に再録）
秋山　敬「穴山信懸の生涯と事蹟」（原題「穴山信懸」『武田氏研究』三九、二〇〇九年、同『甲斐武田氏と国人の中世』前掲に再録）
内藤和久「万部経会と戦国大名権力―武田信虎による甲斐国統一期を中心に―」（『武田氏研究』五五、二〇一七年）
内藤和久「『扇山破レ』と恵林寺山・御前山・兜山の城郭遺構」（『甲斐』一四二、二〇一七年）
平山　優『武田信虎　覆される「悪逆無道」説』（中世武士選書42、戎光祥出版、二〇一九年）
丸島和洋「追放後の武田信虎とその政治的地位」（『武田氏研究』六二、二〇二〇年）

武田信玄・勝頼による武田氏の再編と滅亡

秋山　敬「政権を執る」（萩原三雄・笹本正治編『定本・武田信玄　21世紀の戦国大名論』高志書院、二〇〇二年）
鴨川達夫『武田信玄と勝頼―文書にみる戦国大名の実像』（岩波新書、岩波書店、二〇〇七年）
河村昭一『若狭武田氏と家臣団』（前掲）
木下　聡『中世武家官位の研究』（吉川弘文館、二〇一一年）
柴辻俊六『武田勝頼』（新人物往来社、二〇〇三年）
鈴木麻里子「武田不動尊像の制作と安置」（『武田氏研究』六六、二〇二二年）
竹井英文「織豊政権の東国統一過程―『惣無事令』論を越えて―」（『日本史研究』五八五、二〇一一年、

同『織豊政権と東国社会　『惣無事令』論を越えて』吉川弘文館、二〇一二年に再録）
谷口雄太『〈武家の王〉足利氏　戦国大名と足利的秩序』（歴史文化ライブラリー525、吉川弘文館、二〇二一年）
西川広平「天文十八年地震と税制―戦国大名武田家の事例を中心に―」（『紀要』中央大学文学部　史学第六七号、二〇二二年）
西川広平「武田信玄の願文奉納をめぐって―宗教政策の一側面―」（柴辻俊六編『新編　武田信玄のすべて』新人物往来社、二〇〇八年）
西田かほる『近世甲斐国社家組織の研究』（山川出版社、二〇一九年）
萩原三雄・本中眞監修、山梨県韮崎市・韮崎市教育委員会編『新府城の歴史学』（新人物往来社、二〇〇八年）
平山　優『武田信玄』（歴史文化ライブラリー221、吉川弘文館、二〇〇六年）
平山　優『戦史ドキュメント川中島の戦い』下（学研M文庫、学習研究社、二〇〇二年）
丸島和洋「武田勝頼と信勝」（柴辻俊六・黒田基樹編『戦国遺文』武田氏編五月報、二〇〇二年）
丸島和洋「武田氏の対佐竹氏外交と取次」（同『戦国大名武田氏の権力構造』思文閣出版、二〇一一年、初出二〇〇〇年）
山下孝司「武田勝頼と新府城」（柴辻俊六・平山優編『武田勝頼のすべて』新人物往来社、二〇〇七年）

武田氏系図の成立

秋山　敬「国人領主逸見氏の興亡」（同『甲斐武田氏と国人―戦国大名成立過程の研究―』前掲）
佐藤進一『室町幕府守護制度の研究―南北朝期諸国守護沿革考証編―』上（東京大学出版会、一九六七年）
西川広平「武田氏系図の成立」（前掲）
彦由一太「甲斐源氏と治承寿永争乱」（前掲）
『山梨県史』資料編6中世3上　県内記録（山梨県、二〇〇一年）

楯無鎧の伝承をめぐって

竹村雅夫・西岡文夫「小桜韋威鎧調査報告」（『小桜韋威鎧　兜・大袖付　復元調査報告書―楯無鎧の謎を探る―』山梨県立博物館　調査・研究報告1、山梨県立博物館、二〇〇七年）
東京国立博物館・京都国立博物館・奈良国立博物館監修、尾崎元春編『日本の美術二四　甲冑』（至文堂、一九六八年）
西川広平「楯無鎧の伝承をめぐって」（『小桜韋威鎧　兜・大袖付　復元調査報告書―楯無鎧の謎を探る―』前掲）
西田かほる「近世後期における社家の活動と言説―甲州国中・菅田天神社文書を素材として―」（『史学雑誌』一〇六編九号、一九九七年、同『近世甲斐国社家組織の研究』前掲に再録）
『国書人名辞典』第二巻（岩波書店、一九九五年）

『小桜韋威鎧 兜・大袖付　復元調査報告書―楯無鎧の謎を探る―』（前掲）
『集古十種』第三（国書刊行会、一九〇八年）
『新訂寛政重修諸家譜』第五（続群書類従完成会、一九八〇年）
『山梨県史』資料編8近世1（山梨県、一九九八年）

武田氏像の創出―エピローグ

谷口雄太『〈武家の王〉足利氏　戦国大名と足利的秩序』（前掲）
平川　南『新しい古代史へ3　交通・情報となりわい―甲斐がつないだ道と馬』（吉川弘文館、二〇二〇年）
平山　優『武田信玄』（前掲）

著者紹介

一九七四年、神奈川県に生まれる
一九九六年、中央大学文学部史学科国史学専攻卒業
二〇一一年、中央大学大学院文学研究科博士後期課程修了、博士（史学）
山梨県立博物館学芸員等を経て、
現在、中央大学文学部教授

〔主要著書〕

『中世後期の開発・環境と地域社会』（高志書院、二〇一二年）
『甲斐源氏　武士団のネットワークと由緒』（編著、戎光祥出版、二〇一五年）
『シリーズ・中世関東武士の研究　第三二巻　甲斐源氏一族』（編著、戎光祥出版、二〇二一年）

歴史文化ライブラリー
574

武田一族の中世

二〇二三年（令和五）八月一日　第一刷発行
二〇二三年（令和五）十月一日　第二刷発行

著　者　西川広平（にしかわこうへい）
発行者　吉川道郎
発行所　株式会社吉川弘文館
東京都文京区本郷七丁目二番八号
郵便番号一一三―〇〇三三
電話〇三―三八一三―九一五一〈代表〉
振替口座〇〇一〇〇―五―二四四
http://www.yoshikawa-k.co.jp/
印刷＝株式会社 平文社
製本＝ナショナル製本協同組合
装幀＝清水良洋・宮崎萌美

ISBN978-4-642-05974-9

歴史文化ライブラリー

1996. 10

刊行のことば

現今の日本および国際社会は、さまざまな面で大変動の時代を迎えておりますが、近づきつつある二十一世紀は人類史の到達点として、物質的な繁栄のみならず文化や自然・社会環境を謳歌できる平和な社会でなければなりません。しかしながら高度成長・技術革新にともなう急激な変貌は「自己本位な刹那主義」の風潮を生みだし、先人が築いてきた歴史や文化に学ぶ余裕もなく、いまだ明るい人類の将来が展望できていないようにも見えます。このような状況を踏まえ、よりよい二十一世紀社会を築くために、人類誕生から現在に至る「人類の遺産・教訓」としてのあらゆる分野の歴史と文化を「歴史文化ライブラリー」として刊行することといたしました。

小社は、安政四年(一八五七)の創業以来、一貫して歴史学を中心とした専門出版社として書籍を刊行しつづけてまいりました。その経験を生かし、学問成果にもとづいた本叢書を刊行し社会的要請に応えて行きたいと考えております。

現代は、マスメディアが発達した高度情報化社会といわれますが、私どもはあくまでも活字を主体とした出版こそ、ものの本質を考える基礎と信じ、本叢書をとおして社会に訴えてまいりたいと思います。これから生まれでる一冊一冊が、それぞれの読者を知的冒険の旅へと誘い、希望に満ちた人類の未来を構築する糧となれば幸いです。

吉川弘文館